KB272175

뜨거운
노래는
땅에
묻는다

S&T그룹 최평규 회장의 카리스마 경영 스토리

뜨거운 노래는 땅에 묻는다

초판 1쇄 발행 2012년 4월 6일
초판 21쇄 발행 2023년 4월 17일

지은이 최평규

발행인 이재진 **단행본사업본부장** 신동해
마케팅 최혜진 이인국 **홍보** 반여진 허지호 정지연 **제작** 정석훈

브랜드 리더스북
주소 경기도 파주시 회동길 20
문의전화 031-956-7362(편집) 031-956-7127(마케팅)
홈페이지 www.wjbooks.co.kr
인스타그램 www.instagram.com/woongjin_readers
페이스북 https://www.facebook.com/woongjinreaders
블로그 blog.naver.com/wj_booking

발행처 ㈜웅진씽크빅
출판신고 1980년 3월 29일 제406-2007-000046호

© 2012 최평규, 저작권자와 맺은 특약에 따라 인지를 생략합니다.
ISBN 978-89-01-14402-3 03320

S&T그룹 최평규 회장의 카리스마 경영 스토리

뜨거운 노래는 땅에 묻는다

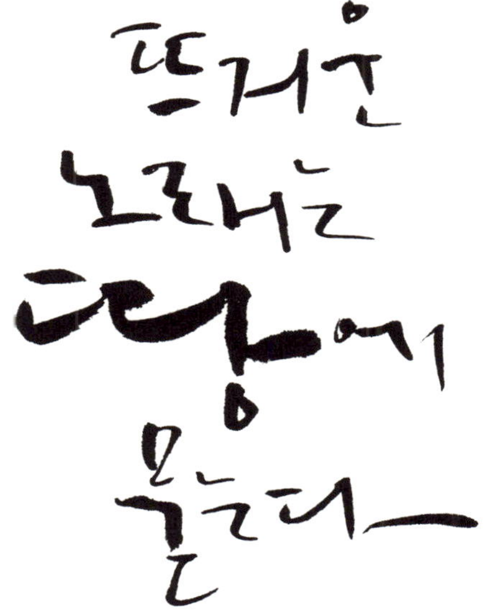

최평규 지음

리더스북

일러두기

- 이 책의 제목 '뜨거운 노래는 땅에 묻는다'는 청마 유치환 시인의 시 '뜨거운 노래는 땅에 묻는다'를 인용한 것입니다.
- 이 책을 출간하는 동안 S&T그룹의 주력회사인 S&T대우가 사명을 S&T모티브(S&T Motiv) 로 바꾸었습니다. S&T모티브는 '세상을 이롭게 하는 모든 변화의 중심'이 되겠다는 정신에 서 나온 이름입니다. 급변하는 경영환경에 새로운 기술과 혁신하는 경영으로 도전하겠다는 의지의 표현입니다. 이 책에서는 S&T대우로 표기합니다.

'뜨거운 노래는 땅에 묻는다'에 부쳐

작가는 '시대의 거울'이라고도 하고, 타락한 시대를 타락한 방법으로 이야기하는 사람이라고도 한다. 어느 편이건 그가 살아가는 당대적 삶의 전 국면을 이야기한다는 점에서는 마찬가지일 것이다. 하지만 기업 경영, 특히 현대산업의 복잡한 구조나 그 속깊은 생존과 발전 원리에 대해 나는 아는 바가 별로 없다.

 최평규 회장의 《뜨거운 노래는 땅에 묻는다》에 담긴 얘기도 내가 즐겨 다루어왔거나 익숙하게 알고 있는 세계는 아니다. 그는 내가 아는 몇 안 되는 기업인 가운데 한 사람이고, 나누는 한담 속에서는 때로 기업 경영의 어려움이 토로되기도 한다. 하지만 나는 그것들이 이렇게 감동적인 대화로 엮여지리라고는 짐작하지 못했다.

내가 최평규 회장을 부담 없이 만나고, 때로는 함께 술판을 벌여 코가 비뚤어지게 마시기도 하는 것은 그가 뛰어난 경영인이거나 수완 좋은 사업가여서가 아니다. 들으면 알 만한 굵직한 기업들을 여럿 거느렸지만, 그는 세상 여기 저기 얼굴을 드러내거나 서울을 휘젓고 다니면서 시속과 어울리기를 좋아하지 않았다. '촌에서 조용히 사업하는 기계쟁이'라고 자신을 낮추며, 온몸으로 경영하는 기업인일 뿐이었다.

이제 《뜨거운 노래는 땅에 묻는다》를 읽으며 나는 새롭게 다가오는 그의 기업가적인 면모에 감동을 넘어 은근한 압도까지 느낀다. 사업은 돈이나 요행이 아니라 가치와 원칙에 따라야 한다는 그의 신념에 관해서는 언뜻언뜻 들은 기억이 있지만, 기업이 그의 인생을 연마하는 도량(道場) 같다는 느낌은 이 글을 통해서 처음 받는다.

이 책은 말한 이의 진정성과 진지함이 담겨 있다는 점만으로도 성취한 경영인을 지망하는 이들에게 읽을 만한 가치가 있다. 당연한 것이 지켜지는 것조차 흔하지 않은 세태에서 원칙을 존중하고 정도를 걸으면서도 사업에 성공한다는 것은 결코 쉬운 일이 아니다. 별난 재주나 남달리 뛰어난 지모가 아니라 밝고 꿋꿋한 정신과 부지런함만이 인생을 가치있게 만드는 미덕이라는 점을 이 책에서 읽어주었으면 한다. 잘 알지 못하는 세계를 이야기하는 두려움 속에, 다시 한 번 《뜨거운 노래는 땅에 묻는다》의 발간을 경하한다.

2012년 3월

이문열(소설가)

묵직한 삶의 무게를
짊어진 분들에게 권하며

이 책은 스물일곱 살에 창업해서 33년 동안 기계공업 외길 인생을 살아온 S&T그룹 최평규 회장의 글이다. 누구든지 이순(耳順)의 나이가 되면 하고 싶은 이야기가 많다. 더욱이 치열함 속에서 아슬아슬하기도 한 제조업의 외길 인생을 살아온 최 회장이라면 더욱 하고 싶은 이야기가 많을 것이다. 이 책은 하고 싶은 이야기를 마치 대화하듯이 정리해놓은 책이다.

자신의 분야에서 자리를 잡는 데 웬만큼 성공한 이들의 삶을 바라볼 때 우리는 흔히 그가 갖는 현재의 성취에만 주목하는 경향이 있다. 그러나 그 뒤안길에서 얼마나 많은 땀을 흘렸는지, 절체절명의 위기에 맞서 살아남기 위해 어떤 노력을 기울였는지에 대해서는 자주 잊어버린다. 이런 점에서 더 이상 치열할 수 없을 정도로 열심히 사업하며 인생을 만들어온 한 사람의 인생 역정이 고스란히 담긴 이 책은 더욱 의미가 있다.

그러나 자서전이나 회고록 성격의 책은 아니다. 매우 독특한 형식의 책이라 할 수 있는데, 누구든지 부담없이 술술 읽을 수 있도록 대화체로 꾸며진 점이 더욱 특별하다. 서술체에 비해 대화체 글은 누구든지 쉽고 재미있게 내용을 이해하고 따라갈 수 있다는 장점이 있기 때문이다.

주변을 둘러보면 다들 어렵다는 이야기를 많이 한다. 본래 어려움이란 것이 자신을 중심으로, 그리고 현재를 중심으로 보면 필요 이상으로 크게 다가오는 법이다. 그러나 지금보다 훨씬 척박한 시대를 어느 누구의 도움도 없이 살아온 사람의 삶이 여기 있다. 뜨거운 열정과 해내고야 말겠다는 집념, 그리고 더 이상 부지런할 수 없을 만큼 근면하게 삶과 정면으로 부딪쳐온 사람의 이야기를 읽다보면 우리가 작은 어려움 앞에서 엄살을 떠는 것은 아닌가 생각하게 된다.

이 책은 독자들에게 신발끈을 한 번 더 조여매고, 자신의 분야를 개척해가겠다는 결의를 심어줄 수 있을 것이다. 더욱이 험난하고 척박한 환경 속에서 창업해 기업을 재건하고, 지금의 S&T그룹을 일궈낸 과정은 한 편의 장대한 드라마와 같다. 역경을 극복한 경험에서는 인생의 교훈을, 창업과 기업 재건의 스토리에서는 기업 경영의 교훈을 얻을 수 있을 것이다.

이런 점에서 나름의 큰 과제들을 안고 고군분투 노력하고 있는 이 시대의 모든 이들에게 이 책을 권한다. 특히 젊은이들과 30, 40대 직장인들, 그리고 경영계에 몸담고 있는 이들에게 실용적인 지혜를 제공하는 데 손색이 없을 것이다. 제법 긴 시간 동안 최평규 회장을 알아오면서, 사업가로서뿐만 아니라 한 사람의 인생 선배로서도 배워야 할 점이 너무나 많음을 느꼈다. 삶과 사업의 본질에 더 이상 충실할 수 없을 정도로 자신의 모든 것을 받쳐서 살아가는 사람이라는 사실 때문이다. 이 책을 읽다보면 저자의 그런 태도와 마음가짐을 글의 곳곳에서 공감할 수 있을 것이다.

2012년 3월

공병호(공병호경영연구소 소장, 경제학 박사)

미래를 향한 대화의 기록

이제 이순의 나이입니다. 스물일곱 살에 창업을 하고 33년의 세월입니다. 기계공업 분야에서 한 길을 걸어왔습니다. 2003년 이후 마음까지 고단한 현장경영을 해오면서 기업과 사회, 기업과 역사에 관해 젊은이들과 이야기를 시작했습니다. 내가 살아온 이야기였습니다. 한국 기계공업의 한가운데를 지나왔으니 할 말이 적지는 않았습니다. 젊은이들의 질문은 끝이 없었고 언제나 밤이 짧았습니다.

이 책은 대화의 기록입니다. 기업의 현장에서나 대학 강연에서 젊은이들에게 전한 이야기를 그대로 정리하면 좋겠다는 생각을 했습니다. 그동안 기회가 없었는데 이제야 비로소 작심하게 되었습니다. 가능하면 대화 나눈 그대로를 글로 옮기려 했습니다. 이 책은 자서전도 아니고 회고록도 아닙니다. 아직 그런 글을 쓸 만큼 나이가 많다고 생각하지도 않고, 시간도 허락되지 않습니다. 대화식으로 글을 쓰는 이유는 회고록처럼 끝없이 가지를 치고 나갈 수 있는 내 이야기를 간소하게 줄여주고, 현재성이 있는 문제를 더 많이 이야기할 수 있다는 장점 때문입니다.

젊은이들이 현실을 긍정할 이유를 찾는 데 이 책이 도움이 되기를 바랍니다. 나는 젊은이들이 자기 인생을 아파한다는 점을 부정하고 싶지는 않습니다. 나이와 처지를 떠나서 누구나 그렇게 아픈 인생일 수 있습니다. 그렇지만 고단한 현실을 아픔이라 하면서 피하면 안 됩니다. 청춘의 꿈과 가능성에 비하면 그것은 아무것도 아닙니다. 1장에서는 1970년대를 살았던 남루하지만 꿈은 많았던 청년의 도전을 만날 수 있습니다. 청춘은 발 딛고 선 곳이 척박한 황무지라도 거침없이 도전할 수 있는 배짱만 있으면 됩니다.

물론 젊은이들만 염두에 두고 이 글을 쓰지는 않았습니다. 기업이 현실에서 부딪히는 문제는 대동소이합니다. 특히 기계 제조업에서 노사관계경영은 무엇보다 중요합니다. 이 글의 많은 부분은 노사대립의 험악한 상황에서 겪은 이야기들입니다. 아무도 꺼내보기 싫은 이야기일 수도 있습니다. 그렇지만 당사자들에게는 아직은 가끔 꺼내서 닦아야 할 거울입니다.

1971년에 대학에 입학한 나는 청계천변에 늘어선 봉제공장을 보았고, 거기서 만났던 파리한 얼굴의 소녀 미싱사들을 기억합니다. 그리고 대학생 친구를 기다렸던 한 사람의 이야기를 압니다. 1980년대 초부터 노동자들을 돕기 위해 공장으로 가서 자기를 희생한 젊은이들을 알고 있습니다. 1987년 이후 우리나라 노동자들이 비로소 민주노조를 경험하게 된 데는 그들의 공이 큽니다. 나는 군사독재정권을 이기고 민주노조를 만들기까지 그들이 헌신한 노력을 소중하게 생각합니다. 또한 그 과정에서 자신의 미래까지도 기꺼이 유보한 젊은이들의 정신은 역사에서 응당히 평가되어야 한다고 생각합니다.

그렇지만 2장에서 보듯, 통일중공업을 인수하면서 노조의 이름 뒤에서 불법과 폭력을 정당화하는 현장의 관행과 맞서야 했습니다. 통일중공업 노조가 한 일은 당시에 다른 노조와 비교해도 예삿일이 아니었고, 지금에 와서는 더욱 일반화하기 어려운 경험입니다. 그만큼 통일중공업 노조는 특별했습니다. 1980년대 바리케이드와 화염병으로 군사정권에 맞섰던 노동운동의 모습 그대로 20년을 살아왔습니다. 통일중공업을 인수한 2003년은, 대부분 노동조합이 국가경제 주체로 자기를 인식하거나 최소한 불법과 폭력투쟁으로는 국민들의 동의를 받지 못하고 고립된다며 반성하던 시절입니다. 그런데 통일중공업 노조만은 마치 갈라파고스 섬과 같이 시간을 비켜선 채 남아있었습니다.

나는 인수 당시의 통일중공업을 '시대의 잘못된 유산'이라고 말합니다. 오랜 경영 실패와 과격한 노조로 인해 악순환을 거듭했습니다. 새로운 경영자로서 악순환의 고리를 끊어야 했습니다. 시대에 뒤처진 노조의 비상식과 왜곡된 인간성에 대해서 이의를 제기했습니다. 상식으로 맞섰고 기업인의 정의감으로 싸웠습니다. 상인의 셈속으로 비춰질까봐 부단히 절제했지만, 부실한 기업을 정상화시키는 행위와 기업이 이윤을 추구하는 행위를 결과로서 동일하게 보는 것이 통념이라면 어쩔 수 없습니다. 그러나 사람이 밥만 먹고 사는 이차원의 삶을 살진 않습니다. 직장과 사업을 통해 만들어가는 인생사는 삼차원의 깊이가 있고, 사회와 공동체 속에서 제 역할을 찾으려고 하는 사차원의 의지도 있습니다. 다 함께 살아보자고 시작한 내 이야기의 행간에서, 기업인에게 기업을 살린다는 사명감이 어떤 의미인지 읽어주기를 바랄 뿐입니다.

3장에서는 나에게 M&A는 과연 어떤 것인가를 이야기합니다. 나는 M&A의 귀재라고 칭해지는 것에 불편함을 느낍니다. 내가 귀신같은 재능을 갖고 있지 않기에 적절한 표현이 아니고, 또 M&A를 인수전(戰) 단계의 수법으로 보는 부박(浮薄)한 시각에서 나온 말이라서 나의 M&A와는 다르기 때문입니다. 내게는 그다지 편한 길이 아니었습니다. 기업을 성장시킨 방편이었다고 하지만, 타인이 실패한 자리에서 다시 시작해 성공을 일구어내는 일의 어려움은 예상보다 큰 것입니다. 또 결국 이루고자 하는 결과가 기업의 성장뿐만 아니라 '사람을 살리는 일'이었기 때문에 한층 어려운 과제였습니다. M&A 이후 빠른 경영정상화나 현실적인 셈으로도 성공하는 M&A의 조건이 무엇인지 음미해보기를 바랍니다.

4장에서는 위기 속에 성장하는 기업 이야기를 합니다. 사업을 너무 오래 하면 기업의 흥망을 너무 많이 본다는 점도 어려움 중 하나입니다. 그 속에서 기업은 망한다는 명제를 찾았지만, 지나온 시간을 돌아보면서 사라진 그 많은 기업의 이름이 기억난다는 것 또한 마음 산란한 일입니다. 이런 내 경험을 통해 기업 흥망의 운명과 생존의 비밀을 깊이 사색해보는 계기가 되었으면 합니다.

내가 위기를 이기는 방법이 유달리 독특할 리는 없겠지요. 특별히 언급하는 네 번의 위기는 모두 사업의 존폐가 좌우될 절체절명의 순간이었습니다. 그때마다 좌절하지 않고 더 부지런하게 살길을 찾았던 이야기를 보면서 읽는 이들도 자기 처지를 긍정하고 더욱 근면정진할 수 있으면 좋겠습니다.

5장에서는 경영의 방법과 철학에 대한 짧은 메모를 남깁니다. 뿌린 대로 거두는 섭리와 개인의 부지런함이 만나는 데서 우주와 인간이 교통하는 이치를 음미해주기 바랍니다. 내 경영 역사는 원칙을 지키고 정도를 걸어가면서도 살아남고 성장할 수 있다는 보기 드문 사례가 되었습니다. 그 행운의 숨은 이야기에도 주목해주길 바랍니다.

현장경영과 소통경영을 하고 있기 때문에, 이와 관련해서 인터뷰나 강연을 자주 합니다. 경영 잘한다는 소리를 듣는 것은 경영자에게는 반가운 일이지만, 내가 말하는 현장경영은 정작 경영학 책에서 보던 그것과 다릅니다. 공부하는 이들은 그 점에 당황하기도 합니다. 과연 무엇이 현장경영, 소통경영의 진면목인지 살펴보기 바랍니다.

아직 우리는 기술보국이라는 조금은 촌스러운 말을 놓치면 안 됩니다. 글로벌화의 본질이 무엇인지 되물어보고 우리나라 기술인들이 마음에 새겨야 할 가치가 무엇인지를 고민하며 읽어주었으면 합니다. 1980년대 선배들이 순박하지만 저돌적인 방법으로 국산화 기술개발에 도전하던 그 배짱과 패기를 지금의 청년 기계공업 역군들이 다시 회복하길 바랍니다.

우리는 대화를 통해 진실을 찾아갈 수 있습니다. 그것이 내가 대화를 즐기는 이유입니다. 이 책을 내면서 내 생각이 무조건 옳다고 주장하지 않습니다. 내 생각과 다른 생각이 있다면 언제라도 대화하기를 즐겨 기다리겠습니다. 나의 경영이 아직 미완성이듯이 우리의 대화도 결론은 미래를 향해 열려 있고, 이 책 또한 열린 대화의 과정일 뿐입니다. 이제 나는 다시 나의 젊은 벗들과 '용맹정진'하겠습니다.

2012년 3월, S&T모티브 부산 공장에서

최평규

| 차 례 |

1장 내 청춘의 도전

2장 대통령도 와서 봐야 한다

3장 사람 살리는 M&A

4장 위기 속에 성장하는 기업

5장 기술보국을 돌에 새기다

1장
내 청춘의 도전

젊은 날의 초상

●

회장님은 1971년 대학에 입학하셨습니다. 기계공학을 전공하셨고요.

대학시절, 넉넉하지 않은 형편에 장학금을 받고 돈을 벌어가면서

공부했다고 들었습니다.

원래 문학을 공부하고 싶었습니다. 사업을 일찍 시작하지 않았다면, 그리고 먹고살 형편이 되었다면 아마도 문학을 공부했을 것이고 지금쯤 시를 쓰고 있었겠지요. 청소년기에 문학은 나의 유일한 위안이자 희망이었습니다. 그때는 장학금을 잘 주는 대학에 가야 했었죠. 그리고 기계공학을 선택한 것은 순전히 먹고살 방편을 구하기 쉬웠기 때문입니다.

모교의 아름다운 캠퍼스에서 대학생활의 낭만도 즐기고 싶었지만 형편이 허락지 않았습니다. 봄바람에 꽃잎이 흩날리는 캠퍼스에서 스커트를 나풀거리며 걷던 예쁜 여학생들을 그저 바라만 봐야 했지요. 대학생활의 대부분은 장학금을 받기 위해 죽어라고 공부만 했지요. 방학 중에는 교수님 연구실에서 꼬박 밤을 새워 실험을 하기도 했습니다. 장학금을 받기 위해서였어요. 장학금이 다음 한 학기를 무사히 다닐 수 있느냐 없느냐를 정해주었으니까요.

틈틈이 아르바이트 자리도 찾았지만 요즘같이 쉽게 구할 수 있는 일은 별로 없었지요. 과외수업 자리는 수입도 괜찮고 비교적 수월했지만 그만큼 귀했습니다. 손꼽히는 명문대생이 아니면 기회를 잡기 어려웠고, 더구나 지방에서 온 지 얼마 안 된 나는 서울에 연고가 없어서 더 어려웠지요. 다행히 한번은 고등학교 입시를 앞둔 중학교 3학년 여학생의 과외를 하게 되었습니다. 당시 교편을 잡고 있던 매형이 소개해주신 자리인데, 학생은 고위 공무원의 딸이었습니다. 매일 새벽 5시에 가서 한 시간 반을 가르쳤지요. 그런데 문제가 있었습니다. 부모의 기대수준과 학생의 수준에 너무 큰 차이가 있었던 것입니다. 부모는 딸이 최소한 진명여고 정도는 가야 한다고 했습니다. 당시 서울에는 5대 명문 여학교가 있었는데, 경기, 이화, 숙명, 진명, 수도여고 순서로 명문으로 인정했습니다. 그러니 진명여고는 공부를 잘하는 학생들이나 갈 수 있는 학교지요. 그런데 학생은 거기에 한참 못 미치는 수준인 걸 어떡합니까. 입시가 다가오는 11월이 되자 그 집 어머니가 과외선생인 내게 진명여고 입학을 책임져달라고 했습니다. 나는 열심히 가르치고 있었지만 거짓말은 할 수 없었어요. 그래서 "따님은 그 학교는 도저히 못 갑니다." 그랬더니 매우 불쾌해하더군요. 그날로 그만두어버렸지요.

　당시 대학생들은 시위도 많이 했습니다. 제가 대학교 2학년 때인 1972년 10월에 박정희 대통령이 유신헌법을 만들었습니다. 그 뒤로 대학마다 유신반대 집회와 거리행진이 이어졌습니다. 그때 경희대에도 쟁쟁한 이들이 많았지요. 똑똑한 친구들이었어요. 나도 시위에 참가했습니다. 사실 그때도 법대나 정경대 친구들이 시위를 주도하고 앞장섰습니다. 공대생들은 다 같이 몰려나가기는 해도 항상 뒤따라가는 모양새였지요. 나는 공대생 중에서는 제법 문학적이었고 사회적 감수성도 살아있는 편이었기 때문에 꽤 열심히 시위에 참여하는 축에 속했습니다.

그래도 공대생의 범주를 벗어나진 못했지요. 그러던 어느 늦은 가을날이었습니다. 그날도 시내에서 시위행진을 하는데 시위대의 가운데로 경찰들이 치고 들어오는 바람에 대열이 무너지니까 시위대가 뿔뿔이 흩어져 도망을 가게 되었습니다. 골목으로 도망치는데 하필 막다른 골목이었지요. 경찰들은 잡으러 달려오고. 순간 담장을 넘어 훌쩍 뛰어내렸는데 반대편이 낭떠러지처럼 높은 축대였습니다. 그때 허리를 심하게 다쳤지요. 한동안 걷지도 못하고 자취방에 누워 지내야 했습니다. 부모님께 차마 말씀도 못 드리고 혼자 끙끙 앓았지요. 병원도 못 갔으니까 제대로 된 치료도 못 받았고요. 그때 다친 허리가 지금도 나를 괴롭히고 있답니다.

아마도 유신반대 시위를 하는 과정에서 내가 후배들에게 인기를 끌었던 것 같아요. 공대생으로서는 보기 드문 면모를 보여준 것이지요. 그때 공대생들 중에서 사회적인 이슈를 논리정연하게 이야기할 수 있는 사람은 드물었습니다. 게다가 학생운동의 현장만큼 비장한 문학의 힘이 필요한 데도 없지 않습니까. 나는 그저 다른 공대생들과 조금 달랐을 뿐이지요. 강의실 칠판에 '학우여!'로 시작하는 격문도 쓰곤 했는데 내가 봐도 제법 감동적이었어요. 또 삼삼오오 모이면 시국과 정세에 대해서 이야기를 풀었지요. 특별히 무슨 공부를 한 것이 아니라, 내가 원래 이야기꾼 재주가 좀 있었습니다. 그러니까 순진한 후배들은 '뭔가가 있는 선배다.' 싶었을 겁니다. 그렇게 1972년도를 지나면서 나는 단순한 공과대학에서 별로 단순하지 않은 특별한 사람 중 하나가 된 것입니다.

그런 이유로 친구들과 후배들이 학생회장을 시키려고 했습니다. 3학년 가을이 되자 학교는 학생회장 선거 분위기로 들떴지요. 따르던 후배들이 먼저 나에게 학생회장에 출마하라고 조르고 다녔습니다.

공학도의 기수
최평규
기계공학과
공대입후보

나중에는 친구들도 가세해서 출마를 권유했습니다. 어느 날 다 같이 모여서 막걸리를 한잔 마셨는데 술기운에 허허 웃고 있다가 '최평규 후보'로 기정사실화되어버린 것이지요. 그때는 학생회장 선거가 요즘과는 많이 달랐습니다. 각 단과대학별로 학생회장을 선출하면 대학총장이 그 단과대학 학생회장들 중에서 한 명을 총학생회장으로 지명했지요. 유신시대의 이야기입니다.

그렇게 공과대학 학생회장으로 출마하신 것입니까.

그렇지요. 그런데 후보등록을 하고 보니까 출마자가 꽤 많았습니다. 아마 서너 명은 되었던 것으로 기억합니다. 그때 공대에서는 1974년도 총학생회장은 이제 공과대학에서 나올 순서라는 얘기가 나돌았습니다. 반드시 그런 것은 아니지만 가능성이 많았던 것이지요. 그러니까 특히 공대에서 선거전이 치열했습니다. 나도 후배들을 참모로 삼고 선거본부를 만들어서 열심히 유세했습니다.

마지막 전체 공대생을 상대로 한 연설회만을 남겨두고 있었는데, 그때까지는 분위기가 좋았습니다. 우리들 사이에서는 해볼 만하다고 판단했습니다. 그런데 문제는 사투리였습니다. 내가 연설을 하면 경상도 사투리가 심하다는 것이었습니다. 특히 흥분하면 워낙 큰 목소리인데다 사투리가 더 심해져서 도대체 무슨 말인지 못 알아들을 뿐더러 상스럽게 보인다고 했습니다. 후배들이 제발 사투리 좀 쓰지 말라고 야단이었지요. 그런데 그게 어디 마음대로 됩니까. 30년 이상 서울에서 살아온 지금도 지독한 사투리를 쓰는데, 그때는 오죽했겠어요. 그래서 생각해낸 방법이 연설문을 써 가서 읽자는 것이었습니다. 글을 읽으면 사투리가 많이 드러나지는 않으니까 그러자는 거였지요. 그렇게 마지막 유세장에 가서 연설을 시작했는데, 써온 글을 그냥 읽으려니 연설에 맛이 안 났습니다. 청중을 둘러보니 반응도 시원찮고, 그래서 연설문을 치워버리고 그냥 평소대로 해버렸지요. 어쨌든 시원하게 소리 지르고 연설을 마쳤습니다. 뒤에 참모들의 이야기는 '최악이었다' 그러더군요. 결과는 낙선. 표차는 별로 안 났지만, 떨어졌습니다.

솔직히 낙선이 좀 많이 부끄러웠습니다. 후배들에게 미안하기도 했지요. 이후 20일 이상 학교에 가지 못했습니다. 말하자면 칩거를 한 셈입니다. 지금 생각하면 그렇게 부끄러워할 일도 아닌데, 그때는 내가 대학생활에서 쌓은 명예가 땅에 떨어졌다고 느껴졌습니다. 그리고 칩거를 하면서 생각했지요. '어떻게 이 수치를 씻고 체면을 만회할 수 있을까.'

그때 떠오른 생각이 '전국 공과대학생 논문 학술대회'였습니다. 곧

바로 자취방에 틀어박혀서 논문을 쓰기 시작했습니다. 필요한 자료는 후배에게 부탁하고 밤낮으로 논문에 매달렸습니다. 약 2주 만에 논문을 마칠 수 있었지요. 그 논문이 1973년 전국 공과대학생 논문 학술대회에서 최우수상을 받았습니다. 제목이 '중화학공업 육성에 따른 공해대책'이었습니다. 학교가 떠들썩했지요. 전도유망한 공학도로 신문에 기사도 났습니다. 학생회장 낙선은 그렇게 덮여서 잊히게 되었습니다. 그러고 나니까 학교를 다시 제대로 다니겠더군요. 참 재미있는 기억입니다.

여담이지만 바로 다음해인 1975년 봄부터 대학 총학생회장 선거가 직접선거로 바뀌었을 겁니다. 학생들이 직접 총학생회장을 뽑게 된 것인데, 그해에 정경대의 강삼재 씨가 총학생회장이 되고, 법대의 문재인 씨가 같이 학생회를 이끌었습니다. 강삼재 씨는 이후에도 민주화운동을 오래 하다가 국회의원을 했고, 김영삼 정부 시절에 여당 최고위원까지 되었지요. 또 젊은 친구들도 잘 알다시피 문재인 씨는 이후 학생운동을 지속하다가 옥살이도 했고 나중에 사법고시를 거쳐서 인권변호사로 활동했습니다. 노무현 정부 시절에는 비서실장을 했고, 지금은 아주 유력한 정치 인이 되었지요.

물론 나는 1974년 4학년이 되자마자 봄부터 이미 취업을 했기 때문에 한 해 후배인 강삼재 씨나 문재인 씨와는 만날 기회도 없었고, 전혀 인연이 없었습니다. 그때는 공과대학 4학년이면 졸업도 하기 전에 취업해서 나갔습니다. 나도 그해 5월에 학교를 떠났지요. 어렵고 고단하고, 또 돌아보면 재미있었던 대학생활이 그렇게 지나갔습니다.

한마디로 20대 초반까지 나는 평범하면서도 때론 열병을 앓는 청년이었습니다. 머리가 유난히 큰 가분수 체형 말고는 특별히 눈에 띄는 것은 없었지요. 눈물 나는 연애 스토리도 없었고, 혈기로 늘 시위대를 지켰습니다만 앞장서지는 않았습니다. 현실에서 멀어지려는 히피적인 일탈도 없었고요. 그런 의미에서 평범했다는 것입니다. 그렇지만 마음속에는 온갖 낭만과 문학적 감성, 시대에 대한 불만, 그리고 미래의 꿈으로 충만했습니다. 그런 것이 평범한 일상을 뚫고 불거져나올 때는 다른 일도 저질러보던 시절이었습니다. 이것저것 꾸준히 무엇인가를 하고, 또 찾고, 저지르고 다녔습니다.

요즘 20대 초반의 청춘들과 크게 다르지 않았을 겁니다. 가슴속에 열정은 가득하고 머릿속에 꿈도 작지 않은데 일상은 남루했습니다. 그래서 이것저것 시도도 해보고 도전하면서 작은 실패와 성공을 경험했습니다. 순수한 내 가슴과 마주하는 시간은 작은 책상 앞에서 시를 읽고 원고지에 한 줄의 시구를 쓸 때였습니다. 그때는 청마 선생의 시를 유난히 좋아했습니다. '저 푸른 해원을 향해 흔드는 영원한 노스탤지어의 손수건' 같은 시구를 탐하며 밤을 하얗게 새우기도 했지요. 작은 책상 앞에서 나는 마치 청마가 편지를 쓰는 '에메랄드빛 하늘이 환히 내다뵈는 우체국 창문 앞에' 서 있는 듯 가슴이 벅차기도 했습니다. 그렇지만 그때는 가난하다는 상황이 하루하루 생활의 모든 것을 결정하던 때였습니다. 1970년대 초는 모두가 다 그렇게 궁박한 생활을 했습니다.

새옹지마

대학 때 갑자기 결핵을 앓았습니다. 그때는 영양상태가 좋지 않아서 그런지 결핵이 많았습니다. 그때 체중이 50킬로그램을 간신히 넘길 정도였습니다. 바짝 마른 몸에 머리만 큰 가분수였으니 지금 생각하면 우스운 몰골을 하고 다녔습니다. 결핵은 다행히 심각한 상황으로 가지는 않았지만, 쉽게 낫지도 않았습니다. 4학년이 되자 고민이 깊어졌습니다. 군대도 가야 하고 빨리 취업도 해야 하는 형편이었으니 거추장스러운 상황이었지요.

대학을 졸업하기도 전에 직장생활을 시작했으니까 5년 동안 직장생활을 한 셈입니다. 1970년대 중반은 한국 경제가 고도성장 단계로 막 접어드는 초입이었고, 기계공업도 본격적으로 시작되던 때였습니다. 대학에서 기계공학을 전공한 사람을 전부 다 끌어다 써도 모자랄 판이었지요. 나는 결핵을 앓아서 재검을 계속 받는 바람에 군대문제가 남아있었습니다. 그것 때문에 큰 회사에 가지는 못했지요. 그때는 아쉬운 마음이 많았습니다. 대신 센추리라는 에어컨 만드는 회사에 가게 되었지요. 대표적인 에어컨 제조회사였고 중견회사였습니다. 첫 직장이 계기가 되어서 훗날 열교환기 사업을 하게 되었고 결과적으로는 잘되었으니 다행이지요.

센추리에 다니는 동안 일본 히타치제작스에 기술연수도 다녀왔습니다. 당시에는 쉽게 얻을 수 있는 기회가 아니었습니다. 일본 연수 경험은 선진기술을 배울 수 있었을 뿐 아니라 일본 기업의 운영방법, 기계에 대한 엔지니어의 자세, 경영자의 철학도 배울 수 있는 기회였으니 나에겐 큰 도움이 되었습니다. 직장생활을 하면서 나는 열공학 공부에 파묻혀서 지냈습니다. 직장생활을 통해서 기계공학도 출신의 젊은 엔지니어가 열공업 분야의 상당한 전문가가 될 수 있었던 것입니다.

병역은 입사 후에 마치셨습니까.

취직 후에도 결국 결핵이 완쾌되지 않아서 신체검사에서 불합격됩니다. 일상생활에 지장은 없었는데도 밥이나 약을 제대로 챙겨 먹지 못해서 그런지 엑스레이는 깨끗해지지 않았습니다. 완쾌가 되지 않으

日立稲荷神社

니 3회 무종 판정을 받고 보충역 소집면제를 받았습니다. 평생의 핸디캡입니다. 몸에 상처는 허약한 기관지로 남았고, 병역면제를 받은 대부분의 대한민국 남자들이 그렇듯이 육군 병장으로 병역을 마치지 못한 부채감은 무의식중에도 늘 자리 잡고 있습니다.

재미있지요. 그야말로 새옹지마(塞翁之馬) 격이라고 할 수 있겠습니다. 돌이켜보면 세상일이 다 그렇습니다. 긴 인생에서 당장 조금 불행하거나 불리한 처지는 아무것도 아닙니다. 나는 젊은이들이 새옹지마라는 말에 숨겨진 세상사의 진리를 음미해봤으면 합니다.

요즘 젊은이들이 가장 많이 모이는 곳이 공무원 시험 학원이라고 합니다. 물론 공무원도 매력적인 직업이 될 수 있습니다. 또 대기업만 선호하는 현상도 있습니다. 대기업이 아니면 차라리 아르바이트를 하면서 공무원 시험이나 취업 재수를 하는 대졸자들이 많다고 합니다. 물론 학생들이 열심히 공부해서 실력을 쌓는 것은 보람있는 일이지요. 그리고 그 실력을 바탕으로 공무원 시험에 합격하거나 대기업에 취업하는 것도 그 나잇값을 절반은 하는 것입니다. 하지만 젊은 이들이 공무원 시험을 보려는 이유가 대부분 정년이 보장된 안정된 직장이기 때문이라는 것 아닙니까. 또 대기업에서 자기가 정말 하고 싶은 일을 할 수 있는지도 모르면서 대기업에 다닌다는 이미지와 당장의 연봉을 보고 줄을 서는 것 아닙니까. 그러고는 공무원이 못 되고 대기업에 입사하지 못하면 마치 패배자인 양 자책합니다. 나는 이런 현상이 안타깝습니다.

나는 젊은이들이 지금 알고 있는 안정된 직장 말고도 무수히 많은 기회가 세상에 있다는 것을 믿기 바랍니다. 그리고 시작을 어디에서 하든지 꿈과 목표를 크게 가지는 것이 중요하다고 얘기하고 싶습니다. 젊은이들에게는 세상을 향한 더 큰 꿈과 목표가 있어야 하고, 남들이 하지 않는 일에서 도전의 기회를 찾는 호기와 배짱이 있어야 합니다. 그것이 젊은이들에게 요구되는 나머지 절반의 나잇값입니다.

과거와 달리 나라 경제가 발전해서 젊은이들이 도전하고 시도해볼 일들은 많습니다. 그러니 어떤 일이든 과감하게 도전해야 합니다. 지금 20대, 30대의 아버지 세대들에게 지금과 같은 조건이 주어졌다면 정말 많은 인생들이 달라졌을 것이고, 사회적으로 더 많은 것을 해낼 수 있었을지도 모릅니다. 젊은 세대가 패기와 도전정신을 보여주는 것은 앞 세대에 대한 최소한의 예의입니다.

안정과 편안함만 찾는 것은 젊은이들에게 어울리지 않습니다. 남들이 가지 않는 길에 과감하게 도전하는 젊은이들을 보고 싶습니다. 실패를 하면 어떻습니까. 해보고 실패하는 것이 하지 않는 것보다는 나은 것입니다. 그때 실패해서 못 간 그 자리보다 더 나은 미래가 실패한 바로 그 자리에서 시작될 가능성은 무한히 많습니다. 한 번의 실패가 다음 성공의 밑거름이 되고, 지금의 어려운 상황이 오히려 나중의 기회가 되거나 도약의 발판이 된다는 말이 새옹지마의 숨은 뜻일 것입니다.

빛나던 시절, 직장생활

직장생활이 인생에서 참으로 빛나던 시절이었다고 말씀하신 적이 있습니다. 젊은 시절이었고, 엔지니어가 귀하던 시대에 직장을 다녀서 그런 것인가요. 아니면 다른 이유가 있었습니까.

누구나 젊은 시절은 빛나는 시절 아닌가요. 많은 시인들이 청춘을 예찬했지만, 청춘이야말로 인생의 황금기이므로 아무리 예찬을 해도 지나치지 않습니다. 더구나 사회에 나와 직장에 다니면서 일을 하고 돈을 번다는 것은 경제적으로도 독립적인 주체가 된다는 의미여서 마치 번데기가 허물을 벗고 나비가 되는 것이나 다름없지요. 그런 면에서 요즘 젊은이들이 취업이 안 되어 직장을 갖는 시기가 자꾸 늦어지는 것은 참으로 애석한 일입니다.

당시가 엔지니어가 귀하던 때였던 것도 맞습니다. 어떻게 보면 나라 경제의 규모가 커지고 고도성장을 하던 시기에 직장을 다니게 된 것은 행운이었습니다. 그때 나는 일 욕심도 많았고, 대학시절 하지 못한 공부에 대한 미련도 강했습니다. 대기업에 가지 않은 것을 다행이라고 생각하는 것 중 하나가 바로 중소기업만의 매력 때문입니다. 그때 중소기업에서 대졸 엔지니어가 해야 하는 일은 단순하지 않았지요. 여러 가지 일을 알아야 하고, 해내야 했습니다. 회사는 내가 일본 히타치제작소에 기술연수를 가 있는 동안에도 홍콩, 사우디아라비아로 출장을 보내곤 했습니다. 그만큼 일할 사람이 없었던 것이지요. 그래서 더 회사 일에 파묻히기도 했지만, 한편으로는 모르는 것이 많아서 공부를 더 해야겠다는 생각도 들었습니다. 그중 하나가 공업경영학이었습니다. 요즘에는 산업공학이라고 하지요. 그래서 1976년 연세대학교 산업대학원에 진학합니다.

주경야독하겠다고 독한 마음을 먹었습니다. 그런데 만만치 않았지요. 지금처럼 지하철이라도 있었으면 좋았으련만 그때는 연세대학교까지 가려면 회사가 있는 부천에서 일단 김포공항으로 가서 다시 차를 갈아타고 신촌으로 가야 했습니다. 두 시간 이상 걸리는 거리였지요. 강의가 있는 날이면 새벽부터 서둘러서 회사 일을 정말 '빡세게' 했습니다. 그런데 회사 일이 내 마음대로 되지 않는 것은 당연지사. 출석을 못하는 날이 많아졌지요. 그해 봄학기에는 출석일수를 거의 채우지 못했습니다. 학교에 가지 못하면 그날은 등록금이 아까워서 잠도 못 자고 책을 보고 공부했습니다. 그때 등록금이 내 두세 달치 월급이었으니까요. 출석은 못해도 나중에 시험을 잘봐서

만회를 해볼 요량이었지요. 그런데 어느 날 지도교수가 나를 불렀습니다. 김우식 교수가 지도교수였어요. 연세대학교에 쭉 계시다가 나중에 부총리까지 하신 분입니다. 김우식 교수는 아마 그때 미국 유학에서 막 돌아온 뒤였을 겁니다. 그분은 학사관리가 철저했습니다. 막연히 출석일수가 모자라서 대신 시험을 잘 치르겠다고 생각한 내가 틀렸던 거지요.

나를 보자마자 "자네는 출석일수가 모자라서 학점을 줄 수가 없네."라고 하시는 거예요. 그래서 내가 "공부는 많이 했습니다. 시험을 잘 치르겠습니다." 그랬지요. 그러니까 "아니, 시험 볼 자격도 주지 않겠네."라고 아주 야박하게 말씀하시더군요. 나는 한참 사정 이야기를 했습니다. '직장생활하면서 공부하려니 출석이 어려웠다.' '등록금이 얼만지 아시는가! 내 두세 달치 봉급이다.' '다음 학기는 잘 다니겠다.' 주절주절 다 이야기를 해도 끄떡도 안 하시더군요. 그래서 더 매달리지 않았습니다. 내가 원칙을 지키는 사람 앞에서는 인정을 잘합니다. 그래서 그냥 꾸벅 인사를 하고 나왔습니다. 그것으로 내 대학원 도전은 실패했습니다. 결국 상아탑과의 인연도 끝이 납니다.

그런데 그 일이 계기가 되어서 나는 1976년 말 서울 동자동에 있는 '태평화공기계'로 직장을 옮겼습니다. 사실 대학원 공부를 마저 할 생각이 있어서 서울로 옮긴 것이었지요. 한번 시작한 것을 중도에 그만둔다는 결심을 하기가 어려웠습니다. 가난하던 시절에 한 학기 학비를 날린 것이 아무리 생각해도 분하기도 했습니다. 그런데 웬걸, 거기서는 일이 더 많았습니다. 발전설비를 하던 회사였는데 일하는

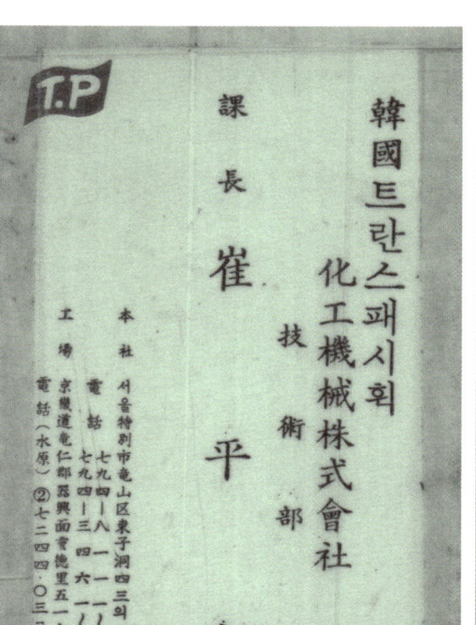
T.P
韓國트란스패시훠
化工機械株式會社
技術部
課長 崔平奎
本社 서울特別市竜山区東子洞四三의一四五
電話 七九四—八 一—一〜二番
三四六—一〜二番
工場 京畿道竜仁郡器興面靈德里五一七番地
電話(水原)②七二四四・○三二一番

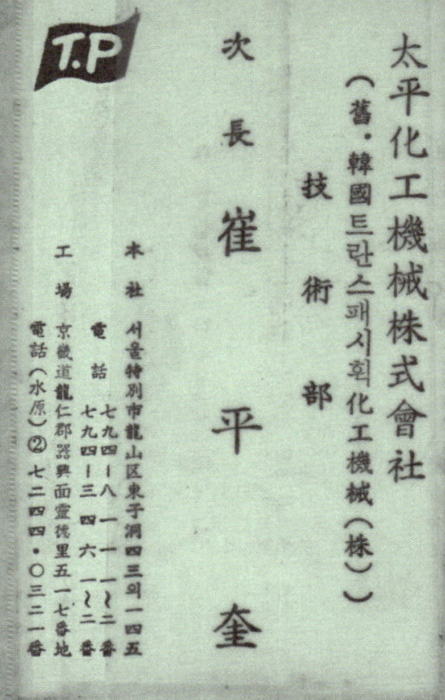
T.P
太平化工機械株式會社
(舊・韓國트란스패시훠化工機械(株))
技術部
次長 崔平奎
本社 서울特別市龍山区東于洞四三의一四五
電話 七九四—八 一—一〜二番
三四六—一〜二番
工場 京畿道龍仁郡器興面靈德里五一七番地
電話(水原)②七二四四・○三二一番

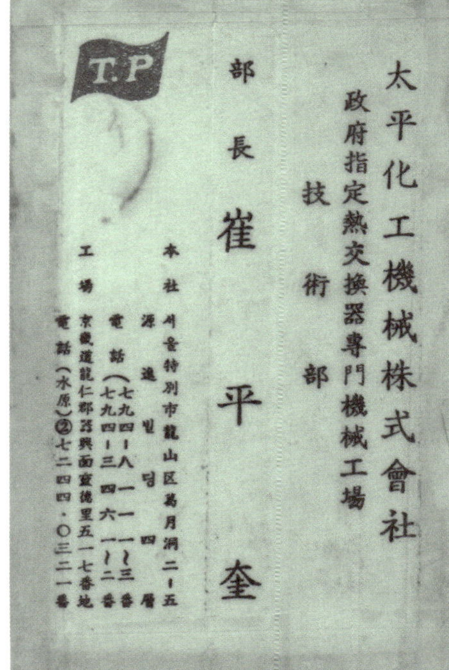
T.P
太平化工機械株式會社
政府指定熱交換器專門機械工場
技術部
部長 崔平奎
本社 서울特別市龍山区萬月洞二一五
源進빌딩四層
電話(七九四—八 一—一〜三番
三四六—一〜二番
工場 京畿道龍仁郡器興面靈德里五一七番地
電話(水原)②七二四四・○三二一番

재미가 있었습니다. 책임도 커지고 새로운 일도 많이 맡다보니까 어느새 다시 일하는 재미에 폭 빠져서 살게 되었답니다.

승진도 빨랐습니다. 1977년에 과장, 1978년 봄에 차장, 그리고 그해 연말에는 기술담당 부장이 되었습니다. 초고속 승진이었습니다. 다른 데 못가게 하려고 연봉도 계속 올려줬지요. 한때 이명박 대통령이 현대건설에서 초고속 승진을 한 것이 이야깃거리가 되기도 했는데, 그때는 중소기업에서라면 마음먹고 일하면 그렇게 될 수 있었습니다. 나뿐만 아니라 그런 사례를 종종 볼 수 있었지요. 아침에 서울 본사에서 설계를 하고 오후에 수원 공장에 가서 생산기술을 봐주고, 다시 야간열차를 타고 전국 현장에서 발전설비를 둘러보면서 기술영업도 했습니다. '올 라운드 플레이어'였지요. 한마디로 너무 바쁘고 일하는 재미가 있어서 시간 가는 줄 몰랐습니다.

그때는 한 달에 한 번, 친구들과 소주 한 잔 마시는 정도가 여가시간의 전부였습니다. 친구 서넛이 서울역 앞 포장마차나 후암동 아바이순대집에서 모였지요. 튀김 한 접시에 소주 두 병을 마시는 데 1,500원이면 족했습니다. 순대 한 접시도 1,000원 정도였어요. 그때는 토요일도 반만 공휴일이었습니다. '반(半)공일'이라고 불렀지요. 토요일 오후에 한두 시간 소즈를 마시면서 이런저런 이야기를 나누고는 집에 가서 일요일까지 내리 잠만 잤지요. 피곤이 풀려야 다시 일주일을 버틸 수 있었습니다. 월급은 6만 원, 7만 원에서 시작해서 해마다 많이 올랐습니다. 하지만 돈 쓸 시간이 없어서 3년 만에 아파트 한 채를 구입할 수 있었지요.

　　당시 우리나라 기업들은 해보겠다는 열정은 가득했지만 아직 기술이 선진국에 한참 못 미치는 형편이었습니다. 국가나 기업인들이나 선진기술을 보는 안목이 부족했던 때였습니다. 엔지니어로서는 그것이 불만이었지요. 선진기술을 도입하고 국내 기술을 축적해서 제대로 도전하면 충분히 세계시장에서도 해볼 만하다는 생각을 그때 했습니다. 열교환기와 발전설비 분야를 두루 보면서 '이 사업은 내가 인생을 걸고 해볼 만한 사업이다.'라는 확신을 가질 수 있었습니다. 그 순간 나는 '이제 직장을 벗어날 때가 되었다.'는 생각을 했습니다.

　　직장생활 5년은 내 인생의 밑그림을 진하게 그릴 수 있었던 시기였고, 꿈을 크게 키웠던 시기였습니다. 나는 대학원에 진학했다가 실패했습니다. 그렇지만 그것을 후회하지 않습니다. 대신 직장생활을 신명나게 할 수 있었던 것을 행운이라고 생각합니다. 청년 시절에는 무엇이든지 하고 싶은 것이 있으면 도전하고 최선을 다해 노력해야 합니다. 그러다가 실패하면 다시 무엇인가가 기다리고 있습니다. 젊다는 것은 아직 기회가 충분히 많다는 것입니다. 그래서 나는 직장생활 동안 내 인생은 빛났다고 말할 수 있습니다.

짧은 DREAM, 그리고 큰 꿈

1979년 초, 미국으로 이민을 떠나셨습니다.
그리고 금방 다시 돌아오시지 않았습니까.

당시 한국 사람들 눈에 비친 미국의 이미지는 지금은 상상하기 어려울 만큼 좋았습니다. 한마디로 선망의 대상이었지요. 특히 젊은이들에게 미국은 자유의 상징이자 꿈을 이룰 수 있는 기회의 땅으로 여겨졌습니다. 그때는 반미라는 말은 아마 사전에도 없었을 겁니다. 답답한 한국 현실에 화가 난 지식인들까지 미국으로의 이민을 선택할 정도였으니까요. '나성에 가면 편지를 띄우세요'라는 유행가를 세샘트리오가 불렀는데 인기가 있었습니다. 팝송도 한창 유행했지요. 하지만 미국 이민이 쉽지는 않았기 때문에 더욱 행운으로 받아들여졌습니다.

나는 당시에 아메리칸 드림에 대한 환상을 가지고 있지는 않았습니다. 그렇지만 내가 가진 기술과 전문성을 가지고 사업을 해볼 수 있는 여건이 되는 곳이라고 생각했습니다. 미국은 선진기술과 큰 시장을 모두 가진 나라였으니까요. 큰 무대에서 사업을 한번 벌여보고 싶다는 욕심이 있었습니다. 내가 반짝반짝 빛나던 직장생활을 접고 이제 새로운 도전을 해보아야겠다는 마음을 먹을 무렵, 우연히 이민의 기회가 찾아왔습니다.

이민 가방을 들고 미국에 도착했을 때는 1979년 봄이었습니다. 미국에서는 우선 생계를 위해서 일을 해야 했습니다. 먼저 이민을 간 지인의 가게에서 새벽부터 밤 늦게까지 하루 종일, 말하자면 '시다' 일을 했지요. 미국 생활에 익숙해질 때까지 그 가게 보조원으로 일을 배우면서 지내고, 나중에 다른 궁리를 해볼 요량이었습니다. 그런데 하루 16시간씩 일하면서는 다른 모색을 할 수가 없었습니다. 그것이 당시 이민자들의 전형적인 모습이었습니다.

'나도 시간이 가면 처음 이민 올 때의 꿈은 사라지고 작은 가게나 하며 늙어가겠구나.' 생각하니 막막했습니다.

몸과 마음이 모두 고생스러웠습니다. 일이 중노동이기도 했지만, 마이너리티 인종들을 상대로 푼돈 버는 일을 계속할 자신이 없었습니다. 하지만 당장 가족의 생계가 있으니까 다른 방법을 찾기도 어려웠습니다. 요즘처럼 이민자들이 다양한 분야에서 자리를 잡고 미국으로 건너가거나 한인 2세들이 주류사회에서 성공하기도 하는 시대였다면 어떻게 해서라도 수단을 내었을 테지만 그때는 막막했습니다. 이민 간 지 5개월쯤 되던 어느 날 '이 정도 고생이라면 한국에서 사업을 시작하더라도 충분히 성공할 것 같다.'는 생각이 들었습니다. 그래서 조금 고민하다가 그냥 돌아왔습니다.

오는 길로 바로 영주권을 반납했습니다. 나는 결심을 하면 미련을 남겨두지 않아요. 미국 영주권을 포기해버리는 사람은 거의 없을 때였으니 담당 공무원도 놀라더군요. 그것으로 나의 짧은 아메리칸 드림은 끝났습니다. 그리고 더 큰 꿈을 향해 뛰기 시작했습니다.

역사의 격랑 속에서

사업은 미국 맥얼로이의 핀튜브 기계를 도입하는 것으로 시작되었습니다.

가장 먼저 핀튜브 기계를 도입하기로 한 계기가 있었습니까.

상당히 고가의 기계였을 텐데요. 자금은 어떻게 마련하셨습니까.

당시 한국은 제4차 경제개발계획으로 중화학공업이 틀을 잡아가는 과정이었는데, 열교환기나 발전설비의 부품들은 대부분 일본이나 미국, 유럽에서 수입하고 있었습니다. 나는 핀튜브 기술에 주목했습니다. 이 분야의 첨단기술이었고, 국내에서 개발, 생산이 되면 국내시장에서 수입대체 효과도 클 것으로 예상했습니다. 직장생활 중에 이미 국내시장을 확인했기 때문에 분명히 사업성이 있을 것이라고 확신했습니다.

일본 히타치제작소에서 기술연수를 하면서 미국 맥얼로이

(McElroy)의 핀튜브(Fintube) 기술을 알게 되었습니다. 맥얼로이는 당시 독보적인 핀튜브 기술로 정평이 나 있던 회사입니다. 나는 일본 히타치제작소에서 맥얼로이의 피닝(Finning) 기술에 대한 자료를 처음 접하고 매우 관심있게 공부했습니다. 미국에서 짧은 이민생활을 정리하면서 나는 귀국 전에 오클라호마 툴사(Tulsa)로 찾아가서 사장인 맥얼로이 씨를 만났습니다. 기계를 잘 아는 엔지니어였고 열정이 있는 젊은 엔지니어를 도와주고 싶어하는 노신사였습니다. 내가 발전설비 분야를 이야기하자 흥미롭게 들어주더군요. 서로 핀튜브 기술에 대해서 많은 이야기를 재미있게 했습니다. 그러다가 갑자기 자신이 새로 개발한 기계가 있다면서 보여주었습니다. 핀튜브를 만드는 피닝머신(Finning Machine)이었습니다. 내가 전문성이 있는 분야이고, 기계를 보는 나름의 안목이 있기 때문에 한눈에 괜찮은 기계라는 것을 알아봤습니다. 바로 수입하기로 결심했습니다. 일단 기계를 도입해서 첨단기술을 익히고, 그것을 바탕으로 독자적인 기술개발을 해볼 생각이었습니다.

서울로 돌아와서 먼저 내가 갖고 있던 17평짜리 아파트를 400만 원에 팔았습니다. 그리고 '삼영기계공업사'(현 S&TC)를 세웠습니다. 처음에는 직원 6명으로 일을 시작했습니다. 사업을 제대로 하려면 일단은 맥얼로이에서 개발한 핀튜브 피닝머신을 가지고 와야 했는데 돈이 없었습니다. 관세를 포함해서 6,000만 원이 훨씬 넘는 기계였습니다. 그때는 아파트 가격이 지금처럼 높지는 않았지만, 어쨌든 아파트 10여 채 값이었으니까 거금이었지요. 빈손이나 다름없는 스물일곱 살의 젊은 엔지니어에게 그렇게 큰돈을 투자할 사람은 없었습니다. 그때는 벤처창업을 지원하는 엔젤 투자자도 없던 때였지 않습니까. 하는 수 없이 아버지, 매형의 집까지 은행에 담보로 잡히고 신용장(L/C)을 열고 기계를 들여오기로 했습니다.

1979년 10월 초였습니다. 미국에서 기계가 완성되었다는 연락이 왔습니다. 그래서 내가 직접 기계 검수를 한 뒤에 싣고 오려고 미국 오클라호마로 갔지요. 약 3주간 검사도 하고 시운전도 하면서 검수를 마쳤습니다. 그 3주간은 정말 고생스러웠습니다. 돈이란 돈은 탈탈 털어서 사업자금으로 다 넣어놓은 상태라서 돈이 없었습니다. 나는 단돈 500달러를 들고 툴사로 갔습니다. 빵을 사서 가지고 간 고추장을 발라 먹으면서 하루하루를 버텼지요. 한편으로는 이 기계를 가지고 한국에서 제대로 사업을 해봐야겠다는 설렘도 있었지만 또 한편으로는 과연 사업이 잘될까, 가족들 집까지 담보로 잡았는데 사업이 안되면 큰일인데 하는 걱정이 떠나질 않았습니다.

그런데 미국에서 귀국하기 전날 밤에 역사적인 사건이 터졌습니다. 귀국을 앞두고 맥얼로이 씨가 나를 만찬에 초대했습니다. 그의 가족들과 함께 중국음식점에서 저녁을 먹었지요. 맥얼로이 씨는 그때 내가 돈이 없다는 것을 알고 종종 저녁을 사기도 했습니다. 그의 가족들과도 어울렸는데 금방 아주 친해졌습니다. 식당에서 TV 뉴스를 보고 있는데 갑자기 박정희 대통령 서거 소식이 나오는 것이에요. 미국에서도 빅뉴스였어요. 바로 10·26사태였습니다. 갑자기 눈앞이 깜깜해지더군요. 앞으로 나라가 어떻게 될지 한 치 앞을 모르는 상황

이었지요.

'이제 막 사업을 시작했는데 정말 큰일이구나. 이 기계는 어떻게 하나. 한국에 가지고 갈 수는 있을까.'

당시 미국 언론을 통해서 보는 한국의 상황은 패닉이었습니다. 한국에 연락도 해보았지만 실상을 종잡기 어려웠습니다. 미국의 지인들 중에는 아예 귀국을 만류하는 사람들도 있었습니다. 하지만 사업이라는 것을 벌려놓았으니 한국에 들어가서 방법을 찾아야겠다고 마음을 먹었습니다.

그런데 다음 날 또 다른 청천벽력 같은 소식이 왔습니다. 한국에 계신 부모님께서 갑자기 쓰러지셨다는 것입니다. 박 대통령 서거 소식이 있고 몇 시간 지나서 선친께서 쓰러지셨고 그리고 이내 어머니도 같이 쓰러지셨다는 급한 연락을 받았습니다. 더 큰 충격이었습니다. 어린 아들이 사업을 한다고 다니는 것을 보고 얼마나 신경이 쓰이셨을까 생각하니 가슴이 미어져서 귀국을 한시도 늦출 수 없었습니다. 그래서 일단 기계 수입을 포기하고 한국으로 다시 돌아왔습니다.

부모님은 중풍이었습니다. 다행히 어머니는 금방 회복하셨고, 보름쯤 뒤에는 어느 정도 거동도 하시게 되셨습니다. 그렇지만 선친은 연세가 있어서 그런지 쉬 회복되지 못하그 돌아가실 때까지 10년 가까이 병석을 의지해야만 하셨습니다. 원인이 무엇이라고 단정하기는 어렵지만 나로서는 수없이 자책할 수밖에 없었지요. 10·26사태로 내가 사업 걱정을 한 것 이상으로 부모님의 걱정이 크셨던 것이지요.

그때 젊은 나로서는 해볼 만한 도전이었고 기꺼이 할 수 있는 일이었
지만 부모님은 그렇게 노심초사하신 것입니다. 다행히 사업에 성공
했지만, 가슴이 많이 아픈 사연입니다.

추풍령 고개 눈물바람

●

맞습니다. 내가 워낙 자신감에 차 있기도 했지만 어릴 때부터 부모님께서 많이 미더워하셨습니다. 철들고 나서는 내가 하는 일은 언제나 믿고 맡겨주셨습니다. 아들이 감당키 어려운 일을 하는 것을 보고 마음이 많이 쓰였을 테지만 한 번도 반대하지 않았고, 내색하시지도 않았어요.

한국에 돌아와서 보낸 1979년 겨울은, 부모님 병구완하면서 사업도 챙기느라 힘든 시간이었습니다. 나라가 어수선하니 전 재산을 투자한 사업도 잘 되지 않았지요. 동분서주 뛰어다녀도 답이 잘 보이지 않았습니다. 게다가 그때는 2차 오일쇼크로 세계경제도 어려웠고 대외수지 악화가 심각한 상황이었습니다. 그해 연말에는 술도 엄청 마셨지요. 그러면서도 빨리 핀튜브 기계를 들여와야 된다는 생각을 하면서 경제동향을 살피고 있었습니다. 다행히 경제 부문에서는 위기관리가 가능할 것으로 보였습니다. 나라가 넘어가지는 않겠구나 싶은 생각이 들었습니다.

그러던 중, 시중에 조만간 몇 가지 획기적인 경제정책이 나올 것이라는 소문이 돌았습니다. 생각해보면 그때는 전격적인 발표 같은 것은 없었던 것 같습니다. 거래은행의 창구 직원도 미리 정보를 주고 대응하라는 조언을 할 정도였지요. 정보라는 것은 요컨대, 정부가 환율과 금리를 대폭 올린다는 것입니다. 원달러 환율이 480원에서 20퍼센트 오른 600원 가량이 될 것이고, 금리도 20퍼센트 이상 오를 것이라는 정보였지요. 당시 경제상황을 보면 충분히 그럴 수 있었으니까 믿을 만한 정보로 판단했습니다. 물론 나만 그런 것이 아니고 웬만한 대기업에서도 그렇게 보고 수입을 앞당기는 조치에 들어갔습니다. 아무튼 나는 마음이 급해졌습니다. 수입하는 기계 값이 20퍼센트 오른다는 것 아닙니까. 더는 주저할 수 없게 된 것이지요. 믿을 만한 정보로 판단한 순간 기계도입을 서두르기로 결심했습니다. 당장 그 길로 기계 대금을 결제했습니다. 역시 해가 바뀌고 수입 기계의 통관을 기다리고 있던 1980년 1월 12일, 정부가 환율과 금리에 관한 조치를 발표합니다. 원달러 환율을 기존 480원에서 581원으로 올리는 평가절하를 한 것입니다. 이른바 1·12조치가 단행된 것입니다. 핀튜브 기계를 들여오게 된 것 자체도 다행이었지만, 환율이 바뀌기 전에 20퍼센트 낮은 가격으로 수입할 수 있었던 것도 무척 다행스러운 일이었습니다.

말하자면 나는 1979년 10월부터 1980년 초까지 내 인생 처음으로 대규모 투자를 놓고 국내외 경제동향과 시장상황, 그리고 정부정책을 분석 검토해 최종결정까지 내린 것입니다. 지금 보면 크게 일을 저지른 것이었는데 특별히 누군가에게 기대어서 판단하지 않습니다. 내 나름대로 열심히 뛰어다니면서 정보도 얻고 신문도 보고 하면서 판단한 것입니다. 정말 겁 없는 젊은이였던 것 같습니다. 아무튼 기계 대금을 결제하고 나니까 새로운 용기가 생겼습니다. 그리고 이제 어떻게든 사업의 돌파구를 만들어보자고 결심했습니다.

1980년 1월 말로 기억합니다. 부산항에서 수입 기계를 통관했습니다. 큰 트레일러 두 대에 기계를 싣고 운전기사 옆자리에 앉아 경부

고속도로를 타고 올라왔습니다. 차창 밖 풍경이 하나도 눈에 들어오지 않았지요. 온갖 상념들이 머리를 어지럽히고 마음은 먹먹하게 무거웠습니다. 육중한 트레일러가 힘겹게 움직이는 소리가 그대로 내 가슴속에 전해지는 듯했습니다.

'드디어 바라던 기계를 가졌는데, 과연 내가 이 기계로 사업을 잘할 수 있을까? 사업을 해보겠다고 잘 다니던 직장도 때려치우고 미국 이민생활도 접고 왔는데 사람들의 웃음거리가 되는 건 아닐까? 내 전 재산도 모자라 아버지와 매형의 전 재산이나 다름없는 집을 담보로 기계를 사오는 것 아닌가. 사업이 잘 안되면 병석에 계신 아버지와 가족들은 어떻게 될까? 잘하지 않으면 안 되는데 지금껏 한국에서는 누구도 해보지 않은 사업 아닌가. 어떻게 해야 하지?'

다시 끝없는 고민과 회의가 엄습해왔습니다. 밤 12시가 넘어서 추풍령 고개에 잠시 차를 세웠습니다. 차에서 내리니 겨울바람이 옷 속으로 파고들었습니다. 차가운 눈발이 사정없이 얼굴을 치고 갔습니다. 기사들이 가는 허름한 국밥집에 들어가서 국밥 한 그릇과 함께 소주를 한 잔씩 마셨습니다. 따뜻한 국밥이 들어가니까 몸이 조금 풀어지더군요. 그때 갑자기 눈물이 쏟아졌습니다. 눈물은 멈추지 않았지요. 하염없이 흐르는 눈물을 국밥과 함께 한참 떠먹었습니다.

최 부장, 또는 최 사장

스물일곱 살 나이에, 지금으로 봐도 큰 도전이었습니다.

과연 요즘 20대들이 그런 혼란과 어려움을 헤쳐나갈 수 있을까 싶습니다.

근래 IT 분야에서 벤처창업이 한창일 때도 '다음' 이재웅 사장이나 '넥슨' 김정주

사장 정도가 20대 후반 나이였습니다. 경영자로서 흔치 않은 어린 나이였는데요.

당시에는, 그것도 기계제조업 분야에서 어땠을까 짐작이 잘 안 됩니다.

나이가 어려서 더 어려웠던 일은 없었습니까.

1979년에 사실상 벤처창업을 한 셈입니다. 돌아보면 스물일곱 살이 참 어린 나이였지만, 당시에는 세상 일 알 것은 다 안다고 생각했고 실제로 나이가 어려서 특별히 못했던 것은 없었습니다. 물론 당시에도 아버지 사업을 물려받은 사람들을 제외하면 그 나이에 사장을 하던 사람은 찾아보기 어려웠지요.

요새 젊은이들에게는 정보가 많습니다. 정보의 홍수라고 하지요. 온라인, 오프라인을 통해서 들어오는 온갖 정보 속에 파묻혀 있다는 생각이 듭니다. 반면에 그때 젊은이들은 정보랄 것이 없었지만 신문 한 줄을 읽어도 생각할 시간이 많았습니다. 자기 머리로 생각하고 스스로 자기 운명을 결정하는 훈련이 일찍부터 되었다고 봐야 합니다. 그래서 그때는 고등학생만 되어도 어른스러웠습니다. 아무것도 없는 곳에서 스스로 찾아야 했던 세대와 모든 것이 풍부하게 넘쳐나서 선택만 하면 되는 세대의 차이일 수도 있겠습니다. 나는 사업하기에는 너무 어린 나이라는 생각을 한 번도 해본 일이 없습니다.

나는 사업을 하면서 명함을 두 개 가지고 다녔습니다. 하나는 '부장 최평규'이고, 다른 하나는 '대표이사 최평규'. 사장은 나이가 좀 들어야 한다는 사회의 통념을 존중하기로 한 것입니다. 장사하러 갈 때에는 부장 명함을 들고 가고, 수주하고 나면 대표이사 명함을 주고 계약을 했습니다. 젊은 엔지니어의 순수한 열정이 때론 영업에 큰 밑천이 되기도 했습니다. 참 열심히 일했습니다. 그렇게 열심히 뛰어다니다보니 한 3년 만에 은행 빚을 거의 다 갚았습니다.

핀튜브 기계 도입으로 곧 사업의 활로가 열리게 된 것입니까.

기계도 들어오고 해서 1980년 2월부터는 시쳇말로 발바닥에 땀이 나도록 뛰었습니다. 당장 사업의 활로가 트인 것은 아니지만 생산기술

三榮機械工業株式會社

代表理事 崔 平 奎

本社・工場 京畿道仁川市北区十井洞二三三番地
電話 八二-六五七四番
서울 서울特別市竜山区東子洞四三-二二
（금 성 빌 딩 三〇一 号）
電話 七一四-〇六七番

三榮機械工業株式會社

技 術 部
部長 崔 平 奎

本社・工場 京畿道仁川市北区十井洞二三三番地
電話 八二-六五七四番
서울 서울特別市龍山区東子洞四三-二二号
（금 성 빌 딩 三〇一 号）
電話 七九三-六〇六七番

이 안정되고, 영업에 힘이 붙으면서 일이 풀리기 시작했습니다. 그렇게 막 일어서려는 순간 다시 호된 신고식을 치르게 됩니다.

당시 삼익주택이 부산 남천동 해변에 고급 아파트 단지를 지었는데, 그 아파트에 들어가는 설비공사를 '이화상사'라는 회사가 맡았습니다. 나는 아파트 실내 난방용 컨벡터(Convector)를 수주해서 이화상사에 납품했습니다. 창업 초기에 비교적 큰 거래를 만들어낸 것이지요. 550만 원을 어음으로 받고 납품했습니다. 빨리 납품하라는 독촉에 밤 늦게 모두 납품을 마쳤습니다. 그런데 다음 날 보니 그 어음이 부도가 난 것입니다. 전날 납품 차를 보내기 전인 오후 5시에 이미 은행에서 부도처리가 된 것인데 그걸 모르고 납품을 했던 것입니다. 눈앞이 깜깜해지더군요.

곧바로 부산으로 내려가서 아파트 공사현장에 갔습니다. 우리 물건이 멀쩡하게 실려 있고 쌓여 있는 것이 보이는데, 삼익주택에서는 납품받았으니 자기 물건이라고 손도 못대게 했습니다. 가슴을 치며 담배만 피워댈 뿐 방법이 없었습니다. 그래서 다시 이화상사 홍 모 사장의 집으로 찾아갔습니다. 당시 강남에 새로 지은 60평짜리 최고급 아파트였습니다. 집에 가서 초인종을 누르니 부인이 나와서는 차갑게 말하더군요. "우리는 이혼했다. 이제 나는 남편과 무관하다." 그리고 대문을 닫아버리니까 끝이었습니다. 사장은 이미 전 재산을 부인 앞으로 돌려놓고 이혼신고를 해둔 것이지요. 더 이상 할 수 있는 것은 없었습니다. 그렇게 고의로 부도를 내는 사람들이 그때는 꽤 많았습니다. 참 나쁜 사람들이지요. 돈을 받으러 올 업체들, 월급을 기다리는 직원들을 생각하니까 가슴이 답답해서 숨을 쉴 수 없었습니다. 피눈물을 흘리면서 돌아올 수밖에 없었지요.

회사로 돌아온 나는 업체들에 연락을 해서 3개월만 기다려달라고 통사정을 했습니다. 그중 한 업체가 유난히 기억에 남습니다. 나는 그때 난방기기를 제조·판매하기 위해서 필요한 형식승인을 에너지공단에 신청했는데, 승인을 받기 위해 필요한 '테스트 룸'을 만든 업체가 있었습니다. 그 업체에도 역시 사정을 설명하고 3개월만 기다려달라고 양해를 구했습니다. 그런데 그 업체 사장 부인이 득달같이 달려와서는 내 멱살을 잡고 흔들면서 돈 달라고 아우성이었지요. 그들 역시 영세한 업체였던 것입니다. 다시 피눈물이 나더군요.

사업을 시작하자마자 이화상사 어음부도를 맞았으니 한동안 사무실에 출근도 못하고 사람들을 피해 다녀야 했습니다. 다행히 석 달 뒤에 다른 물품대금이 들어와서 위기를 넘길 수 있었어요. 그런데 그 사이 테스트 룸 업체에는 직원들이 십시일반 돈을 모아서 대금의 일부를 지급했다는 것을 나는 나중에야 알았습니다. 사장은 피해 있고 연락도 잘 안되지, 아주머니는 매일 사무실에 나와서 울고불고 하지, 직원들이 보기에 딱하기도 하고 귀찮기도 하니까 그렇게 한 것이었지요. 직원들 마음이 고마워서 몇 배로 다 갚아주었지만, 지금 생각해보아도 참 순수한 마음을 가진 이들이었습니다. 그때는 회사 일을 자기 일로 생각하고 마음과 정성을 다해서 일했습니다. 요새 흔히들 얘기하는 스펙으로 보자면 지금 우리 직원들에 비해서 좀 처지는 것이 사실이지만 열심히 하니까 일도 잘했습니다. 회사가 커지고 또 시간이 흘러 세태가 바뀌어서 회사와 직원 관계가 옛날 같지는 않은 듯합니다. 나는 창업 초기부터 젊은 사장을 도와주고 지켜준 그 직원들을 잊을 수가 없습니다.

그렇게 사업 신고식을 치르고 있을 무렵에도 시국은 늘 조마조마했습니다. 10·26 사건 이후에 나라가 쓰러지지는 않을 것 같다고 생각했고, 이른바 1980년 서울의 봄이라고 하는 민주화 일정이 순조롭게 진행되는 것 같았습니다. 마음을 조금은 놓고 있었는데, 그해 5월 들어서며 분위기가 심상치 않더니 급기야 광주에서 큰 사건이 터졌습니다.

1980년 5월에 광주 K타이어에서 큰 공사가 있었습니다. 타이어 건조공정에 필요한 건조기를 납품하려고 했었는데, 창업 초기 삼영으로서는 규모가 큰 사업이었습니다. 한창 입찰 준비를 하고 기술, 사양 설명을 하느라 광주에 자주 다녔습니다. 5월 18일도 여느 출장 때와 같이 새벽 첫 버스를 타고 광주로 내려갔습니다. 오전 11시쯤 광주터미널에 도착했습니다. 차에서 막 내리는데 K타이어의 대리가 나와 있더군요. 직급은 대리였지만 나보다 나이가 많은 분이었지요. 그의 무거운 표정을 보니 무슨 일이 있는 것 같다는 불길한 느낌이 들었습니다. 내가 차에서 내리자마자 그는 미리 자기가 끊어놓은 서울행 버스표를 손에 쥐어주면서 조용히 말했습니다. "최 사장, 여기 있으면 안 돼요. 이 차 타고 빨리 올라가세요." 그러면서 떠밀다시피 나를 차에 태우려고 했습니다. 나는 신문에 나으는 광주의 상황을 눈으로 한번 봐야겠다는 마음도 있었고, 또 이왕 내려왔으니 K타이어에 가서 사업 이야기도 좀 하고 싶었습니다. 창업 초기의 급한 마음이 컸던 것입니다. 당시 신문 보도를 그다지 믿지 않았고, 또 그때는 전국적으로 시위가 많았던 봄을 지나왔던 때라서 광주의 상황을 심각하게 생각하지도 않았습니다.

그 대리는 내가 상황파악을 못하고 있다고 생각했는지 당시 광주에 주둔한 공수부대와 경상도 사투리에 관한 이야기를 했습니다. 그러고는 심각한 표정으로 조용히 그랬습니다.

"최 사장, 경상도 사투리 심하잖아요. 여기 있다가 맞아 죽을지도 몰라요. 지금부터 한 마디도 하지 말고 빨리 올라가세요."

나는 하는 수 없이 고속버스를 타고 서울로 올라왔는데, 그날 광주에서는 큰 비극이 일어났습니다. 광주에서 일어난 일들은 한참을 지나서야 알 수 있었습니다. 그 대리의 조언을 무시한 채 광주에 혼자 머물렀다면 어떤 상황을 맞았을지 모르는 일이었지요. 그때 광주를 간신히 빠져나왔다는 생각에 가슴을 쓸어내린 적도 있었습니다. 광주의 일 그 자체도 큰 비극이고, 그로 인해 영호남 지역감정의 골이 깊게 패인 것도 비극입니다. 그렇게 나는 또 한 번 현대사의 아픈 현장을 보았습니다.

삼성전자와의 만남

●

1980년대 초는 다양한 열교환기를 개발하면서 삼성전자와 인연을 맺으셨지요.

그때는 삼성전자가 지금 같은 초일류 기업은 아니었는데요.

창업 이후 1980년대는 기술개발의 시기였습니다. 열공학에 기반을 둔 기계부품은 다양합니다. 지금은 우리 생활의 일부가 되어 있는 대부분의 가전제품에도 열교환기의 원리가 들어 있습니다. 나는 당시 열교환기와 관련된 기계부품을 모두 다 새로 개발해보고 싶었습니다. 젊은 엔지니어가 무엇인들 못해보겠습니까. 그때는 먹여 살릴 직원도 많지 않아서 회사 비용의 대부분은 개발비였습니다. 성공해서 히트한 것도 있지만, 당연히 실패한 것이 더 많았습니다. 하지만 그 실패의 기록은 나에게는 또 하나의 보물입니다. 언젠가 실력 있고 열정이 있는 젊은 엔지니어가 벤처창업을 하고 싶다고 하면 내 실패노트를 주고 싶습니다. 비록 오래된 기술이지만 많은 아이디어나 영감을 얻을 수 있을 것입니다.

1980년대 초, 삼성전자가 미국시장을 염두에 둔 제습기(Dehumidifier)를 개발하고 사업을 시작합니다. 미국은 제습기시장의 규모가 컸습니다. 당시 삼성전자가 미국 제습기시장에 뛰어들면서 일본 기업의 기술과 겨루는 형국이었습니다. 그때 삼성전자는 핵심부품인 응축기(Condenser) 공급업체를 찾았는데. 결국 삼영열기가 개발한 코일식 응축기를 쓰기로 한 것입니다. 1984년부터 5년간 연 8만 대 이상 생산했습니다. 그 사업은 기술개발에도 큰 도움이 되었고 이익 면에서도 괜찮았어요. 또한 삼성전자의 품질경영 시스템을 배울 수 있었던 기회였다는 점에서도 좋은 계기였습니다.

삼성전자 수원 공장은 당시 24시간 생산라인을 운영하면서 제습기를 만들었습니다. 삼영열기도 마전리 공장에서 매일 새벽 수원 공장에 콘덴서를 납품했지요. 그때도 삼성전자의 품질관리는 철저했습니다. 다른 회사에 비해서 유난히 까다로웠지요. 조그만 하자도 절대 그냥 넘어가지 않았어요. 특히 협력업체의 품질문제를 사장의 품질경영 마인드에 달려 있다고 보았습니다. 수입검사든 공정 중이든 품질수준이 조금만 떨어져도 바로 협력업체 사장에게 연락을 했지요. 새벽 2시고 3시고 가리지 않았어요. 나중에 보면 별 문제가 아닌 경우도 허다했지만, 예외 없이 협력업체 대표에게 책임을 물었습니다. 그리고 이렇게 연락받은 협력업체 사장들은 무조건 다음 날 아침 6시부터 시작해 1박 2일로 진행되는 교육을 받아야만 했지요.

삼성전자 제습기는 호평을 받았고 물량이 조금씩 늘어났습니다. 그러던 어느 날 갑자기 생산량을 20퍼센트 늘려달라는 삼성의 요구를 받았습니다. 고객이 해달라고 하면 해야지 방법이 없습니다. 그런데 급하게 생산을 늘려서 삼성전자 생산라인에 물량을 맞추다보니 일시적으로 품질수준이 떨어졌건 모양이에요. 그 바람에 나도 처음으로 그 유명한 삼성전자 협력업체 교육을 받게 되었습니다. 그때 교육장이 서울 우이동에 있는 그린파크 호텔이었던 것으로 기억해요. 호텔에 가두어놓고 매우 진지하고 밀도 있는 교육을 시켰습니다. 그래서 동네 민방위 훈련 나가듯이 가볍게 다녀올 수도 없었지요. 아침 일찍 구보도 했고, 빡빡한 일정으로 삼성의 품질경영 시스템 교육을 받았습니다. 재무회계나 기업경영 일반에 대한 소양교육도 포함되어 있었던 것 같아요. 이렇게 교육을 받으면서 협력업체 사장들이 삼성의 경영 마인드를 이해하고 체득하도록 한 것이지요. 수직계열화를 특징으로 하는 일본 제조업의 협력업체 관리 방식에서 배워온 것입니다.

삼성에서 받은 교육이 보람 없는 것은 아닌데도 당시 협력업체 사장들에게는 1박 2일 동안 교육을 받는 것이 고역이었습니다. 나는 '피할 수 없는 상황은 즐기고 배우자.'는 마음을 먹었기 때문에 기꺼이 교육을 받은 편이었습니다만, 특히 나이가 많은 사장들은 아침 구보에서부터 아주 괴로워했습니다. 서른 살을 갓 넘긴 나에게는 아무것도 아니었지만 노인들에게는 힘든 일정이었지요. 또 삼영은 핵심부품을 공급하는 업체이기도 하고 품질문제가 거의 없어서 5년 동안 몇 번 가지는 않았지만 일주일에 여러 차례 교육을 받아야 했던 업체도 있었다더군요. 그 자리에서 당시 제법 인기가 있던 탤런트 정욱 씨를 만났습니다. 이전에 텔레비전 극에서 이병철 회장 역할을 했던 배우였는데, 이분이 삼성전자에 제원표(제원을 기록한 알루미늄 판으로 제품 뒤에 붙음)를 납품했습니다. 그 명판이 무슨 문제가 있을 것이 있는지 몰라도, 본인 이야기로는 너무 자주 불려왔답니다. 그래서 불평이 대단했지요. 그렇지만 삼성의 협력업체라는 자부심이 훨씬 대단했습니다. 그때 협력업체 사장들 대부분이 비슷한 정서를 가지고 있는 것을 보았는데, 나로서는 다소 놀라운 경험이었습니다. 가만히 보니까 교육의 힘이었습니다. 당시로서는 선진적인 삼성의 방식, 특히 '시스템'이라는 것을 협력업체에 교육함으로써 삼성을 따라오게 만든 것이었지요.

지금은 우리 S&T의 계열사들도 협력업체에 대한 교육을 하고 협력업체에 우리 품질 시스템을 정착시키기 위해 지원도 많이 하고 있습니다. 하지만 그 당시만 하더라도 그런 대기업은 드물었습니다. 그때 삼성전자의 협력업체 관리방법은 젊은 나에게 많은 공부거리를 주었습니다.

대기업과 중소기업, 원청과 하청, 갑과 을, 여러 가지 이름으로 불리는 이 관계가 바로 우리나라 산업생태계의 한 단면입니다. 이 관계가 얼마나 상호협력적이고 호혜적인가에 따라서 산업생태계의 건강성이나 지속성이 좌우되는 것입니다. 최근에 산업에서도 양극화가 심해지다보니 이 관계에 문제가 많다는 지적들을 합니다. 재벌 대기업의 계열사 늘리기와 골목 상권 잠식, 그리고 중소기업 업종까지 침범하는 무분별한 업종 확대가 사회적 문제가 되었습니다. 한마디로 옳지 않습니다. 자본의 힘은 그렇게 마구 휘두르는 것이 아닙니다. 대기업은 자기가 하고 있는 사업에서 세계적인 경쟁력을 갖기 위해서 투자하고 역량을 쏟아야지, 돈이 좀 된다고 전부 다 하려고 하면 국내 산업생태계가 황폐해지는 것입니다. 상생, 공생, 동반성장, 어떤 이름이든지 간에, 특화된 기술을 가진 중소기업이 많이 생기고 성장해서 산업의 허리를 받쳐주지 않으면 아무리 세계적인 대기업이라도 경쟁력을 갖기 어렵고 우리나라 산업의 지속성장도 어렵다는 것은 분명한 사실입니다.

사익과 공익의 경계

사업은 꾸준히 성장한 것으로 알고 있습니다.

1990년대 들어와서 매출이 급격히 성장했지 않습니까.

열교환기 사업과 발전설비 사업은 특히 끊임없이 기술을 개발해야
하는 사업입니다. 이 사업 역시 한국은 세계시장에서 후발주자였습
니다. 기술은 항상 선진국이 앞서갔지요. 신기술이 나오면 부지런히
따라가야 했습니다. 이것은 사업의 어려움이기도 하지만 엔지니어들
에게는 매력이기도 하지요. 항상 세계시장과 기술의 동향을 지켜보
면서 신기술의 단초를 찾으려고 노력해야 합니다. 솔직히 처음에는
신기술을 따라가기에 바빴습니다.

대부분의 한국기업이 빠지기 쉬운 함정이 '후발자의 이익' 입니다.
뒤에 시작한 사람은 앞선 사람이 이루어낸 결과를 보고 그 뒤를 따라

가면 시간과 비용을 줄이고 효율적으로 동일한 결과에 도달할 수 있다는 말입니다. 우리나라가 선진국에 비해서 늦게 출발했으니까 '후발자의 이익'이라는 것이 있다면 그 이익을 향유해야 하는 것은 맞습니다. 먼저 개발된 기술을 따라가면 처음 개발하는 데 드는 비용보다 적은 돈으로 그 기술을 얻을 수가 있으니까요. 그런데 여기에 더해서 한 가지 더 필요한 것이 바로 후발자의 이익이라는 함정에 빠지지 않고 결국 포어러너(forerunner : 선행자)를 추월할 수 있도록 선행 기술 개발을 지속해야 한다는 것입니다. 그렇지 않으면 결국 우리 뒤에 오는 후발자에게 추월당하고 맙니다. 옆의 트랙에서 앞뒤로 같이 달리는 주자들은 무수히 많습니다.

핀튜브 기술은 계속 발전해갔습니다. 열효율을 높이기 위해 기술은 끊임없이 개발되었습니다. 처음 이 사업을 시작하는 계기가 된 맥얼로이 핀튜브 기술은 기계적 접합(MB, mechanical bond) 방식이었어요. 핀을 튜브에 기계적으로 붙이는 것인데 당시로서는 까다로운 가공기술이 필요했지만 열효율이 높지 않다는 단점이 있었습니다. 이를 개선하면서 나온 기술이 전조형(extrude type) 핀튜브 기술이었습니다. 기계적 접합 방식에 비해서는 열효율이 높았지만 이내 새로운 기술이 등장했습니다. 바로 고주파 핀튜브 기술입니다. 고주파를 이용해서 핀과 튜브를 용접하는 기술인데 열효율과 안정성에서 탁월한 기술입니다. 바로 이 고주파 핀튜브 기술이 내 인생을 크게 흔들어놓았습니다.

START UP
MCB = miniature
O/L = overload
PB = push butto
Set watch city ON
STANDBY/shutdown
SET STANDBY
IN
yes
MOTOR O/L OR CB TR.P
CHK OVERLOADS EEBS
NO
OUT
MCB 1÷6
1-CB1
MMS-1
MMS-2
NO
check IN voltag
Press sw. MMS (F
Check that switch
Standby/shutdown
with 2 or 3 times
shut about 28,30s
Welder self TEST OK
Switch to STANDBY
yes
yes
ready
Note: (preventiv m
recommand
Weekly
STANDBY MODE
Press weld READY PB
- clean and dry the c
- control the water s
leakage / lime deposits
- check cooling fans
- check all screw
for tightness
- check door fing
= OKw

1980년대 중반에 나는 향후 수년 내에 고주파 핀튜브가 세계시장의 주류가 될 것이라고 예견했습니다. 그리고 곧바로 선행 기술개발에 착수했지요. 고주파 핀튜브 기술을 개발하기 위해 1985년부터 1989년까지 나의 모든 정열을 다 바쳤습니다. 돈을 버는 대로 개발비로 재투자했어요. 그리고 마침내 국산화 기술개발에 성공했습니다. 그 뒤 1990년 한국전력공사가 국내 최초로 복합화력발전 사업을 시작했습니다. 그리고 서인천복합화력발전소 건설에 국내에서 처음으로 고주파 핀튜브가 사용됩니다. 이 공사를 한국중공업(현 두산중공업)이 맡았고, 고주파 핀튜브를 삼영이 공급하게 되지요. 마침내 5년여의 기술개발이 결실을 보게 되었습니다. 전세계 업체들이 주목한 큰 사업이었기 때문에 삼영은 업계로부터 각광을 받게 되었지요. 세계적인 엔지니어링 업체들이 고주파 핀튜브를 한국 업체가 공급한다는 소식에 매우 놀라워했습니다.

S&TC(구 삼영)의 과거 자료를 보면 회사가 이사를 많이 다녔습니다.

회사의 성장사를 보면 정착하지 않고 구태여 그럴 필요가 있었나 싶은데요.

당시에는 공단에 땅을 사서 공장을 크게 짓는 것이 보통이었지 않습니까.

지금은 부동산이 조금 있지만, 사업을 하는 동안에는 일부러 공장을 요지에 짓거나 시세차익을 노려서 부동산을 보유하지 않았습니다. 사실 사업 초기에는 별로 관심이 없었습니다. 물론 공단이 조성

되면 그 안에 공업용지는 유리한 조건으로 살 수 있었고, 공장을 지으면 금방 땅값이 올라서 돈을 벌 수 있다는 것도 알고 있었습니다. 그런 일이 손쉬운 돈벌이로 알려져 있기도 했으니까요.

그런데 나는 사업을 하면서 주로 임대공장에 기계를 들여놓고 일했습니다. 회사가 이사를 많이 다닌 이유는 바로 그것 때문이지요. 원래 세 들어 사는 사람은 자주 이사를 하지 않습니까. 처음에는 인천 주안에서 공장을 빌려 창업했고, 그 뒤에 부천 삼정동에 있는 조금 더 큰 임대공장으로 옮기지요. 삼정동에서도 다시 더 큰 공장을 찾아서 한 번 더 이사를 했고, 그 다음 같은 부천의 도당동에 좀더 넓은 임대공장이 있다고 해서 그리로 옮겼습니다. 꽤 오랫동안 임대공장 신세를 진 것입니다. 직원들이 불만이 많았을 거예요. 그런데 사장이 공장 사는 데는 관심이 없는데 어떡합니까.

그런데 왜 그렇게 관심이 없었습니까.

좋고 싫은 것에 이유가 없듯이, 왜 관심이 없었는지는 나도 잘 모르겠습니다. 다만 분명한 것은 나는 기술만 있으면 된다고 생각했습니다. 돈을 벌어도 기술로 돈을 벌겠다는 자존심이 있었지요. 실제로 나는 기술개발의 결과로 돈을 많이 벌고 있다고 생각했습니다.

그러고 나서 김포 마전리에 처음으로 공장을 지었습니다. 주위에서 이제 공장 좀 사라는 원성이 많았던 이유도 있고, 마침 마땅한 크기의 임대공장이 없었기 때문이기도 했습니다. 땅을 사서 공장을 지었는데 기왕 지을 것 같으면 잘 지어보자고 마음먹고, 건물을 멋지게 지었지요. 그런데 곧 다시 공장이 비좁아져서 김포 금곡리에 공장을 샀습니다. 또다시 회사 규모가 더 커지면서 경기도 이천에서 공장을 인수했고요. 그리고 미국 사업을 하면서 창원 팔용동으로 내려와 창원 시대가 시작되었습니다. 공장을 짓거나 살 때마다 직원들이나 주위 사람들이 야단이었습니다. "미리 좀 큰 공장을 사라." "위치 좋은 땅이나 앞으로 값이 오를 만한 공장을 찾아줄 테니 제발 미리 큰 공장을 좀 사라."고 그랬습니다.

사업이 잘될 것 같고, 보아하니 곧 다시 비좁아질 텐데 그러면 또 이사해야 하니까 귀찮다는 것이지요. 그들을 탓할 일은 아니었습니다. 누가 봐도 내가 미련한 것이었지요. 그런데 이 대목에서도 나는 고집을 버리지 않았습니다.

나는 사업을 조금씩 키워갑니다. 사업의 외형은 반드시 단계적으로 확장해갔어요. 사업에서 '퀀텀점프'라는 것이 얼마든지 가능하다고 봅니다. 이는 기술이라든지 사업의 실제 내용이 도약한다는 뜻이지, 반드시 형식까지 크게 해야 한다는 말은 아닙니다. 기술과 사람에 대한 투자 말고는 선행해서 투자하지 않았습니다. 내용물이 그릇을 꽉 채우고 도저히 감당이 안될 때 비로소 그릇을 조금씩 키워간 것이지요. 그래서 내가 지나온 공장들의 규모를 보면 내 사업의 캐퍼(규모)증가를 추적할 수가 있습니다.

그렇지요. 바쁜 생산일정 중에 공장을 옮기는 것이 번거로운 일이기도 하지만, 이사하는 것 자체도 보통 힘든 일이 아닙니다. 그 밖에도 내가 법이나 제도를 잘 지키기만 하면 되는 일이라면 아무런 문제가 없었겠지만, 사업의 실상은 그렇지가 않았습니다. 그래서 매번 문제가 생겼고 그것을 해결해야 했습니다. 사실 마전리 공장은 내가 땅을 사서 공장을 지은 것이고, 금곡리 공장은 더 큰 공장을 찾다가 마침 성업공사에 나와 있던 공장을 인수한 것입니다. 그런데 인수대금을 지급하고 나서 문제가 있음을 알았습니다.

그때 워낙 급하게 공장이 필요하다보니까 성업공사에서 자료만 보았을 뿐 직접 가서 현장을 확인하지 못했습니다. 대금을 다 주고 나서야 금곡리에 가봤지요. 그런데 600평 정도 되는 공장과 그 앞의 도로 사이에 나란히 100평이 안 되는 땅이 있어서 도로와 공장을 가로막고 있었습니다. 그 땅 주인은 따로 있었고요. 그런데 땅 주인의 대리인이라는 동네 사람은 우리가 그 땅을 지나 공장 정문으로 들어가는 것을 허락하지 않았습니다. 빨리 공장을 옮겨서 일을 해야 하는데, 차고 사람이고 공장 출입을 못하게 된 꼴이었지요. 난감했습니다. 그래서 직접 땅 주인을 만나보러 갔습니다. 부평에 사는 할머니였습니다. 할머니라고 해서 나는 정성스럽게 선물바구니를 준비해서 찾아갔습니다.

할머니는 나를 보자마자 "그 공장 못 쓰실 텐데." 그래요. 보통 사람이 아니구나 싶었지요. 그래도 나는 사정을 설명하고 간곡하게 부탁했습니다. "사업하는 사람인데 지금 급하게 공장을 옮겨야 합니다. 할머니 땅을 지나서 출입하게 해주세요. 그게 안 된다면 제가 그 땅을 사겠습니다. 시세보다 많이 후하게 쳐드리겠습니다."

그런데 할머니는 그 땅값을 내가 공장을 인수한 값만큼 달라고 하더군요. 100평도 안 되는 땅을 600평짜리 공장 값으로 사가라는 말이었습니다. 요샛말로 '알박기'를 하고 나를 압박한 것이었습니다.

괘씸한 생각이 들어서 일단 그 자리를 나왔습니다. 다른 방법은 없었습니다. 한참 고민을 했지요. 그런데 도저히 알박기로 큰돈을 벌겠다는 할머니의 나쁜 심보에 질 수는 없더군요.

그래서 찾은 방법이 공장 뒤로 길을 내고 새 출입문을 만드는 것이었습니다. 그런데 공장 뒤는 야산이었습니다. 평산 신씨 문중의 산이었지요. 그래서 이번에는 종친회를 찾았습니다. 그분들은 종중 땅이라서 팔지는 못한다고 했습니다. 그래서 월세를 낼 테니 빌려달라고 간곡하게 부탁해서 어렵게 승낙을 받았습니다. 다행히 월세 30만 원에 공장 뒤로 돌아가는 길을 내기로 한 것입니다. 그러는 동안 시간이 많이 지체되어서 서둘러야 했습니다. 장비를 총동원해서 토요일 저녁부터 월요일 아침까지 산을 깎아 공장 뒤로 길을 만들었습니다. 내가 밤새 공사현장에서 지휘했습니다. 불도저 같이 밀어붙였지요. 덕분에 월요일 아침, 마침내 길을 내서 기계를 들이고 이사를 할 수 있었습니다. 나중에 축대공사까지 마치고 나니까 500~600평이 더 생겼습니다. 원래 600평이었던 공장이 1,200평이 된 것이지요.

소식을 들었던지 그 부평 할머니가 근처에 왔습니다. 새로 난 길로 멀쩡히 차가 다니고 사람들이 다니는 모습을 멀리서 보고 있더군요. 그 황당해하는 표정이 지금도 기억이 납니다. 세상 일이 그렇습니다. 다른 사람에게 손해를 입히고 부당한 욕심을 부리면 아무것도 얻을 수 없게 됩니다. 이솝우화에도 나오는 이야기지요. 다급한 상황이었으니까 귀찮고 골치 아프게 산을 깎고 그러느니 그냥 적당히 주고 그 땅을 사자는 이들도 있었지만, 나는 고집을 꺾지 않고 밀어붙였습니다. 무슨 커다란 경제정의를 세운 것은 아니지요. 그렇지만 세상일의 옳고 그름은 그냥 말로 구별되는 것이 아니고, 법이나 제도 이전에 사람이 하루하루의 사업이나 생활에서 바르게 실천해야 하는 일입니다. 바른 길이라면 어렵고 돌아가더라도 그 길로 가야 합니다. 대신 좀더 부지런해야 되지요.

이천 공장은 또 다른 문제가 있었습니다. 이천 공장은 4,000평 규모의 상당히 큰 공장입니다. 과거 '천호기계' 공장이었습니다. 젊은 사장이 제법 사업을 잘하던 회사인데 부도가 났지요. 역시 공장 이전을 서두르다가 우연히 법원 경매를 통해서 인수를 했습니다. 그런데 천호기계 사장이 3개월의 시간을 달라고 그래요. 마음은 급했지만 같은 업종에서 사업을 하던 사람이지 않습니까.

'부도가 나고 공장이 넘어갔으니 그 심정이 얼마나 괴로울까.' 싶어서 이해를 했습니다. 그리고 3개월을 보냈지요. 그런데 3개월이 한참 지나서도 공장을 비웠다는 연락이 안 왔습니다. 도저히 우리 공장 이전을 미룰 수가 없게 되었을 때 찾아갔습니다.

그런데 사장은 안 보이고 깍두기 머리에 덩치가 큰 사내들 예닐곱 명이 어슬렁거리면서 위협을 하더군요. 깡패를 동원한 것입니다. 공장 사무실에 자리를 잡고 앉아서 사장을 기다리고 있으니까 이 사내들이 더 심하게 굴면서 협박을 했습니다. 나는 그런 상황은 도저히 그냥 넘어가지 못합니다. 힘에는 힘으로 맞서기로 결심을 했지요. 나는 그 공장으로 들어오는 송전탑에 올라갔습니다. 그리고 제일 전압이 큰 차단기를 내려버렸습니다. 깡패들이 나를 노리고 몰려오기에 커다란 애자 뭉치를 던져버렸지요. 퍽 하고 터지는 소리와 파편에 그 사내들이 기겁을 하고 물러섰습니다. 내가 워낙 기세 사납게 달려들고 호통을 치니까 쉽게 다가오지를 못했습니다. 얼마 후 마침 경찰이 들어오자 깡패들은 사라지고 더 이상의 불상사는 없었지요. 그제야 사장이 나오더군요. 사장은 이미 풀이 죽어 있었습니다. 그때부터 나는 진심으로 그를 위로했습니다. 사업의 어려움을 아니까 회사를 부도낸 사장의 심정을 이해하려고 노력했습니다. 목숨과도 바꾸고 싶지 않은 공장이었을 겁니다. 분위기가 조금 부드러워져서 내가 "3개월 공장을 더 쓰고, 3개월 뒤에는 반드시 공장을 비워라."라고 했지요. 그리고 사장의 약속을 받았습니다. 그러고 나서 "술 한 잔 합시다." 하고 사장과 깡패들까지 데리고 근처 한 민물횟집에서 새벽까지 술을 마셨습니다. 그때부터 그 사장은 나를 형님이라 부릅니다. 이천에서 제법 이름이 있던 그 깡패들도 형님이라 부르더군요.

기업을 하다보면 황당한 일을 자주 보거나 겪게 됩니다. 타인이나 타기업의 부당하거나 불법적인 행위로 자기 기업의 이익이 침해되는 경우도 자주 있습니다. 가끔은 자기 이익을 지키기 위해 더 많은 위험이나 비용을 지불해야할 때도 있지요. 그때마다 나는 자문합니다. 똑같은 질문을 젊은이들에게 해보고 싶습니다.

"개인이 어떠한 상황에서도 자기의 권리와 재산을 지켜낸다면, 그가 지키는 것이 사익(私益)인가 공익(公益)인가. 기업인이 채권 채무를 따지고 가려서 위험을 불사하고 회사의 이익을 지킨다면, 그가 지키는 것이 과연 사익인가 공익인가."

살다보면 공익과 사익이 그렇게 멀리 있는 것이 아님을 알게 됩니다. 길거리에 쓰레기를 버리지 않는 것은 공익적으로 바람직한 것입니다. 공장으로 부동산 투기를 하지 않는다는 것은 내가 공익을 염두에 두고 한 것이 아니라고 하더라도 사익보다 공익이 우선한 결과입니다. 국산화 기술을 개발하는 것은 또 어떻습니까. 그것은 사익이면서 동시에 공익입니다. 알박기 거래를 하지 않고 다른 길을 낸 것이나 깡패를 동원한 사장에게 목숨을 걸고 힘으로 위력을 보여서 굴복시킨 것은 사익을 위해서 도모한 것이지만 공익적 결과를 낳았습니다.

또 다른 예를 들어볼까요. 하청업체 중에 단가가 50원 싼 A에게 일을 맡겨서 원청이 이익이 났다면 나중에 그 이익 중 일부, 20원을 하청업체에 돌려주어야 한다는 이야기가 있습니다. 동반성장이고 이익공유라는 원리입니다. 그런데 다른 업체 B가 내년에 일을 맡으려고 60원 싸게 만들 방법을 개발했다면 동반성장, 이익공유 원리는 A와 B 모두에게 공익적인 원리일까요? 내년을 위해 B가 만들어낸 10원의 경쟁력은 A에게 공유된 이익 20원보다 작은데 어떻게 합니까.

물론 원청과 하청 관계에서 등반성장을 위한 정책이 나와야 합니다. 그러나 사익과 공익을 그렇게 칼로 자르듯이 구별하기가 어렵다는 말입니다.

공익을 위해 존재한다는 정치인과 사익을 추구한다는 기업인의 차이가 무엇일까요. 젊은이들은 앞으로 살아가면서 이따금 공익의 극단에 사익이 있고, 반대로 사익의 극단에서 의외로 공익이 있는 경우를 만날 수 있을 겁니다. 그렇다고 배신감을 느끼거나 놀라지는 말아야 합니다. 모든 일이 '궁즉통(窮則通)'일 뿐이지요.

봉이 최선달

1990년부터는 아예 한국중공업 안으로 공장을 옮기셨습니다.

회사를 옮긴 것은 아니고, 한국중공업 내 별도의 공장에서 핀튜브 개발과 생산을 했던 것입니다. 고주파 핀튜브 개발이 성공하면서 삼영의 열교환기 기술은 세계적인 수준으로 올라서게 되었습니다. 그때부터 한국중공업이나 삼성중공업의 플랜트 사업에 직접 참여하게 되었지요. 특히 1990년부터 한국중공업의 고주파 핀튜브 수요는 그 물량이 엄청나게 많았습니다. 주로 400억, 500억 원짜리 프로젝트들이었습니다. 앞서 이야기한 복합화력발전소 건설 프로젝트들 말입니다. 발전설비들은 자재며 제품의 사이즈가 워낙 크기도 하고 물량이 많으니 어지간한 중소기업 규모의 공장으로는 어림도 없었습니다. 큰 공장을 살 수도 있었지만 별로 그러고 싶지 않았습니다.

그래서 그때 "나는 기술이 있다. 고주파 핀튜브를 만들어줄 테니, 나머지는 모두 당신들이 제공해라."라고 거래 조건을 내걸었습니다.

한국중공업 입장에서는 수입제품에 비해서 품질도 우수하고 가격 경쟁력도 있으니까 내 요구를 거부할 이유가 없었지요. 특히 당시 한국중공업은 만성적자 공기업으로 지탄받고 있었습니다. 그렇게 경영 정상화를 위한 원가절감 노력을 하고 있을 때라서 고가의 수입설비 소재를 대신할 수 있는 국산 핀튜브에 기대를 걸 수밖에 없었습니다. 한국중공업 공장 안에 별도로 간이공장을 지어놓고 들어오라고 하더군요. 그래서 기계만 들고 가서 일을 했습니다. 생각해보면 별로 폼 나는 일이 아니었습니다. 그 정도 기술을 가지고 경쟁력이 있는 제품을 독점 공급하는 회사 사장이라면 번듯한 회사를 차려놓고 있어야 폼이 나는 것 아닙니까.

그때 사람들은 '잘나가는 회사가 왜 한국중공업 안에서 머슴살이를 하느냐.'고 그랬습니다. 듣고 보니 그렇게 볼 수도 있겠더군요. 사실 기계쟁이들은 멋 내는 것을 모릅니다. 우리 회사가 최고의 품질을 가진 세계적인 제품을 만들어낸다는 것, 그 자체만이 만족스러웠지 다른 것들은 전혀 안중에 들어오지 않았습니다. 한국중공업, 삼성중공업, 그리고 현대중공업까지 우리 제품을 쓰려고 야단이었습니다. 나는 아직 마흔도 안 된 나이였지만 창원이든 울산이든 어디를 가나 깍듯한 대접을 받았습니다. 그때 좀 우쭐한 기분도 들었지만 그뿐이었지요. 회사로 돌아오면 다시 작업복을 입고 온몸에 기름 묻혀가면서 일에 빠져들었습니다.

당시 한국중공업에는 임원들의 숙소가 따로 있었습니다. '정성관'이
라고 이름을 지었더군요. 거기에서 아주 좋은 방을 내 숙소로 내주었
습니다. 한국중공업의 나이 드신 임원들은 새파란 사람이, 그것도 이
른바 '협력업체' 사장이 임원숙소의 좋은 방을 차지하고 있으니 별로
달가워하지 않았을 것 같습니다.

핀튜브 납품가도 실질적으로는 내가 정했습니다. 독점 기술이 있
다고 마음대로 정한 것은 아니지만 우리가 개발한 노력의 가치가 인
정될 만큼은 받았습니다. 물론 수입품보다는 가격경쟁력이 있었지
요. 그래서 돈을 좀 많이 벌었습니다. 그때 한국중공업 사람들이 나
한테 붙여준 별명이 있습니다. '봉이 최선달'이라고. 자기 공장에 몸
만 달랑 와서 돈을 벌어가는 것이 마치 대동강 물을 팔아먹은 봉이
김선달을 닮았다는 말입니다. 재미있는 이야기지만, 그들은 내가 기
술개발을 위해서 어떤 노력을 했는지 모르고 하는 소리였으니 적절
한 말은 아니었지요.

'봉이 최선달'이라는 별명이 틀린 말이라는 것을 확인시켜주는 일
이 곧 생겼습니다. 1990년 연말이었습니다. 아마도 크리스마스가 낀
연휴가 시작되는 23일 토요일이었던 것으로 기억합니다. 나는 직장

생활을 하던 젊을 시절부터 연휴가 싫었습니다. 긴 휴가기간을 견디기 어려웠지요. 억지로 하루 이틀 놀고 나면 그 다음에는 할 게 없었습니다. 기계 잡고 일하는 것 말고는 별로 하고 싶은 것도 없었으니까 말이지요.

연휴가 시작되는 때고 크리스마스 분위기도 있었으니까 그날도 너나할 것 없이 모두 일찍 퇴근했지요. 120만 평 한국중공업 공장 전체에 모두 불이 꺼졌습니다. 그런데 그해 초에 한국중공업에는 안천학 사장이라는 분이 새로 부임을 했었습니다. 이분도 참 깐깐하고 꼼꼼한 분이었지요. 쌍용그룹 출신인데 당시 적자 공기업인 한국중공업을 정상화시키는 일을 맡아 사장으로 온 것입니다. 그런 이유 때문이었겠지만 열심히 일하셨습니다. 부임 3년 만에 만성적자 기업 한국중공업을 흑자로 전환시킨 인물이었습니다. 당연히 공장 구석구석 찾아다니면서 잔소리 꽤나 하던 분이었지요.

그날도 그분은 모두가 퇴근한 공장의 뒷정리는 잘 되었는지 둘러보고 다녔더군요. 그런데 깜깜한 공장 한편에 불빛이 보여서 누가 불을 안 끄고 퇴근했나 했답니다 나는 그때 엔지니어 두어 명과 함께 신규 개발품 최종점검을 하고 있었습니다. 양산 날짜가 다가와서 마음에 여유가 없었지요. 갑자기 안 사장이 오셨다기에 고개를 들고 무심하게 인사를 했습니다. 누가 일을 방해하나 하는 귀찮은 표정이었던 모양이에요. 그런데 그날 그분은 매우 놀랐다고 하더군요. 기름통에 들어갔다 나온 것 같은 작업복을 입고 기계를 뚝딱거리는 사람이 '봉이 최선달' 최 사장이라고 생각지 못했던 것이지요. 안 사장은 당

시 한국중공업이 전량 미국에서 수입하던 핀튜브를 국산화 개발에
성공한 내 이야기를 알고 있었습니다. 그래서 나와의 만남을 매우 반
가워했습니다. 막대한 원가절감 가능성이 기 젊은 사장한테 달려 있
다고 생각하니까 기대도 되었다고 합니다. 그날 안 사장과 나는 이런
저런 이야기를 많이 나누었습니다. 그동안의 핀튜브 개발 과정, 세계
시장의 동향과 전망, 그리고 삼영의 기술개발 의지 등 많은 이야기를
해드렸어요. 내 이야기를 다 듣고 안 사장은 "대한민국 기술보국의
전망이 밝다는 것을 확인해서 행복한 크리스마스를 보내겠다."라고
하면서 아주 좋아했습니다. 얼떨결에 이루어진 만남이었지만 그때
나에게 많은 응원이 되었습니다. 참 진솔하고 성실한 분이라는 인상
을 받았습니다.

연휴가 끝난 월요일 오전에 한국중공업의 한 임원이 찾아왔습니
다. 살갑게 "뭐 어려운 것은 없느냐, 필요한 것은 없느냐."고 물었고
"도와줄 것이 있으면 언제든지 이야기를 하라."고도 했습니다. 평소
내 깐깐한 성격을 탐탁지 않게 생각하던 사람들의 태도가 달라진 것
입니다. 왜 그런가 했더니 아침에 사장 주재 중역회의에서 안천학 사
장이 내 이야기를 했다는 것입니다.

'한국중공업이 심혈을 기울이고 있는 사업을 위해 협력업체 사장이
휴가도 반납하고 개발에 몰두하고 있다. 젊은 사장이 참 훌륭하다. 임
원들도 본받아야 한다. 발전설비 국산화 개발에 그 정도 열심히 노력
하는 사장이라면 얼마든지 지원해줄 수 있다.' 이런 취지였다고 합니
다. 그 뒤로 내 앞에서 '봉이 최선달' 이라고 하는 사람은 없더군요.

물론 나 혼자서 한 일은 아무것도 없어요. 심술단지로 보일 만큼 깐깐한 사장 밑에서 일하는 직원들이 보통 고생이 아니었을 겁니다. 그런데 직원들이 정말 자기 일처럼 열심히 일했습니다. 지금 S&TC에는 젊은 시절부터 나와 함께하면서 같이 늙어온 이들도 많지요. 그중에 김성문이라는 분이 있습니다. 그와는 1986년 마전 공장 시절부터 같이 일했습니다. 대단한 기술자고 성실한 직원입니다. 토요일이고 일요일이고 밤 12시를 넘기는 일이 허다했고 명절이라고 제대로 쉬지도 못했는데 별 불평 없이 따라와주었습니다. 한국중공업 시절 기술개발에 한창인데 또 설 연휴가 되었습니다. 설 연휴는 그래도 쉬어야 되겠다 싶었는데, 이분이 먼저 "딱 설 하루만 쇠고 옵시다." 그러더군요. 그래서 같이 한 차를 타고 서울로 가서 설 하루만 쉬고 바로 내려와서 일했지요.

그런 분이 큰 사고를 당해서 마음 아픈 일도 있었습니다. 1996년 어느 날, 그날도 일요일 밤 늦게까지 같이 일을 하다가 이분이 12시가 넘어서 퇴근을 했는데, 회사 입구에서 음주운전하던 한국중공업 직원들 차와 정면충돌하는 큰 사고를 당했지요. 거의 죽음의 문턱까지 갔었습니다. 그때 가슴 졸이던 순간을 생각하면 지금도 식은땀이 납니다. 천만다행으로 다시 살아났고 3년의 요양을 하고 나서 다시 복직할 수 있었습니다. 아직도 후유증이 있는 데다가 이제 나이도 들어서 옛날 같은 실력은 발휘하지 못하지만 여전히 성실하게 자기 자리를 지키고 있습니다. S&TC에 갈 때마다 그분 얼굴을 보는 것만으로도 즐거움입니다.

그렇게 사업을 해왔습니다. 엔지니어로서 기술개발에 인생의 자존심을 걸었고, 기술력에 회사의 사활을 걸었습니다. 물론 모든 회사가 독보적인 기술을 가질 수도 없고, 그럴 필요가 없는 회사도 많겠지요. 회사는 생산과 고용을 유지하기 위해서 꼭 필요하다면 부동산 매매차익도 얻을 수 있고, 다른 방법으로 자본을 늘릴 수도 있다고 봅니다. 그것은 옳고 그르고를 따질 문제는 아니지요. 그렇지만 나는 오직 기술개발 하나만 바라보고 회사를 키우면서 사업을 해왔다는 말입니다. 나는 창업에 관심이 있는 회사의 젊은 엔지니어들에게도 이런 이야기를 자주 합니다.

"운이 좋아서 물려받은 사업을 하든지 아니면 진짜 벤처창업을 하든지, 엔지니어라면 자기 인생을 걸고 매달릴 수 있는 기술을 찾아야 한다. 기술만 있으면 된다. 그리고 눈을 허외로 돌려라. 기왕이면 외국의 독점기술에 도전해서 그들을 능가하라. 그러면 세계 1등도 할 수 있다. 그것이 엔지니어의 기업가 정신이다. 그리고 그것이 엔지니어가 창업을 하는 유일한 이유다."

나의 어머니

회장님이 보여주신 시련을 이기는 의지, 과감한 도전, 부지런함,

이런 경영자의 덕목이 어디에서 시작된 것일까요.

평소 조언을 해주는 사람이나 존경하는 사람이 있습니까.

어머니지요. 나는 평생을 살면서 어머니를 제일 존경합니다. 자식 넷을 키운 어머니의 강한 생활력은 항상 내 머릿속에 고스란히 들어와 있습니다. 사업을 하면서 내가 어려움에 처해 조언을 구할 때 그 상황에 적합한 선택지를 제시하는 사람은 많습니다. 고마운 분들이지요. 그런데 기본적인 나의 가치관과 사람을 보는 눈, 세상을 대하는 태도는 모두 어머니에게서 배운 것이거나 물려받은 것입니다. 내 사업의 가장 큰 자산인 판단력과 사업 감성은 어릴 때부터 어머니를 보면서 느낀 것에 그대로 맞닿아 있습니다. 그것을 깨달을 때마다 나

스스로도 많이 놀라곤 하지요.

고등학교 2학년 때 아버지가 사업에 크게 실패하셨습니다. 가족들이 모두 서울로 올라와야 했지요. 어머니는 서울에 오셔서 월세로 방 12개를 얻어 여관을 차렸습니다. 이름이 '경화여관'이었지요. 처음에 여관 문을 열었을 때는 손님이 하나도 없었습니다. 구석에 처박혀 있는 여관이라 사람들도 신통치 않게 생각했겠지요. 나도 어린 마음에 과연 이 여관이 될 것인지 의문이더라그요. 그러던 것이 점점 손님이 많아지더니 나중에는 줄을 섰습니다. 비결이 무언지 궁금했는데, 보니까 다른 여관과 차별화를 했더군요. 어머니가 매일 이불을 빨아서 깨끗한 잠자리를 제공한 것이 효과를 본 것이지요. 손님들이 일단 하룻밤만 자고 나면 생각이 바뀌었던 겁니다. 어머니는 처음 하는 일인데도 서비스업이 무엇인지 아셨고, 여관업의 포인트를 빨리 파악하신 것이지요. 요샛말로 뛰어난 비즈니스 감각이 있었던 것 같습니다.

한번은 목동에 아파트를 마련한 지 얼마 안 되었을 때니까 아마 1986년 무렵이었을 거예요. 그날도 공장에서 거의 밤을 새우고 새벽 6시쯤 집으로 향하던 길이었습니다. 목동 '파리공원' 근처를 지나는데 어떤 할머니 두 분이 열무와 배추를 팔고 있었습니다. 가까이에서 보니까 그중 한 분이 바로 어머니였어요. 참 기가 막히더군요. 아들이 번듯한 회사 사장이고, 이렇게 밤낮없이 일하는 것이 어머니 편히 모실 요량도 있는 것인데 동네 길거리에서 채소를 파시다니. 순간 내가 무얼 잘못했나 생각도 해봤지만 떠오르는 것이 없었어요. 점점 화도 났지요.

"어머니, 용돈이 모자르세요. 필요하시면 말씀을 하시지, 뭐가 부족해서 새벽에 이런 걸 파세요." 하며 따졌어요. 그런데 어머니는 조용히 "근처에 공터가 있어서 소일거리로 채소를 심고 농사를 지었다. 수확을 해서 자식들 나눠주고 또 남아서 파는 중이다. 먹을 것을 버리면 벌 받는다."라며 나를 한참 타이르시더군요. 말씀을 다 듣고 나니까 아무 말도 하지 못하겠더라고요. 나는 한참을 잠자코 있다가 "그럼 내일도 파세요." 하고는 집으로 돌아왔어요.

어머니의 부지런하신 성품이 어려운 시절에 4남매를 반듯하게 키워낼 수 있었던 힘이었습니다. 그런데 그 때문에 여든이 넘은 지금도 가만히 쉬시지를 못해요. 이게 연세도 있으시니 집에 일하는 아주머니를 들이자고 말씀드리면 어머니는 완고하게 반대하십니다. 가정부가 들어오면 당신 할 일이 없으시다고 말입니다. 이 일로 갈등이 자주 있었는데 매번 내가 집니다.

2장

대통령도 와서 봐야 한다

시대의 잘못된 유산

한마디로 '기계쟁이'의 고집이었지요. 그때는 모두가 왜 하필 그런 회사를 인수하려고 하느냐고 야단이었습니다. 심지어 창원의 모 기관장은 통일중공업이 지역 기업인데도 '망해야 되는 회사'라는 말을 서슴지 않았습니다. 주변 기업들도 통일중공업 노조의 악영향을 받게 될까 봐 '그냥 없어지게 놔두라.'는 편이었습니다. 그 정도로 통일중공업은 지역에서 천덕꾸러기였습니다. 만성적자 기업인 데다가 자타가 인정하는 강성노조의 대명사였으니까요.

원래 기업인수라는 것이 보통 일은 아니지만 인수대상이 통일중공업이었으니 당연히 여러 가지 생각이 많았고, 큰 결심을 해야 하는 일이었지요. 그런데 어떤 결심을 할 수 있느냐 없느냐는 자기 자신의 준비 정도에 의해 결정됩니다.

나는 그때 이미 24년째 세계 발전설비시장을 제패한 기업 삼영을 경영하고 있었습니다. 세계시장 점유율 1위인 제품을 하나라도 가지고 있는 회사는 흔하지 않습니다. 2002년 거래소 상장기업 중 영업이익률 1위를 차지할 수 있었던 것은 세계시장을 장악했기 때문이지요. 기계업종에 관한 한 국내시장뿐만 아니라 글로벌 시장의 전망을 그릴 수 있었고, 해외사업의 구체적인 전략도 있었습니다. 제조업을 제대로 하는 기업인은 팔리지 않는 물건은 안 만듭니다. 하물며 남의 회사를 인수하는 사람이 시장전망과 전략이 없으면 안 되지요. 2000년 삼영을 처음 코스닥에 상장한 뒤에 자본시장에서도 작지 않은 성공을 경험한 터라서 기업금융이나 기업가치 분석에도 안목을 가지고 있었습니다. 그리고 기계공학도 출신이면서 기계공업의 한 길을 걸어온 사람이기 때문에 생산현장과 기술에 대한 자신감도 있었고요. 만만찮은 도전인 것은 분명했지만 그만큼 면밀히 준비했고, 많은 부분은 이미 준비되어 있다고 말할 수 있었습니다.

문제는 '아주 특별한' 노조였습니다. 모두가 안 된다고 말리는 제일 큰 이유는 노조였지요. 인수 이후에 지속적으로 회사의 경영정상화의 발목을 잡은 노조였기 때문에 우려가 지나친 것은 아니었음이 판명이 난 것이지요. 나도 통일중공업 노조가 강성노조라는 것은 알았지만, 그 실상은 인수계약서에 도장을 찍은 뒤에 확실하게 체감했습니다. 솔직히 인수 전에는 그 정도일 줄은 생각을 못했지요. 상상을 초월한다는 말처럼 현실은 정말 겪어보지 않으면 상상할 수 없는 수준이었습니다.

결국 기업인수는 최고경영자가 판단하는 것입니다. 물론 주변에서 내놓는 걱정들을 깊이 숙고해야 하고 면밀히 검토해야 하지요. 그런 과정은 절대 대충할 수 없는 일입니다. 많은 이야기를 듣고 조사하고 의논해야지요. 그렇지만 판단은 최고경영자의 몫이고, 그 결과에 대한 책임도 최고경영자가 짊어지는 것입니다.

그렇지요. 그때는 '아, 이래서 사람들이 통일중공업은 그냥 망하게 놔두어야 하는 회사라고 그랬구나.' 싶었습니다. 그런데 기왕에 인수한 것인데 어떻게 합니까. 학생이 숙제를 안 하고 학교에 갈 수는 없잖아요. 그리고 나는 숙제가 어려우면 어려울수록 더 오기가 생깁니다. 더 집념을 가지고 파고듭니다. 누구도 하지 않겠다고 던진 숙제가 내 앞에 왔다고 생각했습니다.

우리나라 기계업종에서 대규모 공장을 가지고 있는 사업장은 거의 대부분 노조로 인해서 몸살을 앓고 있었습니다. 사실 정도의 차이는 있었지만 강성 노조이기는 마찬가지였지요. 대부분 1987년 전후로 노조가 설립돼서 20년 가까이 강력한 투쟁과 조직력으로 성장한 노조들입니다. 사실상 회사경영과 기업의 사활에 절대적인 영향력을 가지고 있었지요. 사업조정이나 투자결정은 물론이고, 생산관리나 인사권까지 간여하려 했고 실제로 많은 회사에서는 지금도 그렇게 하고 있습니다. 망하거나 법정관리에 들어간 회사일수록 노조의 발언권은 더 셌습니다. 그러니 강성노조가 있는 회사는 법정관리에 들어가도 아무도 인수를 안하려 하고, 회사경영도 정상화가 안되는 것이었지요. 그렇게 되면 오랫동안 기술력을 쌓아온 회사가 사라지는 것입니다. 땅이며 건물은 은행이 팔면 되고 장비 설비도 고철 값으로라도 팔리겠지만, 그 자리에서 축적된 기술은 어떻게 하며, 그 회사 직원들은 또 어떻게 합니까. 답답한 일이지요. 그래서 나는 '그래, 아무도 하지 않으면 내가 한다.' 이런 결심을 한 셈입니다.

결국 오래된 노조를 바꾸어보겠다는 결심을 하신 것이나 다름없습니다.

그런데 그때 이미 사업을 24년째 하면서 성공하셨고

돈도 많이 버셨는데, 꼭 그렇게 어려운 일을 자청해야만 했을까요.

거듭 이야기하지만, 기업인이 M&A를 하는 것은 인수기업을 경영해서 돈을 벌 자신이 있기 때문입니다. 질문한 '어려운 일'이라는 것에 대해서는 이렇게 생각해보세요.

한마디로 통일중공업 노조는 '시대의 잘못된 유산'입니다. 유산이라는 말은 어쩔 수 없이 책임을 져야 한다는 말입니다. 동서양을 막론하고 사람들은 유산이라는 것을 자기가 가려서 받을 수 없어요. 채권만 받고 채무는 안 받겠다고 할 수 있는 상속인이 없듯이, 좋은 것이나 입맛에 맞는 것만 유산일 수는 없는 겁니다.

크게 보면 우리 기업인들이 통일중공업을 물려받은 셈입니다. 기업이 나라 경제의 중요한 담당자인 이상, 기업인은 시대의 유산에 대해서 고민해야 합니다. 통일중공업에 강성노조가 없었다면 많은 기업들이 인수를 희망하면서 서로 상속권을 주장할 수도 있었겠지요. 그런데 이 통일중공업 노조는 지난 20여 년간 오로지 투쟁으로 일관해왔고, 무책임한 경영자들은 이들을 방치하거나 적당히 타협하면서 회사를 비정상적으로 만들어버려 마침내 회사를 법정관리로 내몰았던 겁니다. 그 사이 정치권이나 정부도 일부 방조에 대한 책임을 피할 수 없을 거예요. 그런데 노조는 법정관리에 들어가고 나서도 전혀 바뀌지 않았으니까, 누구도 유산을 받을 생각을 하지 않았던 것이지요. 나는 통일중공업과 그 노조는 지나간 시대가 만든 잘못된 유산이고 또 미래를 위해서 반드시 갚아야 할 빚이라고 보았습니다.

내가 나이에 비해서 사장을 오래 했지 않습니까. 한 분야에서 오래 사업을 하면 나라 경제 전체가 돌아가는 꼴이 보입니다. 이대로 가면 한국에서 제조업 하기 어렵습니다. 이미 많은 기업들이 중국으로, 동남아로 생산시설을 옮기지 않았습니까. 그런데 아직 우리나라는 골고루 부가가치가 높은 사업을 가지고 있지 못합니다. 선진국들같이 전세계 공장에 기술을 팔고 기계장치를 팔고 부품을 팔고 로열티를 받고 하는 식으로 경제를 유지하기 어렵습니다. 결국 아직은 국내 제조업이 고용과 생산을 충분히 담당해주어야 한다는 말이지요. 그것이 안 되면 우선 많은 사람들의 일자리가 불안해지고, 나라 경제가 많이 어려워집니다.

누군가는 국내에서 제조업을 계속할 수 있는 방법을 찾아야 하지 않을까요. 노조의 협조만 얻으면 살릴 수 있는 기업이라면 누군가 나서서 살려야지요. 비록 욕을 좀 먹고 때론 얻어맞기도 하겠지만 잘못된 것을 바로 잡아서 우리가 다 같이 살 수 있는 방법을 만들어야지요.

맞는 말이에요. 그런데 조금 거시적으로 생각해보면 이렇습니다. 지금 한국인들이 느끼는 가장 큰 성취감은 전쟁의 잿더미 속에서 불과 60년 만에 세계 경제대국이 되었다는 것 아닙니까. 어떤 리더십의 공(功)과 과(過)는 복합적으로 평가해야 하는 것이니까 좀 유보하더라도, 그때 국가의 리더십이 확실한 방향을 제시했고 전 국민적 공감대를 형성해내었다는 점은 분명합니다. 그로 인해 나라 경제를 일으키는 일이 가능했습니다. 물론 무엇보다 우리 국민들의 '잘살아보자'는 열정은 대단한 것이었지요. 1960년대 시작된 이 열정이 1970년대를 지나 1980년대까지 엄청난 결과를 만들었지요. 한 사회의 열정이 이렇게 하나의 공감대로 모아진 경험은 인류 역사에서도 흔하지 않을 것입니다.

그런데 어떤 나라이든 사회적 공감대와 열정이 한 세대를 넘어서 지속되기는 어렵다고 봅니다. 열정의 시대가 지나가면 썰물에 개펄이 드러나듯이 남겨진 문제들이 크게 드러나고, 그 문제를 놓고 분열이 생기는 것이 당연한 순서입니다. 1980년대 중반 이후 한국은 열정이 다 식지도 않았고, 때때로 다시 살려내려는 노력도 있었지만 공감대는 상실되어 분열이 커지게 되었습니다. 그 과정에 민주화를 성취한 것은 큰 보람이지만, 정치적으로는 보수와 진보의 대립이 격화되기 시작했지요. 무엇보다 노사분규가 일상화되었습니다. 전투적 노동조합 운동이라는 이름으로 자본에 대한 비타협적인 투쟁이 대세가 되었지요. 1990년대를 지나면서 노조는 생산현장에서 무소불위의 힘을 갖게 되었습니다.

다시 열정의 불을 지피우고 국민들의 공감대를 새롭게 쇄신해줄 정치 지도자가 필요했습니다. 우리 국민들의 정치적인 관심이 다른 데 있지는 않을 겁니다. 그토록 바라던 민주화가 이루어졌으니 이제 다시 국민들의 열정을 모으고 통합할 수 있는 새로운 리더십이 나오기를 바라는 것이지요. 사실 몇 차례 정권교체도 있었지만, 그동안은 그다지 만족스러운 것 같지 않습니다. 오히려 1997년 외환위기와 2008년 금융위기를 거치면서 사회는 한층 더 분열되고 혼란스러워지고 있습니다. 사실상 한국의 산업은 1997년 외환위기를 계기로 확연히 성장이 둔화되었습니다. 고도성장의 시대가 끝난 것입니다.

이런 문제는 물론 개별 기업에서 한 기업인이 해결할 수 있는 문제가 아닌 것은 분명합니다. 그렇지만 오늘날 한국 제조업의 현실은 위기 그 자체입니다. 정치가 바뀌고 제도가 바뀌고 사회문화가 바뀌기를 기다릴 형편이 못 됩니다. 기업인들이 비상한 각오를 하지 않으면 한국에서 제조업을 유지하기 어려운 상황으로 가고 있습니다. 그 단적인 예가 바로 통일중공업이었습니다. 아무도 나서지 않았지요. 통일중공업은 누군가 맡아서 경영정상화를 이뤄내느냐, 아니면 그대로 사라지고 마느냐 갈림길에 있었고, 그 자리에 내가 서 있었던 것입니다. 나는 어떤 선택을 했어야 할까요. 준비가 되어 있는 기업인이 책임감을 가지고 도전해봐야지요.

그래, 다 같이 가자

그렇게 해서 2003년부터 통일중공업 경영을 시작하셨습니다.

한국에서 제일 강한 노조가 현장을 장악하고 있는 공장에서

생산성을 높이기 위한 도전을 시작했는데요. 어디서부터 어떻게 시작했습니까.

생산요소를 '최적화'하는 것은 경영학 교과서의 기본입니다. 그런데 기업경영을 하다보면 대부분 그것이 잘 안 돼요. 몰라서 안 되기도 하고, 알지만 못하기도 하고요. 특히 한 번 망한 회사는 시설이나 장비, 인력과 조직 등이 모두 최적화와 거리가 멉니다. 심각하게 왜곡되어 있게 마련입니다. 인수계약 전후로 당시 통일중공업 상태를 분석한 보고서가 많이 올라왔습니다. 삼영의 기획부서에서 나온 것도 있고 외부 컨설팅 기관에서 연구한 것도 있었는데, 대부분 회사 정상화를 위해서는 300명 이상의 정리해고가 필요하다는 것이었습니다.

주위에서 이 회사를 오래 보아온 사람들도 다들 그렇게 정리해고를 해야 한다고 조언했습니다.

그때까지 나는 정리해고라는 것을 한 번도 해본 일이 없었습니다. 일감이 없으면 직원들이 집에 가야 되는 것이 아니라, 당연히 경영자가 일감을 가지고 와야 된다고 생각하고 사업을 해왔으니까요.

다행스럽게도 삼영은 계속 시장과 매출이 확대되고 회사규모도 꾸준히 커졌기 때문에 정리해고 문제는 고민거리가 아니었습니다. 그래서 당시 통일중공업 1,400명 직원 중 20퍼센트에 가까운 300명 이상의 직원을 정리해고해야 한다는 것이 쉽게 받아들여지지가 않았습니다.

그 당시 직원들의 평균연령이 40대 중반이었고, 통일중공업 출신이라는 워낙 악명이 높은 꼬리표가 붙어 있어서 다른 회사에 취직도 안 되던 때였습니다. 내보내면 다른 회사에 취직을 못한다니까 더 걱정이 되었지요. 그렇지만 내가 보기에도 회사 정상화를 위해서는 필요한 일이고 객관적으로 보기에도 그렇다고 하니까 더 고민이 되었던 것입니다. 정말 고민에 고민을 거듭했습니다. 통일중공업에 출근하기 시작해서도 가장 큰 고민은 정리해고 문제였습니다. 회사 정상화의 핵심이었으니까요.

고심하던 중 하루는 여비서를 집무실로 불렀습니다. 그러고는 물었지요. "만일에 자네 아버지가 한창 일하실 나이에 회사에서 갑자기 정리해고되면 어떻게 될까?" 당황스럽고 곤란한 질문일 수 있는데, 여비서는 아주 솔직하게 자기 생각을 이야기하더군요. "저희 집

의 경우라면 넉넉하진 않지만 나름 행복했던 가정이 절망에 빠질 것
이고 모든 것이 엉망이 되겠지요. 그리고 누군지 모르는 아버지 회사
의 사장을 증오하게 될 것 같습니다.” 당시 중산층 가정의 딸 입장에
서 솔직하게 답을 한 것입니다.

　나는 이날 바로 결심했습니다. 내 결론은 ‘어렵고 힘든 길이지만
1,400명 전 사원이 한 명의 낙오자도 없이 다 함께 살아보자.’는 것
이었습니다. 결국 다 함께 살 수 있는 통일중공업을 만들겠다고 결심
했지요.

그렇지요. 그렇다고 원래 하던 대로 해서는 회사의 경영정상화가 안
된다는 것은 이미 알았으니 다른 방법을 찾아야 했습니다. 창조적인
방법을 찾고 전 직원들이 더 노력하도록 만들어야 했지요. 이 역시
경영자의 몫인 것입니다.

여러 가지 방법을 찾고 검토했습니다. 기본은 일거리를 늘려서 일자리를 더 만드는 것입니다. 당시 '푸조 405 프로젝트'가 있었습니다. 유럽 푸조사에 자동차부품을 공급하기 위해 입찰을 준비하고 있었지요. 푸조라는 회사는 기존 고객이 아니었고 우리가 새로 시작하는 사업이라서 매우 조심성 있게 접근하고 있었습니다. 차량사업과 해외사업을 담당하는 임원들을 불러 푸조 405 프로젝트가 어떻게 진행되고 있는지 물었습니다.

그들 이야기의 요점은 '푸조가 우리 기술력을 보고 만족해한다. 매니지먼트가 바뀌었다는 것을 알고 신뢰감도 더 높다. 다만 새로 진입하는 서플라이어라는 점 때문에 가격을 낮추려고 한다. 경쟁사가 워낙 저가로 치고 들어오고 있어 힘들다. 우리는 최대한 수익성을 높이기 위해서 끝까지 버티고 있다. 더 물러서면 수익이 안 나서 사업을 하기에 곤란하다.'는 것이었습니다.

나는 조용히 이야기했습니다. "푸조 405 프로젝트는 반드시 우리가 해야 합니다. 지금은 일자리가 급해요. 이 프로젝트로 현재 여유 인력이 일거리를 갖게 되니 무조건 가지고 오세요." 당연히 임원들은 불만이었습니다. '수익이 안 나는 일을 가지고 와서 어떻게 하나. 수주가 안 되면 다음 기회를 기다리더라도 수익을 포기하는 것은 이해할 수 없다.'는 말이었지요. 그래서 내가 다시 좀더 단호하게 말했습니다. "수익이 안 나도 좋습니다. 우리 직원 50명 인건비만 되면 무조건 수주하세요. 고정비, 간접비 들어가는 것 계산하지 말고. 지금 이 회사에서 고용을 유지하면서 직원들의 마음을 하나로 모으는 것만큼 중요한 것은 없습니다."

결국 우리가 푸조 405 프로젝트를 수주했습니다. 회장 지시대로 경쟁사가 따라올 수 없는 저가로 수주를 한 것이지요. 직원 50명 이상 인건비는 나오겠더군요. 게다가 더욱 다행인 것은 여유인력 50명 이상을 흡수했을 뿐만 아니라 납품을 시작할 무렵 유로화 가치가 올라서 나중에 이 사업이 흑자가 되었다는 사실입니다.

다음으로 M&A를 통해서 일자리를 만들었습니다. 2004년 대화브레이크를 인수했습니다. 경기도에 공장이 있던 회사였는데, 자동차용 브레이크를 만들었지요. 인수 직후 대화브레이크 공장을 창원 통일중공업 안으로 옮겼습니다. 계열사 간 시너지 효과를 기대할 수 있는 경우라면 회사를 한곳에 모아줄 필요가 있습니다. 대화브레이크와 통일중공업은 인수 후 서로 일거리가 늘어났지요. 거기다가 창원으로 옮겨오면서 대화브레이크 일부 직원이 이탈해서 인력 충원이 필요했습니다. 그렇게 통일중공업 여유인력 80명 가량을 흡수할 수 있었습니다.

그리고 또 하나는 방위산업부문을 키우는 것이었습니다. 인수 이후 가장 많이 성장한 사업이 방위산업부문입니다. 이것은 내가 직접 나서서 기를 쓰고 매출을 늘렸습니다. 방위산업은 투명하게 경영하는 기업에게 기회가 많이 옵니다. 최근에도 그렇지만 워낙 말이 많은 분야이지 않습니까. 앞으로도 더 투명해져야 합니다. 그러면 분명히 우리에게 기회는 더 많아질 것입니다. 한편 현장이 안정되어야 생산 기술과 품질관리의 기술적인 저력이 힘을 발휘합니다. 그래서 방위산업만큼은 최우선으로 현장을 안정시켰지요. 방위산업기업은 계약을 하는 순간 국가와 약속을 하는 것이고 책임을 지는 것입니다. 돈의 액수를 떠나서 그 책임의 무게가 사기업 간 거래와는 차원이 다른 것입니다. 어떤 일이 있더라도 생산과 품질에 차질이 없도록 만들었습니다. 그 다음 특히 중요하게 여긴 것이 경영진과 엔지니어들의 강한 국산화 개발의지였습니다. 내가 기계공업에 몸담은 이후 걸어온 길이고 지금도 모든 에너지를 쏟고 있는 일입니다. 국방부나 방위사업청 관계자들에게는 내가 사재를 털어 넣어서라도 국산화 개발을 성공시키겠다고 다짐했습니다. 그 결과 비약적으로 방위산업 매출이 늘어났습니다. 이런 노력들로 말미암아 여유인력은 거의 해소가 되었어요.

2003년 3월 29일, 드디어 통일중공업은 제2출범식을 하고 회장님은 대표이사 회장으로 취임하셨습니다. 창업 이후에 제2의 큰 도전이 마침내 시작된 것이라고 볼 수 있겠는데요. 어떠셨습니까.

날씨는 맑았고 초봄의 쌀쌀한 공기가 참 상쾌한 날이었습니다. 솔직히 가슴 벅찬 감회도 있었습니다만, 과제가 워낙 많고 모두 만만찮은 것들이라서 부담감이 더 컸습니다. 어떻게든 내가 24년간 기업경영을 통해서 쌓아온 모든 것을 걸고 반드시 조기에 경영정상화를 시켜내겠다고 다짐했지요. 그리고 모든 것이 잘될 것이라는 긍정적인 생각을 하려고 노력했습니다.

그날 그 말 많은 통일중공업이 새로 시작하는 날인 만큼 지역 언론도 주목을 했고 손님들도 많이 오셨습니다. 창원의 이주영 국회의원, 박창식 창원상공회의소 회장, 그리고 지역 언론사 대표들이 거의 다 오셨습니다. 나는 먼저 온 초청인사들과 혼담을 나누고 있었지요. 그런데 행사 시작 20분 전에 노조에서 전화가 왔습니다.

거두절미하고 '오늘 회사 초청인사 중에 노조와 생각이 다른 사람이 있어서 조합원을 참석시키지 않겠다.'는 것입니다.

이제 막 행사가 시작되는데 황당한 일이었지요. 노조 사무실에 가서 설득도 해봤지만 막무가내였습니다. 다 함께 마음을 모아서 같이 살아보자고 이야기하려던 행사인데 조합원이 없으면 안 되지 않습니까. 하는 수 없이 회사는 오셨던 손님들을 다 돌려보내고, 단상에 노조에서 부른 노동계 인사들만 가득 채우고 행사를 진행했습니다.

그냥 힘내서 잘하자고 해본 소리는 분명히 아니었고요. 통일중공업은 저력이 있는 회사였습니다. 기술력이 있었으니까요. 과거 통일 경영진들이 그런 저력을 살리지 못하고 무책임하게 경영한 결과가 그당시 통일중공업의 모습이었지만, 내 눈에는 다르게 보였습니다.

기계공업을 오래 해온 내 눈에는 통일중공업의 기술 잠재력이 보였고 그 정도 기술력이면 충분히 해볼 만하다는 판단이 섰습니다. 진흙 속에 분명히 진주가 묻혀 있을 것이라고 생각했지요. 그렇지만 속담에 '구슬이 서 말이라도 꿰어야 보배'라는 말이 있듯이 아무리 기술 경쟁력이 있다고 하더라도 이것을 생산성으로 이끌어내는 경영능력이 없으면 아무 소용이 없는 것입니다. 내가 무엇을 잘할 수 있는지 또 무엇을 해야만 하는지 잘 알고 있었기 때문에 자신 있게 말할 수 있었습니다.

나는 기업이 잘 안되거나 망하는 것의 절대적인 귀책은 경영자에게 있다고 보는 사람입니다. 당시 통일중공업이 법정관리에 들어간 책임의 50퍼센트 이상은 경영자에게 있어요. 30퍼센트 정도는 중간관리자들의 책임이고요. 또 10퍼센트는 시대의 흐름이라고 봐야 합니다. 그러면 노조의 책임은 10퍼센트밖에 안 됩니다. 결국 무책임한 경영자와 관리자가 강성노조를 키우고 회사를 만년적자에 허덕이게 만든 셈입니다.

가장이 가족을 책임지듯이 경영자는 회사와 그 구성원에 대해 책임을 지는 자세가 필요합니다. 노조가 잘못된 길로 가면 경영자가 온몸과 온 마음을 던져서 바로 잡아야지요. 적당히 타협하고 가면 회사가 망하는데 그냥 지켜보고 있는 것은 말이 안 됩니다. 자식이 잘못된 길을 가는데 방치할 가장이 어디 있겠습니까.

당시 통일중공업은 생산성을 높이는 것이 급선무였습니다. 그러기 위해서는 노조가 장악하고 있던 생산현장을 회사가 관리해야 했습니다. 기본이 무너진 현장에서는 생산성이 나오지 않으니까요.

노조는 마치 회사가 현장을 관리하면 큰일이라도 나는 것처럼 굴었지요. 출근 후 30분, 퇴근 전 30분은 으레 일하지 않는 것으로 되어 있더군요. 출근시간이 넘어도 공장에 기계가 안 돌아갑니다. 퇴근시간이 멀었는데도 벌써 직원들은 옷 갈아입고 담배 피우고 놀았어요. 그뿐만 아니라 12시부터 점심식사 시간인데 내가 12시 정각에 식당에 가보면 벌써 식사를 마치고 나오는 사람들이 많았습니다. 다른 것을 다 떠나서 직장생활하는 사람의 기본적인 마음가짐이 없었던 것입니다.

생산성이 올라가야지 이익이 나고 이익이 나야지 재무구조가 개선되고 임금이 올라갑니다. 회사가 좋아지고 임금이 올라가서 회사 다니는 보람이 생기면 다시 생산성은 더 올라가게 됩니다. 그런 선순환이 물론 하루아침에 만들어지지는 않지요. 그렇지만 기업에서는 시간도 경영자가 노력하기에 달려 있는 것입니다. 많이 처지고 삐뚤어진 회사일수록 경영자가 먼저 헌신하고 치열하게 노력해야 하는 것은 당연한 일입니다. 경영자는 늘 도전적인 자세를 가지고 이것을 주위에 전파해서 기업이 항상 어려운 과제에 도전하도록 독려해야 합니다. 나는 1년이면 충분히 해볼 만하다고 생각했습니다.

아니지요. 중간관리자의 책임까지 포함하면 80퍼센트 이상이 경영자의 책임입니다. 옛날부터 전쟁에서 진 장수는 구차하게 변명하지 않는다고 했습니다. 중과부적(衆寡不敵)이었다. 날씨가 안 좋았다. 무기가 없었다. 병사들이 약골이었다. 이런 것은 장수의 변명거리가 안 되기 때문이지요. 나라의 군대는 어떤 어려운 조건이 있더라도, 그럼에도 불구하고 승전(勝戰)해야 하는 것입니다. 싸움에서 지면 그것이 곧바로 나라의 운명과 직결되기 때문입니다. 그래서 패전한 장수는 살아 돌아오면 안 되는 것이었습니다. '유구무언(有口無言)'이라는 말이 그래서 나온 겁니다.

경영자도 마찬가지입니다. 현장에 문제가 있어서 생산성이 안 나오고, 그래서 회사가 계속 적자를 본다면 무슨 수를 써서라도 현장을 바로잡고 생산성을 올려야지요. 자기가 직접 기계를 돌리더라도 생산성을 올려야지 회사가 살고 직원들이 다 같이 살 수 있는 것 아닙니까. 노조가 싫어한다고 안 하고 방해한다고 물러서고, 그렇게 해서 회사가 망하면 모두 다 피해를 보고 맙니다. 회사 직원들은 물론이고 결국 국가와 납세자인 국민들까지 그 부담을 지는 경우를 많이 보지 않았습니까. 그래서 경영자는 정신을 똑바로 차리고 기업을 경영해야 한다는 말입니다.

주식가치가 67원이라니

통일중공업은 인수 전에 법정관리 기간이 길었고, 임금체불도 심각했습니다. 그동안 적자기업에 다닌 직원들이라서 경제적으로 어떤 보상이 주어지면 좋겠다고 생각했습니다. 그래서 당시 인수주체인 삼영이 가진 통일중공업 신주인수권을 액면가로 직원들에게 주기로 했습니다. 액면가 500원(이후 액면가 2,500원으로 변경)이었던 주식이 지금 2만 원 내외로 오르락내리락 거리고 있으니까, 주식을 가진 직원들은 상당한 수익을 얻었을 테지요. 요즘은 직원들에게 우스갯소리로 "딸 시집보낼 밑천은 그때 다 주었소."라고 합니다.

물론 당시 노조가 사사건건 반대하고 발목을 잡곤 했지만, 나는 이것까지 반대하고 나올 줄은 생각지도 못했습니다. 당시 노조의 주장은 사원을 투기꾼으로 만든다는 것이었습니다. 주가가 올라야 이익이 많이 나기 때문에 회사를 상대로 투쟁을 못한다는 것이지요.

'노조 조합원이 회사가 잘되는 것을 바라면 안 된다.'는 논리입니다. 어떤 다른 이유를 대더라도 결국 그 논리입니다. 자본에 대한 비타협적인 투쟁을 하는 전투적 노동조합을 명목으로 내세운 노조니까 그렇게 한 것이겠지요.

그런데 그것만으로는 조합원들이 회사가 주는 보상을 '반대' 하도록 설득하는 것이 쉽지가 않았습니다. 그래서인지 거짓말을 하기 시작했습니다. 주식가치가 실제로 67원밖에 안된다느니, 67원짜리를 500원에 팔아서 760퍼센트의 높은 차익을 본다느니, 주식 팔아서 구조조정 자금으로 쓴다느니, 온갖 유언비어를 유인물에 담아서 배포하기까지 했습니다. 참 용감한 사람들이었습니다. 사실은 인수자인 삼영이 액면가 500원으로 양도한다는 것은 주식가격 외에 추가로 주당 50원으로 평가된 인수비용을 포기하는 것이라서 당연히 손해를 보는 것이었습니다.

그런데 이미 대다수 조합원들은 노조 간부들의 그런 이야기가 사실이 아니라는 것을 알고 있었습니다. 요즘 웬만한 주식 관련 정보는 조금만 관심을 가지면 잘 알 수 있고 물어볼 데도 많으니까요. 그런데 노조의 위세에 눌려서 조합원들이 아무도 말을 못하는 겁니다. 안타깝다고 할 수밖에 없는 일이었지요.

더 비상식적인 일도 있었습니다. 주식인수 반대를 주도하던 노조 간부가 몰래 주식매입 신청을 한 겁니다. 조합원들에게는 주식매입을 못하게 하고 자신은 몰래 주식을 사서 이익을 취하려고 한 거지요. 완전한 반칙이고 사기지요. 그것을 보고 정말 화가 많이 났었는데 속으로 삭히느라 고생했던 기억이 납니다.

1,400명 직원들이 모두 다 같이 살아보자고 결심을 한 터라서 화가 나고 답답해도 참아야 했던 일들이 참 많았습니다. 제대로 된 조합이라면 그 간부가 최소한의 도의적 책임을 져야 하는 일이었는데 아무 일 아니라는 듯 유야무야 넘어가더군요. 그날 이후 나는 노조가 거짓말로 직원들을 선동하는 것을 그냥 넘긴 적이 없습니다. 사안의 대소나 경영상 유불리를 떠나서 누구든 거짓말을 하거나 진실을 호도하는 행위는 반드시 추궁했습니다.

마침내는 90퍼센트가 넘는 대다수 직원들이 주식매입 신청을 했습니다. 직원 개인별로 7,892주의 주식을 지급했지요. 개인별로 약 400만 원이 매입가였던 셈입니다. 신청자 중에서 희망하는 사람들에게는 주식인수 대금을 무이자로 빌려주기도 했습니다.

내 진심을 이해해주었다면 좋았겠지만, 그때는 사실 직원들 스스로도 회사의 미래를 긍정적으로 생각하고 있지는 않았을 것입니다. 다만 당장 손해는 안 보겠다는 생각은 있었을 테지요. 그래서 나는 주식을 양도하면서 직원들에게 "주식을 가능하면 팔지 말고 계속 가지고 있으세요."라고 당부했습니다. 분명히 회사는 좋아질 것이고 그러면 주식도 오를 것이라는 확신을 직원들과 나누고 싶었습니다. 직원들에게 눈에 보이는 경제적 이익을 주는 것도 필요하지만, 길게 보고 자기가 일하는 직장의 미래에 확신을 갖도록 하는 것도 경영인이 해야 할 일입니다.

2005년 회사 사정이 좀 나아졌을 때 전 직원에게 1인당 1만 주씩 스톡옵션을 부여한 것도 같은 이유입니다. 당시에 벤처기업을 제외하고는 전 직원에게 스톡옵션을 부여한 것은 우리가 처음이었으니까 모두 놀라기도 했습니다. 그때 통일중공업은 다른 의미의 벤처정신이 필요했습니다. 통일중공업을 무겁게 짓누르고 있는 패배감을 떨쳐내고 새롭게 시작하려고 했던 것이지요.

단 한 명을 위한 경영설명회

나는 통일중공업을 인수하면서부터 정도경영, 투명경영, 현장경영을 하겠다고 밝혔습니다. 오랫동안 삼영을 그렇게 경영해왔기 때문에 내 경영철학이 된 것입니다. 그런데 그것이 무슨 특별한 경영활동을 말하는 것이 아닙니다. 회사를 제대로 튼튼하게 키우려면 그렇게 할 수밖에 없습니다. 무슨 신출귀몰한 재주가 있는 회사가 아닌 이상, 경영자가 현장에서 살아야지 회사가 잘됩니다. 제조업은 제조업의 본(本)이 있고, 정도(正道)가 있어요. 기술로 승부하지 않고 인맥이나 로비로 사업을 하면 얼마나 갈 수 있겠습니까. 로비로 회사를 키운 사람들은 결국 나중에는 부끄러운 뉴스의 한 장면을 장식하더군요. 회사의 성장을 위해서는 오직 기술로 회사의 경쟁력을 키우는 방법 말고는 없습니다. 기술은 현장에서 개발하는 것입니다. 현장의 생산성도 마찬가지지요. 기업하는 사람이 현장이 아니면 어디에 가 있겠습니까.

그리고 한국 세무당국이 얼마나 힘이 세고 철저합니까. 투명하지 않고는 경영을 지속할 수가 없어요. 나는 또 성격이 까칠합니다. 갑 갑한 것은 못 참아요. 투명하게 해야지 발 뻗고 잠을 잘 수 있는 스타 일이지요. 그러니까 술자리나 회의자리나 가릴 것 없이 나는 누구에 게든 툭 터놓고 이야기합니다. 임원이든 직원이든 가릴 것이 없고, 공무원이나 다른 기업인을 만나도 숨길 것이 없습니다. 그렇게 딴 데 눈 돌리지 않고 현장에서 기름 묻히면서 기술개발하고 투명하게 경 영하면서 기업을 키워왔지요. 이것은 내가 기업을 오래 경영해오면 서 자연스럽게 만들어진 것입니다.

통일중공업에서는 정식으로 직원들에게 경영설명회를 하기로 했 습니다. 2003년 처음 1/4분기 경영실적을 보고받고 곧 사무직 사원 들을 대상으로 경영설명회를 했습니다. 그리고 이내 현장 생산직 사 원들을 대상으로 경영설명회를 하려고 했습니다. 회사현황을 투명하 게 공개하겠다는 것이지요. 통일중공업과 같이 회사 경영진에 대한 노조의 불신이 체질화되어 있는 곳에서는 투명하게 회사경영 사정을 드러내고 때론 평가도 겸허하게 받을 마음을 먹어야 합니다. 2003년 5월 9일이었을 겁니다. 현장 생산직 사원들을 대상으로 '1/4분기 경 영설명회'를 실시하기로 했습니다. 날짜를 정해서 노조에 통보했지 요. 그랬더니 노조는 또 반대하더군요.

반대 이유는 이렇습니다. '임단협 시기에 경영설명회를 하는 것은 회사의 어려운 사정을 부풀려 조합원들의 판단을 혼란스럽게 해서 임단협을 적당히 하게 하려는 회사의 불순한 의도다. 회사의 경영실적 자료도 믿을 수 없다.'

그래서 나는 "요즘 제조업 공장에서는 일 년 내내 임단협을 하는데 임단협 시기라고 못하면 경영설명회는 언제 하나. 이번 한 번이 아니라 앞으로도 분기별로 할 것이다. 나는 한 번 하면 쭉 계속한다. 사원들은 회사경영에 대해서 알고 싶어한다. 정 그러면 본인이 희망하는 조합원에 한해서 하겠다. 협조해다오."라고 설명하며 부탁했습니다.

그렇지만 노조에서는 '노조 간부들이 먼저 공유하지 못한 경영설명회를 조합원을 대상으로 실시하는 것을 전면 거부한다.' 이렇게 나왔지요.

그래서 첫 경영설명회를 개최하지 못했습니까.

경영설명회 당일 회사 교육실에서는 한바탕 소란이 일었습니다. 교육실 입구를 막아선 20여 명의 노조 간부들 때문에 경영설명회에 참석하려는 일반 조합원이 교육실로 들어오지 못했지요. 노조 간부들과 사무직 사원들 사이에 몸싸움도 있었그, 노조 간부들이 나이든 회사 임원들에게 욕을 하고 의자를 집어던지는 등 참 어처구니가 없는 일이 벌어졌습니다. 가까스로 설명회를 하려는데 한 노조 간부가 다시 단상에 뛰어올라와 마이크를 빼앗고, 조합원들에게 배포된 경영설명회 자료를 다 회수해서 가지고 가버리더군요. 상황이 험해지니까 일반 조합원들은 하나둘 자리를 피했지요.

당시 통일중공업 노조는 회사가 경영설명회 같은 것을 하려면 당연히 노조의 허락을 받아야 한다고 생각하고 있었습니다. 또 노조는 자신들의 허락이나 동의가 없는 상태에서 회사가 진행하는 경영설명회는 폭언이나 폭행을 통해서라도 막아야 한다는 의무감을 갖고 있었습니다. 노조의 이름으로는 회사 임원이나 경영진에 대한 기본적인 예의나 인간적인 존중은 잊어버려도 된다고 믿고 있었지요. 노조는 무엇이든지 마음대로 할 수 있고 원래 그런 것이 노조활동이라고 생각하는 사람들이 노조 간부 역할을 하고 있었습니다.

도대체 이런 무법한 행동이 용인되는 나라가 있을까, 어쩌다가 이 나라에서 노조의 이런 행태까지 용인되게 되었을까, 많은 생각이 머릿속을 어지럽혔습니다. 당시 통일중공업 노조는 현실과 동떨어진 노사대립 이념에 사로잡혀 있었습니다. 그리고 물리적 힘을 내세운 조직력으로 막강한 권력을 휘두르고 있었지요. 내가 결코 물러설 수 없는 것이 바로 그런 상황입니다. 나는 노조 간부들과 이야기를 많이 하려 하고, 그들의 말 중에서 합리적인 부분은 바로 수용합니다. 혹시 내 주관적인 생각으로 합리적인 요구를 인정하지 않고 있는 것은 아닌지 돌아보려고 회사 안팎의 여러 사람들에게 물어보기도 합니다. 문제를 공정하게 보려는 내 나름의 방식인 것이지요. 그래서 인정할 것은 지체하지 않고 인정하고, 사과할 것은 곧바로 사과합니다.

그렇지만 누가 봐도 수긍할 수 없는 말이나 불법적인 행동에 대해서는 한 발짝도 물러서지 않습니다. 나는 그날 이후로 노조의 불법이나 부당한 행동에 대해서는 직접 나서서 바로 잡겠다고 마음먹었습니다.

결국 그날 교육실에는 단 한 명의 조합원만 남게 되었지요. 한 명의 조합원은 의자에 앉아 있고 나는 단상에 올라가서 경영설명회를 끝까지 진행했습니다. 그리고 이후 분기별로 실시하던 경영설명회를 2004년부터는 매월 실시합니다.

주인 없는 회사의 추억

**노조 간부들의 태도가 인수 이후에도 전혀 변하지 않았다는 것인데요.
생산현장의 분위기는 어땠습니까.**

20년 가까이 노조가 힘으로 현장을 장악하고 있었는데 쉽게 바뀌겠습니까. 내 진심이 언젠가는 통할 것이라는 믿음은 갖고 있었지만 또 동시에 현장 조합원의 생각이 한순간에 바뀔 것이라고 낙관하지도 않았습니다. 아니나 다를까 인수 직후부터 지속적으로 부분파업이 계속되었습니다. 그리고 통일중공업 노조는 그동안 노조 없이 가족 같은 회사로 운영해온 삼영에 가서 노조를 설립시켰습니다. 또 인수 후 처음 맞이하는 임단협을 앞두고는 계속 강경투쟁을 도모하면서 경영진을 압박해오기 시작했지요. 인수 직후에는 빨리 생산을 안정시켜야 한다는 급한 마음도 있어서 가슴이 답답했습니다.

인수 직후였습니다. 그날은 금속노조가 결정한 전국적인 부분파업 투쟁을 하기로 한 날이었습니다. 그렇다고 전국의 노조들이 다 참여하는 것은 아닌데, 통일중공업 노조는 충실하게 지침에 따랐습니다. 오후 2시부터 5시까지 이른바 '파업출정식'을 하기로 한 것입니다. 오전 근무를 마치고 오후 2시부터 3시간 파업을 한다기에 점심식사를 마치고 1시 쯤 현장을 둘러보았습니다. 1시가 조금 넘어서 차량공장 변속기 생산라인에 갔는데 일할 시간인데도 사람이 아무도 안 보였습니다. 2시부터 파업을 한다기에 2시까지는 근무시간에 일을 하는 줄 알았는데 그게 아니더군요. 일부 생산라인은 일을 하기도 했는데 대부분은 아무도 일을 하지 않았습니다. 그래서 다시 치공구실에 들렀는데, 거기에선 6명의 현장 직원들이 테이블에 둘러앉아 커피를 마시고 있었습니다. 내가 사무실로 들어가 다가가는데도 계속 커피를 마시며 꿈쩍도 않고 있더군요. 그래서 내가 이야기했어요. "여러분, 지금 작업시간 아닙니까. 그래도 제가 왔으니까 자리로 돌아가는 시늉이라도 좀 해주세요." 그랬더니 노조원 한 명이 나를 쳐다보고 언성을 높이더군요. 그는 전직 노조 간부였다고 합니다. "대접을 받으려면 사무실에 올라가서 가만히 앉아 계세요. 왜 남의 사무실에 마음대로 들어옵니까?"

나는 그 자리에서 다시 한 번 크게 충격을 받았습니다. '회사대표가 생산현장을 둘러보는데 직원이 대표에게 사무실에 조용히 앉아만 있으라고 이야기한다는 것이 있을 수 있는 일인가.' '직원이 자신이 일하는 공간에 들어온 대주주이자 대표이사인 사람에게 왜 남의 사무실에 마음대로 들어오느냐고 따지는 경우는 무슨 경우인가.' 그 노조 간부는 회사의 대표이사를 남으로 생각하고 자신들이 그 공장의 주인이라는 생각을 갖고 있었던 것입니다.

주인 없는 회사의 추억은 그만큼 강렬했습니다. 통일중공업에는 주인의식을 가진 경영자의 관리가 오랫동안 없었던 것입니다. 이른바 '자주관리'라고 하는 용어가 있습니다. 자본이 없거나 이를 몰아낸 회사를 노조원들이 스스로 관리하는 것을 말하는데 1960년대 유럽에서 일부 시도된 좌파의 아이디어입니다. 물론 실패한 시도였고요. 가만히 보니까 통일중공업 노조원들은 1998년 회사가 부도나기 전부터 시작해서 4년여의 기간 동안 사실상 노조가 '자주관리'를 한다는 생각으로 회사를 다닌 것 같습니다. 실제로 한동안 그렇게 한 것 같고요. 그때도 여전히 노조원들은 생산관리는 물론이고 회사의 직원에 대한 교육, 인사, 재무 등 모든 경영활동에 노조가 동의를 해주고 회사는 승낙을 받는 것이 당연하다고 생각하고 있었습니다. 반대로 노조가 하는 일은 회사가 건드릴 수 없는 것이었지요.

나는 노동조합이 필요 없다거나 반드시 없어져야 한다고 생각하는 사람은 아닙니다. 그렇지만 노조는 기본적으로 회사가 존속하고 같이 살아내야 한다는 당위성에 동의하거나 최소한 불법적인 방법을 사용하지 않는 한도에서 자기 역할을 해야 합니다. 그 한계 안에서 존재의 이유가 있는 것이지요. 그래서 나는 조합활동과 정치활동을 뚜렷하게 구분해야 한다고 말합니다. 다소 거칠게 들릴 수도 있지만, 회사의 생존을 전제로 하지 않는 모든 노조활동은 정치활동입니다.

물론입니다. 정치적인 행위도 조합활동일 수는 있습니다. 노조원 개인이야 말할 것도 없고, 노동조합도 얼마든지 정치적인 행위를 할 수 있지요. 그것은 헌법에 보장된 국민의 권리니까요. 그렇지만 노조의 정치적인 행위는 기업의 생산에 영향을 주지 않을 때만 인정되어야 합니다. 왜냐하면 노동조합의 전제조건은 고용인데, 고용은 회사가 생산을 하기 위해서 필요한 것이거든요. 그리고 생산과 고용이 회사의 존재 이유입니다. 그래서 노조는 생산과 고용을 유지하는 범위에 한정해서 정치적인 행위를 할 수 있는 것입니다. 그것은 조합활동이에요.

노동조합은 회사의 생존을 전제로 정치적인 행위도 경제적인 행위도 둘 다 조합활동으로 할 수가 있는 것입니다. 생산과 고용을 유지하는 범위 안인지 밖인지 그 판단기준은 결국 회사의 존속에 동의하고 다 같이 살아내야 한다는 당위성에 동의하느냐, 아니면 회사가 망한다 해도 노조의 주장만을 관철할 것이냐에 있습니다.

회사가 망해도 상관없다는 생각으로 어떤 활동을 한다면 그것은 조합활동이 아니라 정치활동이라는 말이에요. 회사와 무관하게 근무 시간 외에 그런 이념교육을 한다든가, 정치집회에 참석하거나 자신 들의 정치적 견해를 피력하는 일을 회사가 간섭할 이유가 없습니다. 앞서 말한 대로 국민의 권리니까요.

그렇지요. 회사가 망해도 상관없는 조합활동은 있을 수 없기 때문입 니다. 정치활동을 하면서 조합활동인 척하면 안 된다는 것이지요. 법 을 무시하고 회사가 정한 사규를 무시하는 것도 마찬가지입니다.

2003년 5월 15일, 통일중공업 노조와 삼영의 새로 생긴 노조가 통 일중공업 안에서 연대투쟁을 하겠다고 했습니다. 매년 봄에 '임단 협'을 하니까 공동으로 '교섭보고대회'를 하겠다는 것이 그들의 주장 이었지요.

그때는 내가 금속노조를 잘 모를 때였습니다. 노조가 5월 15일 다 른 회사 노조와 연대해서 교섭보고대회를 한다면 다른 장소에서 해 야지 왜 타사 조합원이 통일중공업에 들어와서 집회 투쟁을 하는지 이해가 안 되었지요. 그래서 노조가 회사와 상의 없이 타사 조합원을 회사로 부르는 것이니 타사 조합원의 출입을 허가하지 않겠다고 했습니다. 더구나 통일중공업은 방산물자를 생산하는 회사인데, 이렇게 타사 노조원들이 들어와서 마음대로 연대투쟁을 해도 되는 것인지도 의문스러웠지요. 그때 마침 방위사업청 관계자로부터 노사분규가 심한 회사에 방산물자 생산을 계속 맡겨야 하는지 검토하고 있다는 말도 들었기에 더욱 고민이었지요. 그래서 타사 조합원 출입불허 통보를 했습니다. 그랬는데 결국 예정보다 하루 늦은 5월 16일 아침에 노조는 집회를 강행하더군요. 노조는 노조활동은 원래 이렇게 하는 것인데 왜 그러느냐는 것이었지요.

나는 그동안 노조가 아무런 의심 없이 해오던 것, 그리고 회사가 '노조는 당연히 그렇게 하는 것'으로 인정하던 일을 상식의 눈으로 다시 보고 질문하기 시작했습니다. 물론 그렇게 다시 묻는 행위가 평온하게 진행될 것이라고 생각하지 않았습니다.

5월 16일, 정문을 막아두었지만 이미 삼영의 노조원들은 담을 넘어서 회사로 전부 들어왔습니다. 얼마 지나니까 회사 앞마당에서 집회가 요란하게 시작되더군요. 나는 노조가 집회를 하면 무슨 말을 하는지 잘 들어보려고 노력합니다. 그들이 하는 말을 알고 이해해야 소통이 되는 것이니까요. 그런데 그때는 임단협을 제대로 시작도 하기 전이라서 별 이야기도 없습니다. 그저 우리가 이제 같은 계열 회사 노조니까 같이 강력하게 투쟁을 하자는 것이었지요. 그런데 가만히 보니 회사가 출입을 허가하지 않은 타사 노조원이 버젓이 회사에 들어와 있는 것 아닙니까. 그래서 내가 혼자 뚜벅뚜벅 걸어서 집회장소로 갔습니다.

꼭 막겠다는 목표가 있었던 것이 아니라, 상식적으로 이해가 안 되니까 물어도 보고, 잘못된 행동이라는 이야기라도 해야 되겠다는 생각이었지요. 상식적으로 이해가 안 되니까 물어도 보고, 이야기를 하려고 했습니다. 물론 내가 아무 말 않고 집회장으로 가니까 몇몇 경영본부 임원이나 사무직 직원들이 따라나섰습니다. 그런데 노조 간부들이 집회장 앞으로 들어가지 못하도록 제지했습니다. 워낙 확성기를 크게 틀어놓고 집회를 하니까, 거기서 물러나면 이야기를 못하겠더군요. 그래서 그냥 계속 앞으로 걸어갔습니다. 그때부터 나를 따라온 임원이나 사무직 직원들은 멱살이 잡히고 몇 번씩이나 나동그라지고 발로 걸어차였습니다. 당시에는 노골적인 폭력이 난무하던 때라서 분위기가 살벌했지요. 그 와중에 나도 무사하지는 못했고요. 노조원들 여럿이 달려들어서는 붙잡고 흔들어대니까 이야기할 상황도 아니고 해서 결국 확성기로 연결된 전선을 잡아서 뽑아버렸습니다.

결국 노조의 집회를 끝까지 막지는 못했습니다. 애초 가능한 일도 아니었고요. 그렇지만 나는 '이제부터 회사는 경영자가 관리하는 것이고, 노조의 요구는 법이나 단체협약에 정한 취지를 존중하겠지만 노조가 일방적으로 강요할 수는 없는 것'이라고 선언한 셈이었습니다. 다른 회사 노조원이 거침없이 출입하던 통일중공업은 엄연히 출입을 엄격히 통제해야 하는 기업이고 특히 방산물자 생산공장이라는 사실을 선언한 것이었고요. '이제 과거의 통일중공업과 단절하고, 모두 함께 변해야 하는 때'라는 호소를 한 것입니다.

그 일로 인해서 한동안 또 야단이었어요. 회사 최고경영자가 집회장까지 와서 확성기를 부수고 노조활동을 방해했다며 파업을 하겠다고 시끄러웠습니다. 하지만 그때 나의 행동은 지금 생각해도 당연한 일이었습니다. 지금 S&T 계열사에서는 그런 일을 상상도 못합니다. 다른 회사에서도 지금은 타사 조합원이 회사 안에 들어가서 연대투쟁 집회를 하는 장면은 좀처럼 보기 어렵습니다. 10년 가까이 지나면서 많이 달라진 것이지요. 그렇지만 그때는 오히려 내가 유별난 것으로 보였던 모양입니다.

그랬을 테지요. 어떤 일이나 사정을 잘 모른다는 것은 보통 단점이지만 새로 시작하는 사람에게는 장점이 되기도 합니다. 당시 통일중공업의 상황에서는 분명히 단점이 아닌 장점이었습니다. 문제를 해결하는 방식으로 요즘 많이 이야기하는 '상자 밖에서 보기(out of the box)'는 의미가 있는 것입니다. 벌어지고 있는 문제상황 안에서 문제를 해결하는 것이 당연해보이지만 어떤 커다란 전환을 모색할 때는 상황 밖에서 보는 시각이 해법을 제공해줄 수도 있지요.

영국의 윌리엄 골딩이라는 작가가 《파리대왕》을 써서 노벨문학상을 받았지 않습니까. 《파리대왕》은 현대사회를 날카롭게 비판한 작품입니다. 무인도에 고립되어 살게 된 소년들은 그 공간에 적합한 생활방식을 만들어 살아가게 되는데, 자연스레 정치와 권력다툼이 생기면서 차츰 권력이 광기로 변하게 되지요. 그러다가 구조대가 오자 한순간에 그들이 광기로 추구하던 모든 것이 허망하게 무너집니다. 다시 세상과 만나면서 상식과 동떨어진 그들만의 가치와 힘이 무의미해진 것이지요. 이문열 선생의 명작 《우리들의 일그러진 영웅》에서도 같은 이야기를 볼 수 있습니다. 좀더 복잡한 이야기를 하는 작품이지만, 엄석대의 교실에서 벌어지는 상황이 이상하다는 것은 전학 온 학생이 가장 잘 압니다. 더구나 새로 담임선생이 바뀌면서 비상식적인 영웅은 몰락하는 것이지요. 보편적 상식은 그렇게 압도적인 힘을 가지고 있습니다. '상자 밖에서 보기'도 상황에서 벗어나 상황을 본다는 점, 그리고 상황논리를 벗어난 상식의 눈으로 본다는 점에서 같은 시사점이 있는 것입니다.

그 이후로, 현장에서 남의 사무실이니까 나가라는 따위의 이야기를 더는 듣지 않았습니다. 마음대로 타사 조합원들이 회사에 출입하는 일도 없어졌습니다. 현장에 주는 메시지는 때론 말로, 때론 행동으로 전달해야 합니다. 그리고 원칙과 기준을 가지고 일관되게 해야 합니다. 자본을 누가 투자했는지를 떠나서 회사의 주인이 누구인가 따지는 것은 무의미한 일입니다. 그렇지만 경영자가 회사를 살리는 노력을 솔선수범하면서 책임감의 크기를 행동으로 보여주면 주인이 되는 것입니다. 그때 나는 노조의 행동이 상식적으로 보아서 옳지 않은 행동이라면 그 사실을 분명하게 이야기하는 경영자가 지금 회사를 경영하고 있다는 메시지를 확실히 보여주었습니다. 또 이제 통일중공업 경영자는 옳고 그른 것을 구별해서 옳지 않은 일은 절대 인정하지 않을 것이라는 메시지를 분명하게 전달한 것입니다. 다 함께 회사를 살려보자는 비전을 현장에 전달하는 방법이었다고 보면 됩니다.

맞소, 나는 마찌꼬바 출신이오

인수 직후 회사의 혼란한 상황을 정리해가는 과정에서 겪은
어려움이 느껴집니다. 노동조합 쪽에서는 자신들의 입지나 조직력에
타격이 오고 있는 상황이라서 반발이 심했을 것 같습니다.

산이 높으면 골이 깊은 법이지요. 기득권이 클수록 그것을 내려놓기
는 더 힘든 법입니다. 노조의 반발은 점점 커졌습니다. 근거도 없는
소문을 퍼뜨리거나 자극적인 말로 인신공격을 하기도 했지요. 인수
전후에 노조에서 나에 대해 많이 하던 말은 세 가지였습니다.

'먹튀다. 천민자본이다. 마찌꼬바 출신이다.'

통일중공업을 경영하기에는 부적격이라는 말이었지만, 속내는 다
시 주인이 없고 관리가 없는 시절로 돌아가고 싶었던 것입니다. 먹튀
라는 말은 사실이 아닐 뿐만 아니라 내가 하고 있는 경영의 본질을

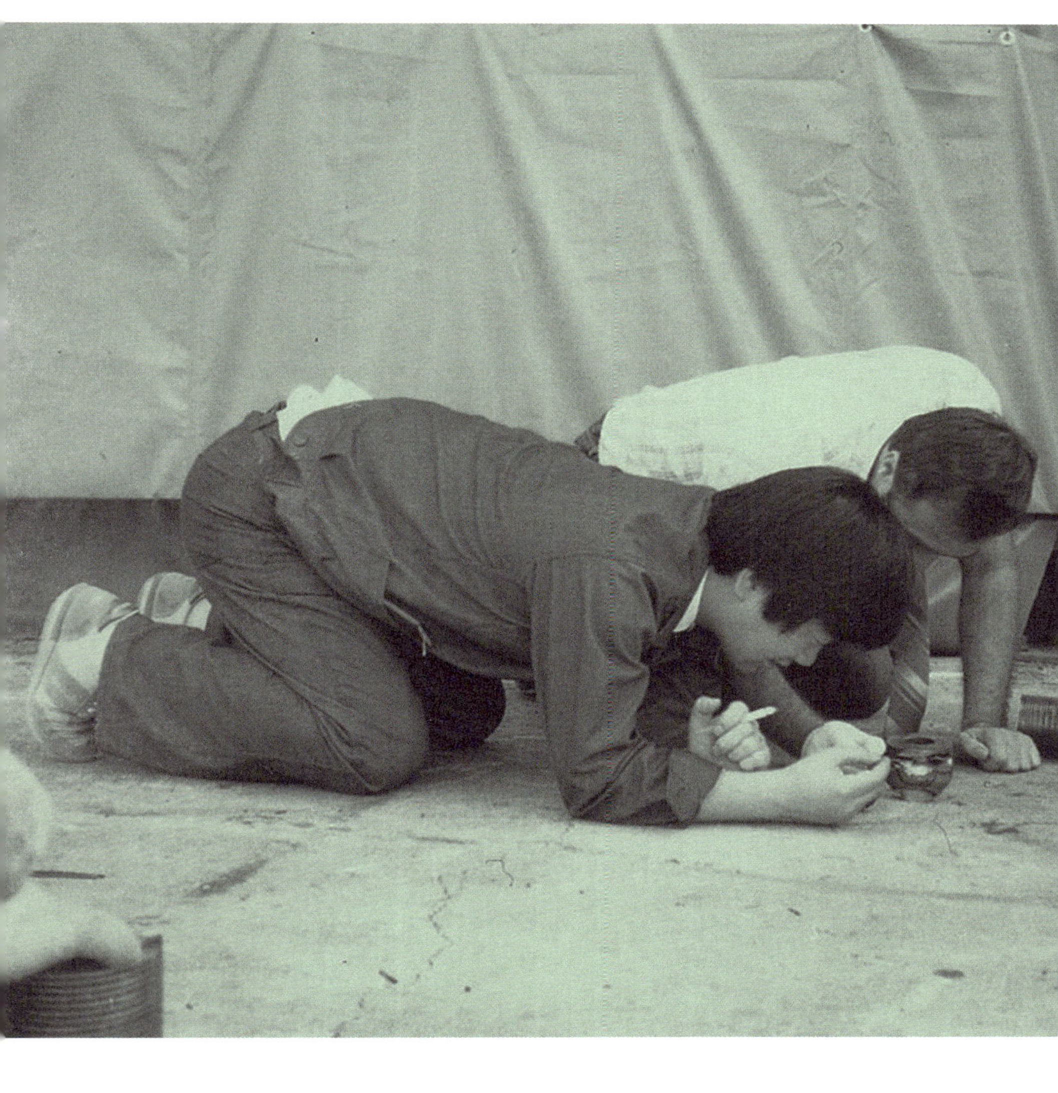

심각하게 욕보이는 말입니다. 천민자본이라는 말도 마찬가지예요. 그래서 내가 노조 간부들을 만날 때마다 물어보았습니다. "도대체 천민자본이 무슨 뜻인지 알고나 하는 말이오?" 그런데 가만히 보니까 이 사람들이 정확히 천민자본이 무슨 말인지 모르고 하는 말이더군요. 천민자본이라는 말이 한때 유행하기도 했으니까 그냥 갖다붙인 것 같았습니다. 천민이라고 이름을 붙이면 시원하게 욕한 것 같은 기분이 들기도 했을 테지요.

'천민자본'이란 서구에서 근대 이전에 주로 고리대와 같이 공식적으로 금지된 방법으로 돈을 모은 부류를 일컫던 말인데, 그것이 한국에 들어와서 유행어처럼 쓰인 것입니다. 내가 기술개발로 삼영을 키워온 이야기를 알면 쉽게 쓸 수 없는 말이지요. 노조 간부들한테 내가 사채 고리대로 돈을 번 사람인가 물으면 또 그런 뜻은 아니라고 합니다. 그러면 내가 부유한 귀족 집안의 아들로 태어나 사업을 물려받은 것이 아니라서 하는 말인가 싶어 물었습니다. 또 "천민자본이라 안된다고 하는데, 귀족자본이 통일중공업을 인수하길 바란 것이오?"라고 물으면 대답을 못했습니다.

먹튀라는 말도 오래 가지는 못했지요. 내가 인수 초기에 직원들에게 주식을 양도하고, 현장경영을 하면서 생산성 향상에 진력을 하니까 노조가 반발을 하기는 해도 최소한 먹튀라고 부르기는 어려워졌기 때문입니다. 계속 묻고 따지면 나중에는 자기들이 실수한 것이라고 인정하기도 했습니다. 통일중공업을 인수한 사람이 아니라 한 개인으로서 그런 이야기를 들었으면 아마도 명예훼손으로 고소라도 했을지 모릅니다. 그렇게 정상적인 기업인에게 상처를 주려고 하는 말들이 사회적인 유행처럼 된 지도 꽤 오래되었습니다.

하지만 마찌꼬바 출신이라는 말에 대한 생각은 다릅니다. 마찌꼬바란 작은 철공소를 일컫는 일본말입니다. 나는 마찌꼬바 출신이라는 이야기를 한 번도 부정하지 않았습니다. 인수 초기에는 정말 말들이 많았습니다. 내가 마찌꼬바 출신이라서 통일중공업같이 큰 회사를 어찌 경영하겠느냐는 이야기가 내 귀에까지 들렸으니까요. 처음에는 허허 웃어넘겼는데, 가만 생각해보니까 우리 직원들의 생각이 너무 잘못된 것이었어요. 그래서 나는 아예 직원들에게 글을 하나 써서 보냈습니다.

24년 전 인천 주안공단에 사장을 포함해서 6명으로 사업을 시작한 이야기, 초기에 부도난 수표를 물품대로 받아서 고생한 이야기, 공장 월세 내기 어려웠던 이야기를 다 했고 그것이 바로 마찌꼬바 공장의 실상이라는 이야기도 했어요. 그리고 돈 몇 푼만 생기면 기술개발에 투자한 이야기, 부지런히 일한 결과 코스닥 영업이익율 1위, 수출 7,000만 불탑과 동시에 금탑산업훈장을 받은 자랑도 했어요. 결국 그동안 불행했던 통일중공업을 삼영에서처럼 투명하고 맑게 경영해서 다시 일으켜 세우겠다는 말이었습니다.

요컨대 "그래 맞소, 나는 마찌꼬바 출신이오." 그런 것이지요. 그것은 내 평생의 대화방식이고 소통방식입니다. 맞는 것은 맞는 말이고, 틀린 것은 틀린 말이지요. 시시비비를 가릴 것은 가려야 하고, 시빗거리가 안 되는 것은 처음부터 말을 말아야 합니다. 옛날 사람들도 말로써 말 많은 것을 경계했지 않습니까. 나도 요샛말로 '어쩔?' 한 것이지요. 그 뒤로는 그런 말을 안 하더군요.

우리나라 기계제조업 분야의 기업 중 처음에 작은 철공소 같은 공장에서 시작하지 않은 기업이 몇이나 되겠습니다. 그리고 그렇게 시작한 기업이 성장해서 큰 기업이 되는 것이 도저히 받아들이기 어려운 것입니까. 진보적인 가치를 겉으로나마 표방하는 노조들이 매우 이율배반적인 기준을 가지고 있었던 것이지요. 부를 대물림한 재벌 2세들은 그럴 듯해 보이고, 같이 기름밥 먹으면서 기업을 키운 사람은 천민이고 마찌꼬바 출신이니까 안 된다는 생각이 왜 들었는지 지금도 이해하기 어렵습니다.

마찌꼬바 출신이라는 말은 오히려 자랑스러운 말입니다. 나는 젊은 직원들에게 이런 말을 자주 합니다. 나는 젊은 엔지니어 시절에 창업해서 오직 기술개발에 매달려서 기업을 키웠고, 내 경영의 철학과 방식은 그 과정에서 형성된 것입니다. 그리고 결과적으로 성공적인 경영을 해왔습니다. 나는 이러한 과정이 지극히 상식적이고 정상적인 성공의 법칙이라고 생각하고, 그런 과정을 겪은 것에 대해서 감사하게 생각하는 사람입니다. 날 때부터 크고 멋있는 것은 없습니다. 정주영 현대그룹 창업주에게 쌀장수가 어떻게 차를 만들고 배를 만드느냐고 따진 사람이 있었을까요. 김우중 전 대우그룹 창업주에게 와이셔츠 장사꾼이니 큰 사업은 하지 말라고 한 사람은 없었습니다. 이병철 삼성그룹 창업주도 일제시대에 진주에서 정미소로 사업을 시작했지요.

　인생에서의 성공이란 여러 가지 분야에서 가능할 것이고 또 개인
적인 성공의 기준도 다 다를 것입니다. 그렇지만 시작은 작고 초라해
도 항상 그것을 가꾸고 키우는 정성과 근면함이 큰 성공을 키워냅니
다. 그리고 그 과정 자체가 성공적인 인생인 것이지요.

산별노조와 임단협

금속노조가 있는 기계제조업 회사들은 대부분 일 년 내내
임단협을 하는 것으로 생각할 정도로 쉽게 타결되지 않아서
국민들은 파업이나 분규가 발생하는 것을 연례행사처럼 생각하고 있습니다.
2003년은 인수 후 처음으로 임단협을 한 해이지 않습니까.

그렇지요. 임단협을 조기에 타결하기가 쉽지 않습니다. 금속노조는 본조, 지부, 지회 3단계로 조직되어 있습니다. 개별 회사의 노조는 주로 사업장 지회이고, 흔히 지회라고 부릅니다. 임단협을 체결하려면 본조가 하는 중앙교섭, 그리고 지부집단교섭과 지회보충교섭 이 3단계를 거쳐야 하고, 체결도 단계적으로 승인을 받아야 합니다. 임단협의 교섭권과 체결권은 최종적으로 금속노조 위원장에게 있지 개별 사업장의 노조위원장, 즉 지회장에게 있는 것이 아닙니다. 또 개별

사업장의 이슈들이 임단협의 주요내용이 되어야 하지만 실상은 그렇지 못합니다. 개별 사업장의 이슈는 지회보충교섭 요구안이라고 해서 아주 일부로 취급되지요. 임금인상 등 핵심요구는 본조가 정합니다. 산별노조인 금속노조 본조가 요구안을 정하니까 당연히 주로 정치적인 요구가 나옵니다.

'FTA 반대' '노동법 개정'을 놓고 시골에서 사업하는 기업인이 노조와 무슨 이야기를 하고 어떤 협상을 할 수 있겠습니까. 애초에 개별 사업장 노사가 해결할 권한도 없고 실익도 없는 이슈를 놓고 몇 달씩 시간을 보냅니다. 더구나 '중앙교섭 타결 전에는 지부나 지회에서 노사합의를 하지 말라.'고 하는 지침도 매번 내려옵니다. 지회장은 보통 금속노조 위원장의 위임장을 받아와야만 회사와 교섭할 수 있지요. 이른바 대각선 교섭이라고 해서 본조 위원장이나 지부장이 지회보충교섭에 참석해서 회사와 교섭하기도 하는데 실질적인 교섭이 이루어지지 않는다는 점은 별반 차이가 없습니다. 금속노조 사업장의 임단협이 지연된 채 일 년 내내 진행되거나 때로는 해를 넘기는 문제가 생기는 것은 이러한 금속노조의 조직체계에서 연유한다고 보시면 될 것 같습니다.

산별노조인 금속노조의 조직체계로 인해서 개별 사업장이

각 사업장의 이슈에 집중하거나 자율적으로 임단협을 진행하기 어렵기 때문에

매년 임단협이 지연되는 문제가 생긴다고 이해할 수 있겠습니다.

산별노조 조직체계의 문제인지, 아니면 조직이 지향하는 가치의 문제인지 또는 둘 다의 문제인지는 좀더 따져보아야 되겠지만 기업의 입장에서는 속수무책이거나 웬만해서는 컨트롤하기 어려운 상황이 계속되고 있는 것은 분명합니다. 큰 부담이지요. 모름지기 조직이 커지면 항상 조직체계가 필요하게 되고, 자연히 형식주의, 관료주의의 문제가 생깁니다. 특히 시장의 경쟁 밖에 있는 조직들은 그럴 가능성이 더 많지요. 공무원 조직이 그렇고, 노동조합 같은 비영리 조직들이 그렇습니다. 노동조합이 산별노조가 되는 것은 자신들의 조직논리가 있는 것이겠지만, 애초에 선진국 노조와 다른 우리나라 경제상황에 적합한 독창적인 노동조합 조직방식을 찾을 수는 없었던 것인지 생각해볼 필요가 있습니다.

금속노조는 '중앙교섭이 타결된 후에야 개별 사업장에서 임단협 노사합의가 가능하다.'는 지침을 주고, 그동안 사업장 노조는 금속노조의 방침대로 부분파업, 전면파업을 하는 것이 공식처럼 되어갔습니다. 그러면 당장은 본조의 힘이 강해지는 것처럼 보이겠지요. 그렇지만 한두 번은 몰라도 개별 사업장 조합원들의 동의를 계속해서 받기는 어렵습니다. 오히려 점점 금속노조 투쟁방침이 힘을 잃어갈 수밖에 없습니다.

실제로도 그렇습니다. 노동계의 표현을 쓰자면 '집행'이 안 되는 것이지요. 어떤 사업장의 경우에는 그 방침대로 했다가는 회사가 망할 수도 있거든요. 그런 상황을 직원인 조합원들이 가장 잘 아는데 그대로 따르겠습니까. 그러니까 금속노조도 요즘 고민이 많은 것 같습니다. 나도 제법 유명한 노동계 지도자들과 가끔 이야기를 나누어 보는데, 그분들도 문제를 잘 알고 있고 고민이 참 많습니다. 지금까지의 방식은 분명 실패입니다. 과거 군사정권 시절과 달리 노동운동에 대한 탄압이나 방해가 미미했던 지난 10년 동안 일어난 일이기 때문에 외부에 탓을 돌리기도 어렵습니다.

노동계의 철학이나 추구하는 가치에 대한 부분은 내가 언급할 이유가 없겠지만, 임단협의 파트너로서 해마다 고생을 많이 했으니까 금속노조의 체계나 운영에 대해서 질문할 권리 정도는 있다고 생각합니다. 그래서 나는 매번 임단협을 할 때마다 이 문제를 거론합니다. 명확한 것은 금속노조 사업장의 조합원들은 그 사업장에 맞는 독자적인 결정을 못하고 있다는 사실입니다. 본조에 결정권을 넘겨준 것이 현실이지요. 그런 이유로 조합원들의 민주적인 의사결정권이 사실상 보장받지 못하고 있습니다.

사용자로부터 독립적이라는 의미의 자주성이 이미 성취된 마당에 노조의 자주성이 어떤 의미를 가져야 하는지 생각을 많이 해야 합니다. 또한 민주화 이후에 의사표현의 자유가 보장된 사회에서 조합원의 민주적 의사결정권을 인정한다는 것이 어떤 의미인지도 깊이 고민해야 합니다. 사업장 조합원을 중심에 놓고 노조의 조직원리인 자주성과 민주성의 원리를 근본적으로 재검토할 필요가 있다는 말이지요. 지금이 어떤 시대입니까. 사회에 민주화가 정착되고 근로자 개인이 시민으로서의 권리를 충분히 행사합니다. 시민권을 행사할 수 있을 만큼 보편적인 교육이 이루어지고 있는 사회입니다. 그런데 과연 지금과 같은 금속노조 조직체계와 운영방식이 합리적이고 상식적인 것인지 묻는 것이지요. 이것이 노조에 대한 내 질문입니다. 나는 앞으로도 상식적인 질문을 계속할 생각입니다.

우리나라 노조가 처음에는 합법적으로 인정받는 것이 어려워서 투쟁을 했지 않습니까. 그러다가 노동3권이 법으로 보장되었지만, 군사정권 시절에는 조합원들이 사실상의 노조활동을 하기가 거의 어려웠습니다. 군사정권이 끝나고 나서 회사로부터 자주적인 노조가 법으로도 확실히 보장이 되었지요. 민주화가 되니까 현장에서는 진짜 노조를 만들자고 했는데 그것을 딘주노조라고 불렀습니다. 조합원들이 민주적으로 의사결정을 한다는 말이지요. 1987년과 1988년을 지나면서 대부분의 회사에 노조가 설립되었습니다. 민주화 시대의 노동조합이라고 할 만한 모양이 갖츠어진 것이지요. 사실은 그때 앞으로 노동조합을 어떻게 운영하고 어떤 방향으로 발전시킬 것인지 사회적인 공론이 필요했던 것인데, 그렇지 못했습니다. 조직화된 근로자라고 하는 현실적인 힘이 오로지 조직의 이익이나 기득권으로 바뀌지 않게 하려는 고민이 없었습니다. 사회적 힘이 커지는 만큼 그에 따르는 책임도 동시에 부담하게 하려는 노력도 없었습니다. 이미 '노동은 자본을 타도대상으로 적대시하고 투쟁하는 세력'이라는 이념은 빛이 바랜 시대가 되었는데도 말입니다. 노조에 의해 반(反)기업 정서가 아무런 사회적 통제 없이 퍼지게 되었고, 그 결과 노동계와 재계가 대립만 했습니다. 함께 대화할 수 있는 소통의 장도 없었고, 국가의 리더십이 나서서 대안을 제시할 수 있는 상황도 아니었지요. 또 그럴 의지도 없어보였습니다.

그러므로 당연히 한국 노조의 발전방향은 노동계의 손에만 남겨지게 되었습니다. 노동계가 선택한 방향은 전국적인 단일노조이고 그 중요한 수단이 산별노조였습니다. 선진국 노조를 모델로 한 것이었지요. 노조의 자연스러운 발전방향으로 받아들여진 것입니다. 개별 사업장 노조가 더 강한 교섭력을 갖기 위한 것이라고 한다면 논리적으로는 자연스러운 방향으로 볼 수 있습니다. 교섭력의 최고 형태는 국가권력입니다. 그래서 산별노조와 전국단일노조, 그리고 그 힘을 바탕으로 정치권력에 도전하는 노동자정당 또는 진보정당으로 구성되는 노동계의 그림이 그려진 것입니다. 그래서 정치투쟁을 매번 정점에 놓습니다. 그리고 노조의 임단협을 강경투쟁으로 이끌면서 정치투쟁의 수단으로 이용한 것이지요. 애초에 그렇게 설계가 된 것 같습니다. 그 후에 몇 년 동안 우리나라 노조는 매우 강력한 투쟁을 했고 실제로 강해졌습니다. 1990년대 중반 이미 큰 공장이 있는 기업의 노조는 현장에서 거의 무소불위의 힘을 갖게 되었습니다. 그러나 거기까지였습니다.

그때라도 다시 나라의 경제 사정과 개별 기업의 처지, 그리고 개별 사업장 노조원의 모습을 돌아보아야만 했습니다. 어쩌면 이때부터는 정말 노동계에만 맡겨둘 문제가 아니었습니다. 늦었지만 재계도 좀 더 적극적으로 나서서 대화해야 했고, 특히 정부가 생산현장의 문제를 심각하게 받아들이고 대책을 세웠어야 합니다. 그러나 그렇게 못했지요. 그러다가 외환위기를 맞았습니다. 외환위기 와중에 재벌이 해체되고, 많은 알토란 같은 기업들이 외국자본에 팔렸습니다. 실업자들이 넘쳐났습니다. 그때 아마도 IMF를 동원한 거대한 선진국 자본의 힘을 보았을 것입니다. 그 자본의 힘이 선진국의 산별노조를 지탱하는 힘이라는 것을 우리나라 노동계는 못 봤다는 것이 또한 아쉬울 뿐입니다.

대통령도 와서 봐야 한다

2003년 통일중공업 임단협도 같은 맥락에서 진행되었겠습니다. 부분파업이 지속되었고 중앙교섭이 끝나지 않았으니까 지회보충교섭은 계속 결렬되었을 것이고요. 마침내 큰 파업사태로 이어지지 않았습니까.

맞습니다. 언론에도 연일 크게 보도되었지요. 회사를 인수한 직후인 3월부터 바로 임단협이 시작되었습니다. 할 일이 많아서 빨리 끝내고 싶었지요. 원만하게 조기에 마무리를 해야만 하는 시기였고요. 그런데 대화 분위기가 수상하고 이야기가 잘 안 됐습니다. 첫 교섭은 5월이 되어서야 시작할 수 있었는데 교섭이 시작되어도 별로 달라지지가 않더군요. 알고 보니 금속노조의 그런 3단계 조직체계와 방식 때문이었습니다. 그때부터는 금속노조의 일정대로 갈 수밖에 없었습니다. 자료를 다시 보니까 그해 6월 25일 금속노조 파업출정식으로 3

시간 파업한 것을 시작으로, 7월 2일은 중앙교섭하기 직전이라고 경고성 파업을 또 3시간, 7월 8일과 9일에는 중앙교섭이 결렬되었다고 다시 시한부 파업, 10일에는 회사 제시안이 미흡하다고 또 파업, 11일에는 전면파업 등등 6월 25일부터 7월 19일까지 총 45시간을 파업했더군요.

통일중공업은 1998년까지 늘 그랬습니다. 생산성은 자꾸 떨어지는데 반대로 임금은 계속 올랐어요. 파업을 하고 강력하게 투쟁하니까 소위 교섭력을 가지고 임금을 계속 올릴 수 있었던 것입니다. 그러나 화수분은 없습니다. 회사는 계속 적자가 나는데 임금은 계속 올라가는 상황이 지속될 수는 없는 거예요. 그래서 결국 부도가 난 거지요.

자본에 대한 노동의 교섭력이라는 것을 단순하게 생각하면 안 됩니다. 물론 투쟁을 통해서 교섭력을 높인 결과 임금을 올렸다고 말할 수 있는데, 그것은 알고 보면 자본이 더 줄 만한 여력이 있었기 때문에 가능한 일이었습니다. 그러므로 자본이 더 줄 여력이 고갈되고 나면 아무리 강력한 파업도 교섭력을 얻을 수 없습니다. 1987년부터 10년간 한국의 노조가 투쟁으로 쟁취한 것이 있다면 그것은 그 기간 동안 자본이 계속 새로운 해외시장을 찾았었고, 내수시장이 급격히 커지는 시기여서 버퍼를 계속 만들어냈다는 점입니다. 그렇지만 1990년대 중반을 지나면서 자본은 글로벌 경쟁의 물결 속에서 치열한 경쟁에 내몰리게 됩니다. 한국 제조업은 일부 재벌 대기업을 제외하면 대부분 이제 노동 비효율을 흡수하기 어려워졌습니다. 1998년 통일중공업도 그때 그렇게 부도가 난 것입니다.

임단협은 복잡하게 할 이유가 없습니다. 인수 직후부터 계속 집중한 것이 생산성 향상이었습니다. 생산성이 올라가야지 회사가 적자를 면할 것이고 그렇게 이익이 나면 직원들에게 돌려준다고 했습니다. 경영정상화의 선순환을 만들기 위해서는 먼저 생산성 향상이 시작되어야 한다는 거였어요. 그래서 생산성 향상을 하자고 했습니다. 다른 거창한 말이 필요 없는 상황이었지요.

사실 현장의 노조원들이 가장 잘 알고 있거든요. 2002년 동종업체 1인당 매출액 자료를 보면, 위아가 5억 원, 카스코가 3억 6,000만 원, 대우종합기계가 4억 3,000만 원, 그리고 구 한국DTS가 6억 8,000만 원이었는데, 통일중공업은 1억 5,000만 원이 안 되었습니다. 쌍용차 차축을 다이모스는 시간당 16축을 조립하는데, 통일중공업은 13축밖에 조립하지 못했지요. 세계시장은 물론이고 국내에서도 도저히 경쟁이 안 되는 상황이었습니다. 예전처럼 일해서는 예전과 달라질 수 없다는 것은 상식이니까요.

그래서 회사는 '생산성을 30퍼센트 올리자. 임금 기본급 기준 5만 원 인상하고, 연말에 이익이 발생하면 전액 성과급으로 지급한다.'라고 임금안을 제시했습니다. 당시 상황에서는 30퍼센트 생산성 향상은 일하는 자세만 고치면 가능한 일이었습니다. 그래서 누가 보아도 어려운 목표가 아니라고 생각했습니다. 그러나 노조는 '생산성 향상을 전제로 한다면, 임금인상을 안하겠다는 말 아니냐.'면서 받아들일 수 없다고 파업을 했습니다. 그리고 그동안 중앙교섭에서 진행한 잠정 합의안이 미흡하다면서 다시 파업을 했습니다. 교섭을 한 번 하고 나면 그 다음은 또 파업인 것이지요.

그래서 나는 고심하다가 마지막으로 내 방식대로 이야기를 해보기로 했습니다. 다시 직원들에게 글을 썼습니다.

'솔직히 이야기 좀 합시다. 대부분 공장에 출근하면 30분이 지나야 작업에 들어가지 않습니까. 점심시간 이전 30분, 오후 작업시간 시작 후 30분, 그리고 퇴근시간 30분 전에 이미 일손을 놓고 있지 않습니까. 게다가 10시간 야간작업 달아놓고 저녁 8시 30분에 출근해서 12시 전에 작업 끝내고 현장에서 잠을 자거나 도박하다가 퇴근하지 않습니까. 노조 간부만 되면 작업시간에 자리 이탈하는 것이 자유롭지 않습니까. 이런 사실을 저만 아는 것입니까. 모두가 인정하고 있는 사실이 아닙니까. 여러분 곰곰이 가슴에 손을 얹고 생각해봅시다.'

이렇게 양심에 호소해서 설득해보려고 했습니다.

파업이 경영에 주는 압박은 정말 대단한 것이었습니다. 그때는 '아, 이래서 노조가 파업을 무기로 투쟁하는구나.' 하고 생각할 정도로 피를 말리는 상황이었습니다. 인수 직후니까 상반기는 적자가 뻔한 상황이었어요. 정리해고 없이 1,400명 전 직원과 함께 가기로 약속했는데, 직원들은 오히려 파업으로 답을 하는 꼴이었지요. 고객사에서는 부품공급이 제대로 안 되니까 손해배상을 청구하겠다고 하고, 더 이상 거래하기 어렵다며 계약해지를 하겠다고 압박했습니다. 현대자동차, 대우버스, 대우상용차 등 거의 전 고객사의 생산라인이 우리 때문에 멈췄습니다. 자동차 공장의 생산라인 정지는 그 자체 손실도 엄청나지만 부품사에 클레임으로 돌아오는 청구도 상상을 초월할 만큼 큽니다. 쌍용자동차의 경우는 부품공급이 안 되는 상황을 더는 못 참고 우리 경쟁사인 다이모스로 물량을 전환하려는 협의를 시작했습니다. 쌍용자동차는 통일중공업의 당시 차량사업 매출의 40퍼센트를 차지하는 핵심 고객사였습니다. 고객사는 고객사대로, 협력업체는 협력업체대로 '망하려면 진작 해체하지, 이제 와서 다시 다 같이 죽자는 것이냐.'면서 야단이었습니다. 주요 일간지를 비롯한 언론은 매일 상황을 주시하면서 통일중공업이 이제 곧 망할 회사인 것처럼 보도하고 있었지요.

나는 "이러다가 정말 다 망한다. 우리 직원들 1,400명의 일자리가 걸린 문제다. 남들보다 더 잘하자는 것도 아니다. 다만 남들 하는 것만큼만 해보자."고 절박하게 호소했습니다. 그렇지만 우이독경(牛耳讀經)이었지요. 마침내 나는 정상적인 경영은 도저히 불가능하다고 판단했습니다.

'더 이상 바꿀 수 없는 벽이 사방을 가로막고 있는데, 계속 통일중공업 정상화를 책임지겠다는 것은 터무니없는 욕심이고 오만이다.'

'이대로 계속 가는 것은 단지 오기일 뿐이다. 경영이 불가능한 회사인 것을 인정하자. 이제 손을 들자.'

그래서 우선 직장폐쇄를 결정했습니다. 막상 직장폐쇄를 하고 나니까 조합원들이 힘들어했습니다. 무노동으로 인한 임금 손해가 만만치 않게 커졌지요. 그랬더니 조합원들이 노조 간부들을 압박했고, 결국 노조는 일주일 만에 조건 없는 쟁의행위 철회를 선언했습니다.

그때는 다시 희망이 조금 있다고 생각했습니다. 그래서 정상조업을 시작하고 마침 휴가가 다가와서 휴가비를 지급하고 처음 약속한 대로 인수 위로금을 지급했습니다. 휴가가 끝나고 만나게 될 달라진 노조의 모습을 기대하면서 말입니다. 그런데 휴가를 마치고 8월 8일 처음 열린 노사교섭 자리에서 나의 작은 기대는 완전히 무너져버렸습니다. 노조는 교섭에 앞서 조합원 수백 명을 동원해서 시위를 했습니다. 그리고 교섭 자리에서는 대표이사가 발언을 하고 있는데 노조 간부가 노골적인 욕설을 해대면서 탁자를 치고 소란을 피웠고요. 그렇게 교섭은 10분을 넘기지 못하고 다시 결렬되고 말았습니다. 노조는 또 교섭이 결렬되었다며 정문을 봉쇄하고 제품출하를 저지했습니다. 그때부터 회사 정문에 텐트를 치고 정문봉쇄 투쟁을 시작했지요.

휴가 뒤에 노조는 끝내 정문봉쇄를 하고 말았는데요.

회사의 제안은 생산량 30퍼센트 향상과 임금 기본급 5만 원 인상,

그리고 그해 연말에 이익이 나면 모두 다 돌려주겠다는 것이었습니다.

더구나 근무 시간만 잘 지키면 어렵지 않게 달성할 수 있다는 것은

누구나 다 인정을 한 것이었고요. 그런데 왜 노조는 동의하지 않았을까요.

사실 회사를 경영하다보면 순간적으로 적자가 날 수도 있습니다. 사업을 오래하다보면 단기적인 흑자나 적자에 일희일비하지는 않게 됩니다. 그렇지만 만성적인 적자기업은 분명히 이유가 있습니다. 경쟁사와 비교를 하기도 하고 자체적으로도 원인을 찾아야 합니다. 당시 통일중공업은 적자가 계속되는 것도 문제였지만, 더 큰 문제는 '열심히 일하지 않고 회사가 무너져 있는 것을 바라만 보고 있는 조합원들의 태도'였습니다. 나는 그래서 남들 하는 만큼만 일을 하자고 한 것이에요. 그렇게 하면 남들 만큼 생산성이 나오거든요. 그것이 30퍼센트입니다. 남들 만큼만 하면 어떻게든 흑자를 내서 그 이익을 직원들에게 돌려주겠다고 한 것이고요.

이런 이야기가 그때 노조원들이 이해하기 어려운 이야기였을까요. 나는 그렇게 생각하지 않습니다. 실제로 개별적으로 만나보면 노조원들은 다 이해하고 있었습니다. 문제는 노조의 고정관념과 습성이었지요. 노조는 생산성 향상을 노동강도 강화라고 했고, 현장통제가 그 목적이라고 했습니다. 그래서 못하겠다고 한 것이었습니다.

노조를 주도하던 이들은 우선 생산성 향상에 대한 절박함이 없었던 것입니다. 회사가 정상화되는 것이 조합원 개인과 가족에게 어떤 이익을 줄 수 있는지, 그리고 손가락질받지 않는 반듯한 직장이 개인의 인생에서 어떤 의미가 있는 것인지 별로 생각해보지 않고 있었다는 말입니다.

둘째로는 그동안 잘못된 관행이 습관이 되어서 건전한 직업의식을 상실해버렸던 것입니다. 근무 시종(始終)시간을 지키는 것이 직장에서 일하는 사람이 기본적으로 지켜야 하는 의무라는 사실을 받아들이기 어려웠던 것이지요. 더 근본적으로는 직장인이 내면에 가져야 할 양심이 어떤 이유에서인지 억눌려 있었던 것입니다. 나는 여러 차례 "이제 과거의 잘못된 관행을 깨고, 양심에 어긋나지 않게 일하자." "생산을 남들보다 더 하자는 것이 결코 아니다. 남들 하는 만큼만 하자."라고 말했습니다. 오죽했으면 회사 곳곳에 '양심'이라고 써 붙여놓았겠습니까. 그런데 그런 나의 말과 행동이 과거의 잘못이나 비양심에 대해서 반성을 촉구하는 진심이라는 것을 받아들이지 못한 것입니다.

셋째는 근무시간을 지켜서 열심히 일하는 것을 자본의 통제를 받는 것으로 여기고, 그에 반발해야 한다고 생각하는 어리석음 때문입니다. 원래 여러 가지 반사회적 성향이 인정되는 공간이 바로 투쟁하는 노조입니다. 임단협 시기가 되면 경영진을 적으로 삼아서 화풀이를 해대는 조합원을 종종 봅니다. 듣도 보도 못한 쌍욕을 거침없이 해대거나 많은 사람들이 보는 앞에서 회사 기물을 보란 듯이 파손하고, 심지어 사람을 폭행하는 이들도 더러 있습니다. 자기가 살아온 인생의 모든 억울함을 풀어버리려는 듯이 회사 경영진을 상대로 난폭하게 행동합니다. 이런 행동을 투쟁이라는 이름으로 용인하는 공간이 노조였지요. 그러므로 자본을 적으로 돌리는 순간 세상의 모든 가치나 규칙들도 자본의 논리에 의해 움직이는 것으로 치부합니다. 그런 핑계로 규칙을 무시할 수 있고, 더 나아가 자신의 게으름과 비양심도 간단히 가릴 수 있었습니다. 편리한 것이지요. 요즘 세상에 폭력이나 폭행이 이 정도로 용인되는 곳은 없을 것입니다.

마지막으로 노조 간부나 강성 조합원들의 폭력적이고 강압적인 현장조직 관리가 아직 힘이 있었기 때문입니다. 다수의 조합원은 자신에게 습관이 된 불성실이나 비양심에 대해서 충분히 반성할 수 있었고, 또 흑자를 내는 반듯한 직장을 갖는 것이 자기 인생을 더 가치 있게 만든다는 것도 알고 있었다고 봅니다. 그렇지만 노조 내부의 강압적인 분위기 속에서 자기 목소리를 내지 못했던 것이지요. 회사를 떠날 생각을 하지 않으면 조합원이 온건하고 합리적인 생각이나 이견을 말할 수 있는 분위기가 안 되었던 것입니다. 비민주적인 민주노조의 아이러니지요.

현실은 냉정합니다. 차량사업의 최대고객이라고 할 수 있는 쌍용자동차는 파업에 따른 물량공급 차질 때문에 통일중공업과 다이모스에 대한 발주비율을 5 대 5에서 4 대 6으로 바꾸었습니다. 납기일을 못 맞추니까 쌍용자동차로서도 어쩔 수 없었던 것이지요. 물량이 확 줄었습니다.

사실 차량사업 물량은 회사에 큰 이익을 주는 것이 아니었고, 예전처럼 해서는 적자를 면하기 어려운 사업이었습니다. 그렇지만 일자리를 유지하기 위해 필요한 물량이었기 때문에 기를 쓰고 노조를 설득하고 고객사에 가서 사정도 했던 것입니다. 어쨌든 1,400명 직원과 모두 같이 간다고 하는 약속을 지키기는 점점 어려워지고 있었습니다. 이미 원가에 못 미치는 사업구조인데 구조조정은 안 되고, 생산성은 오르지 않고 작업물량은 줄어드는 현실에서 할 수 있는 것은 아무것도 없었지요.

뒤이어 현대자동차 물량이 96퍼센트 이관되었고, 쌍용자동차의 신차 개발차종에 대한 샘플 제출이 늦어져서 신규사업도 빼앗겼습니다. 대우버스에서도 21퍼센트 물량이 넘어가버렸고, 대우상용차도 역시 물량을 전량 경쟁사로 넘기려는 작업을 하고 있었습니다. 내수물량의 절반이 사라진 것입니다. 객관적으로는 차량사업을 정리해야만 하는 상황이었지요. 그 뿐단 아니라 사태가 지속되면 결국 다른 사업에도 악영향을 끼칠 것은 불 보듯 뻔했습니다. 회사가 사라질 수 있는 위기였습니다.

노조도 명분 없는 투쟁을 유지하기 어려웠지요. 특히 차량사업 부문의 물량 감소로 노조를 향한 조합원들의 불만이 커지게 되었습니다.

일자리를 잃을 수도 있는 현실을 보게 된 거예요. 현대자동차, 대우상용차, 대우버스, 그리고 쌍용자동차가 코두 경쟁사인 다이모스로 물량을 빼는 바람에 우리 물량이 줄어들 때는 조합원의 동요가 꽤 컸습니다.

그때 노조 간부들은 금속노조의 힘을 빌려보려고 했습니다. 바로 인천 다이모스의 노조가 금속노조 소속이니까 찾아간 것이지요. 다이모스 노조에 통일중공업에서 넘어오는 물량은 작업거부해달라고 부탁한 것입니다. 그랬더니 다이모스 지회 확대간부들이 통일중공업 노조에 협조하겠다고 입장발표를 하더군요. 그러나 다이모스 노조가 그런 약속을 지킬 수 없다는 것을 우리 노조 간부들은 이미 잘 알고 있었습니다. 그렇지만 조합원들에게는 솔직하게 이야기하지 않았지요. 나중에 실제로 물량이 줄고, 인천 다이모스 공장에서는 물량이 늘었는데 조합원들이 거부하기는커녕 잔업과 특근까지 하면서 예상대로 아무 문제없이 생산되었습니다. 금속노조 동지를 믿는 마음이 너무 순진하다고 생각했어야 할까요. 아닙니다. 실상은 투쟁 동력을 유지하려고 궁여지책을 찾은 것입니다.

같은 금속노조 소속이라 하더라도 다이모스 노조 조합원들 입장에서는
물량이 늘어서 일거리가 늘고 회사가 잘되는 것인데 마다할 이유가 없었겠지요.
그때 통일중공업 노조의 행동을 금속노조에 대한
순진한 믿음이라고 보기 어렵다는 말씀이지요.

이미 그때도 금속노조가 다 같은 금속노조는 아니었습니다. 말로는 서로 선명성 경쟁을 하는 것처럼 보였지만, 실제로는 자기 회사와 조합원의 처지를 이해하고 합리적인 행동을 하는 노조들이 더러 있었습니다. 또 웬만하면 대화가 되는 노조도 있었고요. 다이모스 노조가 그런 쪽에 속한 것이겠지요. 그런 사정을 우리 노조 간부들이 모를 리가 없습니다. 사실 그때도 통일중공업처럼 노골적인 욕설과 폭행, 불법행위를 대놓고 해대던 노조는 극히 드물었습니다. 그리고 금속노조의 투쟁방침을 그렇게 예외 없이 따르는 노조도 통일중공업 말고는 거의 없었습니다.

앞서 말했듯이 파업과 정문봉쇄 투쟁의 결과가 냉정하게 돌아오는 상황이었습니다. 솔직히 너무 괴로워서 잠도 제대로 잘 수 없었고, 밥을 먹어도 먹는 것 같지 않았지요. 하루 종일 노조 설득하고 고객사에 불려다니면서 사정했습니다. 부도 직전인 협력업체 사장들 원성도 들어주어야 했고요. 그리고 밤 늦게 혼자 집무실에 앉아서 재떨이 가득 담배를 피웠습니다.

그런데 그 상황에서도 정문을 봉쇄하고 있던 통일중공업 노조는 다른 회사 노조까지 동원하며 기세를 올리고 있었습니다. 도대체 이 회사를 어떻게 해야 하나 아무리 고민을 해도 답이 없더군요.

'내가 이 회사를 정상화시키겠다는 의욕이 잘못된 것이었나. 정말 그냥 사라지게 놔두어야 하는 회사였는데 내가 무리한 도전을 결정한 것이었나. 그래도 인수하고 한 6개월 열심히 해보았으니까 욕하는 사람은 없겠지.'

회사를 인수하고 열심히 노력해보았지만 절망적인 회사를 더 이상 경영하겠다는 것이 무슨 의미가 있을까 싶었던 것입니다. 절망적인 회사였지요. 그런데 다른 한편 가슴속에서 불이 나더군요. 거기서 꺾일 수는 없는 노릇이었습니다.

'내가 저런 사람들의 불법과 폭력, 압박을 이기지 못하고 여기서 포기한다면 너무 억울하다. 저렇게 회사를 망치고 1,400명이나 되는 직원과 그 가족의 삶을 수렁으로 몰고 가는 것을 보고도 뒤돌아선다면 어떤 이유에서건 비겁한 일이다.'

다시 각오가 생기고 오기가 생겼습니다. 그래서 직원들에게 직접 글을 쓰고 불법과 타협하지 않겠다고 거듭 선언했습니다.

'이번 불법행위에 대해서는 결코 타협하지 않을 것이다. 불법으로 물리력을 동원해서 상대방을 억누르고 하는 교섭은 교섭이 아니다. 이번 불법행위에 대해서는 법과 원칙에 따라 반드시 책임을 물을 것이다. 회사가 망하는 일이 있어도 불법행위에 대해서는 굴복하지 않을 것이다.'

그리고 차량사업 부문의 조업을 중단했습니다.

그 뒤로 나는 노조가 퍼뜨리는 유언비어, 루머 하나하나에 직접 또박또박 대응했습니다.

첫째가 임금이 적다는 것이지요. '17년 근속에 겨우 월급 120만 원 받는다.' 이런 제목의 성명서를 지역 일간지 신문광고로 발표합니다. 먹고살기 너무 힘든데 회사가 임금을 안 올려준다는 말입니다. 신문에 광고까지 할 정도이니 혹시 그런 사람이 있는 것 아닌가 싶어서 좀 알아보았는데 그런 사람은 없었습니다. 도대체 120만 원이라고 하는 액수가 어떻게 산출된 것인지 알 수가 없더군요. 9년 전인 2003년 당시 통일중공업 직원들의 평균 월급은 240만 원이 넘고, 연봉으로 하면 평균 2,900만 원이었어요. 동종업계에 비해서 조금 낮기는 했습니다. 하지만 법정관리 중이었고 적자기업이었으니까 당연한 일이지요. 아무리 광고라지만 신문지면인데, 터무니없는 숫자를 만들어서 여론을 호도하려고 한 것입니다. 물론 당시에 통일중공업 노조에 대한 여론이 악화되어 있어서 더욱 그랬겠지만 말입니다.

이 일에 대해서도 내가 직원들에게 글을 써서 물었습니다.

'도대체 근거가 무엇인지 내놓아라. 노조가 낸 광고의 진실을 밝혀보자.'

사소해 보이기도 하고, '노조가 언제 정확한 근거가 있어서 주장했나, 노조가 원래 그런 것이지.' 하면서 넘어갈 수도 있지만, 그런 태도가 현장의 불법과 폭력을 키워왔음을 알았기 때문에 그럴 수는 없었습니다. 내가 나서서 진실을 밝히자고 했지만 노조는 아무 말이 없었어요. 그러고는 '아니면 그만이고.' 한 마디로 끝이었습니다. 사과나 반성은 전혀 없었지요.

다른 사안도 마찬가지입니다. 회사 앞마당에서 금속노조는 기자회견까지 하면서 '정경유착 의혹'을 제기했습니다. 그런 주장의 근거는 이런 것이었어요. 그때 회사 사무직 관리자들이 폭행을 많이 당했습니다. 노조원들이 워낙 폭력적이니까요. 그런데 피가 나고 멍이 들어도 노조는 발뺌하면 그만이었습니다. 그러니까 사무직 일부 사원들이 일회용 카메라를 들고 위해를 가하는 장면을 사진으로 찍어놓겠다고 한 것입니다.

노조는 그것이 '일부러 노조원들의 폭력을 유도하고 자극하려는 것'이라면서 그렇게 '폭력사태가 발생하면 공권력이 노동조합을 진압할 것'이라고 했습니다. 그래서 '사내 불법행위와 폭력사태에 대해서 회사가 고소고발한 노조 간부들에 대해서 경찰이 출두요구서를 가지고 올 것이다.'라며 '최평규 회장은 정경유착을 통해서 공권력으로 노동조합을 깨려는 것이다.'라고 주장했지요. 이것이 그들의 논리였습니다.

사실은 사내에서 일어나는 불법과 폭력에 대해서 좀더 엄정하지 못한 공권력에 대한 불만은 오히려 회사 경영진이 더 컸습니다. 당시는 인권변호사 출신 대통령에, 이른바 386 운동권 출신이 정권의 실세였지 않습니까. 노조를 깨려는 정경유착이라는 것이 가당치 않은 때였습니다. 사무직 관리자들이 얻어맞지 않으려고 카메라를 들고 있는 것이나, 참다못해 노조 간부들을 고소고발한 것에 대해서 경찰이 조사를 하겠다고 하는 것을 정경유착이라고 하는 말도 안 되는 이야기였지요. 그런데 그것을 기자회견까지 했다는 것 아닙니까. 물론 기자들에게는 기삿거리가 안 되는 것이었습니다.

그때도 직원들에게 글을 썼습니다.

'나는 24년 경영을 해오면서 정치권에 뒷돈을 대주는 식으로 기업을 한 사람이 아니다. 앞으로도 절대 그런 일은 없다. 정경유착, 공권력 동원 같은 말은 내가 생각도 해보지 못한 것이다.'

'그렇지만 불법행위에 대해서는 법과 원칙에 따라 반드시 그 책임을 묻겠다. 절대 적당히 타협하지 않겠다. 임단협이 마무리되면 고소고발도 철회할 것이라는 기대는 하지 마라. 이제 과거 통일중공업식의 경영과 단절하겠다. 1,400명 전 직원이 다 살 수 있는 방법은 생산성 향상밖에 없다. 그것을 노동력 착취니, 탄압이니, 노조 죽이기니 하는 것은 억지주장을 하는 것이다. 노조가 명분을 위해서 불법행위를 하는 것이라면 이제라도 중단해라.'

이전이라면 '노조는 원래 그런 것이다.' 하고 넘어갈 문제도 끝까지 답하고 다시 질문하면서 추궁해갔습니다. 직원들에게 시키지도 않았어요. 나는 노조가 공식적으로 제기하는 문제든 그냥 나도는 루머든 모두 다 내가 직접 글을 쓰고 말을 하면서 답했습니다.

노조는 또 신문광고에서 '정문봉쇄는 노조의 최소한의 항의표시다.' '노조는 일하려고 하는데 회사가 파업했다.' 라는 이야기도 했습니다. 파업을 하지 않고 납품만 막았다는 것이지요. 그런데 회사가 오히려 조업을 중단했다는 것입니다. 그 문제어는 이렇게 답했습니다.

'기업이 물건만 만들면 돌아가나. 만든 물건을 팔아야지 다시 월급도 주고 생산도 하는 것이지. 납품을 못하면 회사가 돌아갈 수 있나. 납품을 막는 것이 최소한의 항의표시라면 최대한은 뭔가? 그 최소한의 항의표시 때문에 회사도 멈추고, 고객사 라인도 멈추고, 더구나 많은 협력업체 직원들이 일자리를 잃고 있다. 그것이 최소한의 항의표시인가?'

이외에도 수도 없이 많습니다만, 또 기억나는 것은 'M&A 당시 CNI컨소시엄과 합의한 계약서를 공개하라.'는 주장을 했던 일이에요. 정리해고를 포함한 구조조정을 해서 최단기간 안에 흑자로 만들고 주가를 올려서 CNI 등 투자자들에게 최대한의 이익을 보장하겠다는 내용이 계약서에 있다는 말입니다. 그래서 회사가 노조 말을 듣지 않고 임단협을 파국으로 몰고 가는 것은 최평규 회장의 계획이라는 것이었지요.

그때는 통일중공업 노조가 노동계의 표현으로 '투쟁동력'이 많이 떨어져 있었습니다. 노조 간부들에게는 뭔가 다시 조합원을 선동할 거리가 필요했겠지요. 정문봉쇄를 3주째 오래 끌고 가니까 조합원들이 서서히 돌아섰습니다. 이전에는 막무가내 불법행동을 하면 경영진이 물러나고, 쟁의행위 뒤에 보상도 해주고 하니까 같이 따라다녔지만 이제는 아니거든요. 원칙을 포기하지 않는 경영자 앞에서는 승산이 없다는 것을 알게 된 것이지요. 여론도 너무 나빠져 있어서 집에 가도 가족들의 지지를 얻지 못했다고 합니다.

그때도 직원들에게 글을 썼습니다.

'그런 계약서가 있다면 오늘이라도 통일중공업 대표이사직을 사퇴하겠다.'

'거짓말로 조합원들을 선동하는 파렴치한 행동은 하지 마라.'

'비겁하고 무책임한 거짓말로 조합원을 불법행위에 동참시키는 것이 노동조합의 모습인가 돌아봐라.'

그러고는 노조 간부들에게 서울 CNI 사무실에 가서 계약서를 보고 오라고 주선까지 해주었습니다. 그랬더니 노조 간부 30명이 새벽부터 서울 CNI 사무실에 가서 확인을 하더군요. 전혀 사실 무근이었지요. 이번에도 역시 노조는 '아니면 말고.'였습니다.

그래서 나는 다시 글을 썼습니다.

'왜 말이 없습니까? 결과가 무엇입니까? 없는 사실을 만들어서 서울까지 올라가서 확인한 결과가 무엇입니까? 내가 부도덕한 경영자입니까?'

중요한 이야기입니다. 제가 한 행동이 사소한 데 목숨 거는 꼴로 보이기도 했을 것입니다. 그렇지만 나는 여기에 노사문제를 풀 수 있는 열쇠가 있다고 봅니다. 노조를 어떻게 보는지가 중요합니다. 흔히 경영인들이 노조가 하는 이야기나 행동이 거짓이거나 불법적인 것이라고 하더라도 그냥 넘어가는 것이 노조를 인정하는 것이라고 생각하기도 하는데, 그것은 아주 잘못된 생각입니다. 어떻게 보면 노조를 '우리'가 아니라 동떨어진 다른 존재로 생각하기 때문에 그런 것이지요. 역설적으로 들리겠지만 다 같이 살아갈 회사의 구성원이라고 생각하면 그냥 넘어갈 수가 없는 것입니다. 회사 구성원이 잘못된 생각, 잘못된 행동을 하면 간섭하고, 하지 말라고 말리기도 하고, 때론 질문도 하고, 대답도 해주어야 합니다.

경영자가 회사를 투명하고 깨끗하게 경영해 직원들 앞에 떳떳하고 노조에 책잡힐 비리가 없어야 함은 물론이지만, 또 노동조합도 근거 없는 거짓말을 해서 조합원들을 선동하거나 불법행위로 회사의 다른 구성원에게 심각한 악영향을 주는 일을 하면 안 됩니다. 상식이지요. '아니다' 싶은 일이 있으면 서로 이야기하고 시시비비를 가려야 합니다. 노조가 강한 회사에서는 보통 생산현장과 관리 사이의 벽이 매우 높습니다. 사회적으로는 노동과 자본의 벽이 매우 높고요. 그런 벽이 왜 생기는 것일까요. 왜 서로 대화가 잘 안 됩니까. 너와 나는 다르다는 생각 때문입니다. 틀린 생각입니다. 다 함께 살 수밖에 없는데 크게 다를 이유가 없습니다. 대동소이(大同小異)지요. 회사가 망하면 기업인도 망하고 직원들도 거리로 내몰리는 것입니다. 어린 자식들 보여주기 부끄러운 짓은 언제나 부끄러운 짓일 뿐입니다. 근로자가 하면 안 부끄럽고 사용자가 하면 부끄럽고 그런 문제가 아닙니다. 서로 아닌 것은 아니라고 이야기하고 질문도 자꾸 해야 합니다. 제조업의 소통경영이 별다른 것이 아닙니다.

내가 싫어하는 말 중에 하나가 바로 '노조가 하는 일이 원래 그런 것 아닌가' 라는 말입니다. 노조 간부들에게서도 많이 들었고, 기업을 경영하는 사람들이나 공무원에게서도 자주 들었습니다. 그러나 세상에 원래 그런 것은 없습니다. '지금 그런 것'이지 '원래 그런 것' 이 아니라는 말이지요. 잘못된 것을 두고 원래 그런 것이라고 하면 학교에서 윤리를 왜 가르치며, 법은 왜 만들겠습니까. 원래 그런 것 이라고 생각하는 것은 올바른 것을 찾는 일을 포기하는 것이고 책임감이 없는 것입니다. 상식적으로 이해가 안 되는 생산현장의 상황을 그대로 두고 원래 그런 것이라고 인정하기보다는 왜 그런지 묻고 따지고, 또 잘못된 것은 말리는 것이 경영자가 해야 할 선택입니다.

남들이 안 하는 일을 하는 것이 쉬울 리가 없지요. 벽을 허물고 이야기를 시작하는 것이 평온하게 될 것이라고 생각하지는 않았습니다. 경영자는 그럼에도 불구하고 해야 할 일은 해야 합니다. 숙명이고, 업보지요.

통일중공업을 인수한 지 만 9년입니다. 통일중공업은 정상화되었습니다. 그것으로 된 것 아닙니까. 애초이 각오하고 시작한 일인데 봉변이든 수모든 아무리 많았어도 내 방스 대로 지나왔고, 그래서 언제부턴가 반듯한 회사가 되었어요. 그러면 된 것입니다. 그래서 회사 경영자로서는 모든 것을 용서했습니다. 그러나 개인적으로는 기억합니다. 잊을 수 없는 일이니까요. '칼로 배때지를 찔러 죽인다.'는 소리를 어떻게 잊습니까. '찢어 발려 죽이겠다.'는 그 음성이 어떻게 잊히겠습니까. 멱살을 잡고 나를 벽에 처박던 그 손의 촉감이나 달려와서 뒷목을 내려치던 그 둔탁한 통증은 내 몸에 그대로 남아있습니다. 잊었다면 거짓말이고요. 그 밖에도 내 눈을 통해 뇌리에 각인된 많은 장면들이 있지요. 나는 그동안 기다렸습니다. 기어이 회사를 반듯하게 만들면, 내 진심이 통하면, 그때는 노조가 과거를 돌아보고 무언가 이야기를 하겠지 하고 기다렸어도. 아직 더 기다려야 한다면 기다리겠습니다. 9년을 기다렸는데 더 기다리지 못할 이유가 없어요. 그 일은 노조가 반드시 돌아보고 반성해야 할 숙제입니다. 이제 노조가 그 과거를 어떻게 정리하는지 지켜보겠습니다.

나는 원래 속에 없는 말은 못합니다. 그리고 에둘러서 말할 심정도
아니었지요.

우리 국민들은 노사분규의 실상을 잘 모릅니다. 그리고 통일중공업
노조의 이해할 수 없는 특별함도 그런 말을 한 이유였지요. 당시 신
문기자도 창원 현장에 와서 보고 큰 충격을 받았습니다. 정문 안쪽에
는 자동차부품이 가득 실린 화물차가 기다리고 서 있는데 정문 밖에
서는 출입구를 봉쇄한 노조원들이 문을 못 열게 막고 있었지요. 공장
안에는 납품을 하지 못한 차축이며 변속기들이 산더미처럼 쌓여 있
었습니다. 인생 막장에 있는 사람들처럼 퍼부어대는 욕설에다가 신
변에 위협을 느낄 만큼 폭력적인 장면들이 쉽게 잊히지 않았을 것입

"기업 당장 그만두고 싶다"

최평규 통일重 회장

"당장이라도 회사 경영을 그만두고 싶습니다. 그만두더라도 인수 후 6개월간 나름대로 뛰어다녔으니 욕은 먹지 않겠지요."

노조에 악용당할 것이라며 한사코 인터뷰를 거절하는 최평규 통일중공업 회장을 지난 15일 서울 시내 모처에서 만났다. 막상 기자를 만나자 마음 속 깊이 쌓아두었던 얘기들을 울컥울컥 토해냈다.

인수 직후 최 회장의 기대는 컸다. 지난 82년 13평짜리 아파트를 팔아 세운 ㈜삼영(옛 삼영열기)을 국내 최고의 열교환기 메이커로 키워낸 자신의 뚝심이면 통일중공업도 충분히 세계적인 기업으로 만들 수 있다고 생각했다.

"웬걸요. 한번은 오후 4시29분께 생산현장에 들렀습니다. 5시 퇴근을 앞두고 노조원들이 라인의 전기를 모두 끄고 담배를 피우며 놀고 있습디다. 아침 8시에 출근해도 8시30분까지 기계가 안돌아갑니다. 점심 먹고는 30분 더 쉬더라고요. 야간작업 시간에는 자기네들끼리 결정한 작업물량만 채우고 집에 갑니다."

최 회장은 기가 막혔다. 주변 동종업체인 현대다이모스가 하루 10개의 제품을 생산하면 통일중공업은 7개를 만든다고 한다.

"완성차 업체에 동일한 가격에 납품하는데 현대다이모스는 흑자고 통일은 적자가 나요. 생산성이 낮다는 말밖에 더 됩니까. 그런데도 노조는 민주노총의 가이드라인인 11%(기본급 12만5천1백41원) 임금인상을 고집하면서 파업을 일삼고 있어요. 같은 민주노총 소속인 현대다이모스는 파

상식이 통하지 않는 노조

인수후 얻은 것은 절망뿐

업을 안하는데."

반면 최 회장이 제시한 것은 생산성 30% 향상과 기본급 5만원 인상. 생산성 30%를 달성하고 목표한 이익이 나면 나머지는 노조원들한테 성과급으로 돌려주겠다고 제시했다. 인수 직후 생산성을 높이겠다는 노조의 약속에 1인당 2백만원씩 위로금을 지급하면서 노조를 달래기도 했던 터다.

"어찌된 게 달면은 더 강경해져요. 지난달 24일 직장폐쇄 후 바로 파업을 철회하길래 회사측 안을 수용한 줄로 알았는데 맡입니다. 적자를 봐도 기업은 할 수 있지요. 그렇지만 열심히 일 안하고 어떻게 임금인상 타령

만 합니까."

최 회장의 결심은 단호했다. 회사가 망하더라도 불법행위는 절대 용납하지 않기로 했다. 생산성 향상 없이는 노조의 임금인상 요구를 들어주지 않기로 했다.

"인수하겠서 노조를 상대로 한 기존 고소·고발건을 취하해줬고 비용을 대줄테니 노조가 공인회계사를 선정, 경영내용을 감시하라고 했어요. 그런데 노조는 무조건 고임금만 요구합니다. 회사가 망가져야 투쟁을 성취하는 걸로 인식하고 있어요. 투쟁 또 투쟁입니다. 노조에 서너번 속은 걸로 족합니다."

지난 1·4분기 44억원이던 통일중공업의 경상적자는 파업으로 인해 7월 말에는 82억원으로 불어났다. 노조는 최 회장 퇴진운동에 들어갔고 완성차 업체들은 계약한 물량을 대주지 않는다고 손해배상 청구에 나섰다.

"생산현장에서 9명 이상의 인력을 전환배치하려면 노조와 합의해야 합니다. 노조 합의 없이는 라인 개선을 통한 생산성 향상은 불가능해요. 강성이라던 두산중공업 노조보다 더합니다. 상식의 한계를 벗어난 노조예요. 지방자치단체나 시민단체를 방문하면 '강경노조에 아직도 회사가 망하지 않았느냐'고 반문할 지경입니다."

최 회장은 연신 담배를 피웠다. 평소 1갑이던 흡연량이 최근 3갑으로 늘었다고 했다. "갑갑하다" "길이 안보인다" "지칠대로 지쳤다" "할 만큼 다 했다"고 체념 섞인 한탄을 연거푸 내뱉었다.

"통일중공업 노조문제가 해결되면 대한민국 노조문제가 다 해결될 겁니다. 노조의 인식 변화 없이는 해결책이 없어요. 언론은 뭐 합니까. 다큐멘터리 기사감입니다. 이도 저도 안되면 국가에 회사 주식을 헌납하고 사업을 접는다는 각오까지 하고 있습니다."

김홍열 기자
comeon@hankyung.com

파업에 지친 통일중공업 최평규 회장 하소연

"대통령과 민노총 간부들도 분규현장 와보면 알겁니다"

"통일중공업을 인수해 얻은 것이라곤 절망밖에 없어요. 기업하는 사람이 희망을 빼앗기면 뭐가 남겠습니까. 지금이라도 당장 기업을 그만두고 싶은 심정뿐입니다." 최평규 통일중공업 회장(사진). 지난 3월 법정관리 중이던 통일중공업을 인수, 세계적인 자동차 부품 회사로 키워보겠다고 나선 중견 기업인이 꿈을 잃어가고 있다.

18일 경남 창원의 통일중공업. 평일인 데도 공장 문은 굳게 닫혀 있다. 정문 안 쪽으로 자동차 부품을 가득 실은 화물차가 문이 열리기를 기다리고 있으나 출입구를 봉쇄한 노조원들의 '철통 같은 경비'는 요지부동이다.

차량사업 공장에는 노조원들의 저지로 반출하지 못한 차축과 변속기가 가득 쌓여 있다. 열처리 공장 라인마저 멈춰 적막감이 감돈다. 노조가 지난 8일 임금교섭 결렬을 선언하고 무기한 정문 봉쇄에 들어가자 회사도 지난 14일 조업 중단 조치를 내렸다. 대부분 직원들은 무기한 무급휴가에 들어간 상태다. ▶ 관련기사 A11면

'최평규가 정신 차려야 통일 발전, 삼영(통일중공업의 모기업) 발전' '조기교섭 조기타결, 삼영 주식 올라간다' 도로변에 어지럽게 나붙은 노조의 각종 투쟁구호가 분위기를 더욱 살벌하게 만들고 있었다.

"특근과 잔업을 하겠다는 노조의

말을 믿고 지난 달 19일 직장폐쇄 조치를 풀었습니다. 하지만 회사가 제시한 임금 인상안이 금속노조가 요구하는 수준과 다르다는 이유만으로 또 다시 불법 행위를 저지르고 있으니 어쩔 도리가 없어요."

최 회장은 "오죽하면 하루 6억~7억원의 손실을 감수하면서까지 공장을 세웠겠느냐"고 하소연했다.

"대통령과 민주노총 간부들이 창원 현장에 와서 현실을 봐야 합니다. 언론은 뭐합니까. 다큐멘터리 기사감입니다. 하다하다 안되면 노무현 대통령에게 토론을 제의할 겁니다. 경영할 판단이 서겠는지 보여드리고 싶어요."

물론 최 회장도 회사를 인수하면서 '초강성 노조'를 우려하지 않은 것은 아니다. 그러나 채권단이 9천

9백억원이던 은행 부채를 2천2백억원까지 탕감해줘 일만 하면 이익이 나는 구조라는 점을 근로자들이 충분히 이해할 것으로 생각했다.

하지만 인수 후 지난 6개월간 그의 기대대로 공장이 움직인 적은 거의 없다. 노조는 회사 일정을 무시한 채 민주노총이 파업한다면 따라 나서고, 금속연맹과 금속노조의 파업 일정도 '착실히' 지켰다. 물론 자체적인 파업으로도 많은 날을 지샜다.   ⇨2면에 계속

창원=김태현·김홍열 기자
hyun11@hankyung.com

20일 만에 가동을 다시 멈춘 통일중공업 창원공장. 노조원들이 정문을 봉쇄, 상용차 차축 등 제품출하가 닷새째 전면 중단됐다.
/창원=김태현 기자 hyun11@hankyung.com

니다.

　노조가 하루가 멀다 하고 파업을 해서 회사가 직장폐쇄를 하자 노조가 쟁의행위 철회를 하면서 특근과 잔업까지 열심히 하겠다는 약속을 했지요. 그래서 회사는 직장폐쇄를 철회하고 휴가비와 인수 위로금도 지급했는데 노조는 다시 정문폐쇄로 회사는 물론이고 고객사, 협력업체까지 심각한 타격을 입혔고, 뜨다시 회사는 조업을 중단해야 했습니다. 이런 일련의 사정을 취재하면서 기자도 기가 찼던 모양입니다. 이런 사례를 본 적이 없었던 거지요. 직접적인 물리력으로 납품을 못하게 막고 있는 이 상황이 어떠한 법을 근거로 이뤄지고 있는지도 이해가 안 되었던 겁니다.

　사실은 기사에 나온 것보다 훨씬 강하기 이야기했는데 기자가 그나마 걸러내고 쓴 것입니다.

　'상식이 통하지 않는 노조다. 통일중공업을 인수해서 이제 남은 것은 절망밖에 없다. 기업 하는 사람이 희망을 빼앗기면 뭐가 남는가. 지금이라도 당장 기업을 그만두고 싶은 심정뿐이다.'

　'대통령도 와서 봐야 한다. 이런 상황에서 대통령이라면 경영할 수 있겠는지 한번 보고 판단해봐라. 하다하다 안 되면 대통령에게 토론을 제안하겠다. 민주노총 간부들도 와서 봐라. 언론은 뭐 하고 있느냐. 이것은 다큐멘터리감이다.'

　같이 답답해하던 기자는 내 하소연 같은 이야기를 묵묵히 적고만 있었습니다. '이도 저도 안 되면 회사를 국가에 헌납하고 사업을 접겠다.'고까지 하니까 기자도 깜짝 놀랐습니다. 그때 회사상황을 보고 나서 내 이야기를 들은 거니까 내가 진짜 그렇게 할 수도 있다는 생각을 한 겁니다. 물론 진심이었습니다. 기자들 만나기를 즐겨 하지 않는 내가 언론에 괜한 소리를 할 리도 없었습니다.

솔직한 심정을 거침없이 이야기한 겁니다. 공장이 노조의 힘에 의해 무법천지가 되는 상황에서도 국가의 법과 공권력은 계속 자제만 하고 있어야 되는 것인가 하는 생각도 없지는 않았습니다. 그렇다고 당시 정부가 친노동정책을 편다그 비판적인 이야기를 하고 싶지는 않았습니다. 앞서 이야기했지만 아주 근본적인 나라의 원칙과 기본이 무너진 상황을 체험한 기업인이 어디에 이런 암담한 사정을 이야기해야 할지 막막해서 그랬던 거지요. 시골에서 사업하는 기업인의 눈에 이대로 가다가는 우리나라 제조업의 미래가 안 보이겠다 싶은데 도대체 국가는 언제까지 속수무책으로 가만히 있을 것인지 답답했던 것입니다. 사회적 합의를 이끌어낼 수 있는 국가 리더십을 요구했던 거예요.

노동계 지도자들은 실제로 통일중공업과 인연이 깊은 이들도 있었지만 막상 통일중공업이 부도가 났을 때는 아무런 도움도 주지 않았습니다. 통일중공업 노조의 투쟁을 자신들의 입지나 발언권 강화에 이용하기만 했을 뿐 조합원 개개인의 삶에 대해서는 아무런 관심도 없었던 것이겠지요. 민주노총 간부 누구 하나 당시 통일중공업 노조에게 우선 회사를 살리고 경영정상화를 시켜야 할 때라고 말하지 않았고, 회사와의 타협을 통해 조합원의 일자리와 실리를 찾으라고 말하지 않았습니다. 회사의 상황은 나 몰라라 하고 투쟁만 하다가 회사가 망하면 같이 죽으라고 말하는 사람들이 어떻게 노동계 지도자가될 수 있습니까.

언론 쪽에는 제발 눈치 보지 말고, 이상한 양비론 펴지 말고 있는 그대로의 사실만 알려달라고 말했습니다. 국민들도 노사분규의 실상을 정확히 알아야 하니까요. 내가 통일중공업을 인수하기 전까지 그랬던 것처럼 국민들도 잘 모르고 있습니다. 우선 알아야지 여론이든 공론이든 생겨나고, 사회적인 합의든 대안이든 나오니까요.

기사가 나간 뒤에는 타 언론사에서 '통일중공업 회장이 하소연' 하고 있다고 추가 보도를 하기도 했습니다. 전화도 많이 받았고 격려도 많이 받았습니다. 실제로 당시 정부 노동정책에 작지만 변화를 불러오는 계기가 되기도 했습니다. 그래서 대통령도 '도를 넘은 노동운동에 대해 법과 공권력으로 제재해야 할지 고민 중'이라고도 하고, '노사분규가 경제의 발목을 잡는 일이 없도록 선진 노사문화 정착을 위한 대책을 내놓겠다.'고도 했습니다.

경영정상화 대타협

●

2003년 임단협은 9월 말이 다 되어서야 마무리되었습니다.

2/4분기, 3/4분기를 사실상 긴 파업으로 보낸 것입니다.

흑자 원년을 2004년으로 미룰 수밖에 없었는데요. 회장님은 그때도

경영정상화라는 목표가 실현가능하다고 계속 믿고 있었습니까.

2003년 임단협은 모두에게 상처만 남겼습니다. 노조는 파업과 정문 봉쇄로 끝없이 투쟁을 이어갔고, 회사는 직장폐쇄, 조업중단으로 맞서면서 큰 몸살을 앓았지요. 긴 파업의 여파로 수주물량은 급감했고, 경영실적도 곤두박질쳤습니다. 연말 48억 영업손실로 그해를 마감했습니다. 그렇지만 4/4분기만 코면 이익이 조금 난 셈이라서 희망의 불씨는 살아있다고 보았지요.

경영정상화 선언문

통일중공업은 1959년 기계공업의 불모지였던 이 나라에 중공업산업의 효시로서 조국근대화를 위해 구슬땀을 흘려 왔습니다. 국가방위산업의 선두주자로, 창원공단의 중심사업장으로 우리나라 안보와 경제발전에 든든한 버팀목 역할을 해왔습니다.

그러나 민주화의 열풍이 불었던 1980년대 노동운동의 선봉이 되었고 90년대 이후에는 만성노사분규 사업장이라는 낙인이 찍힌 채, 좌절과 시련의 시기를 맞이했습니다. 정확히 20년 세월을 반목과 불신의 굴레에서 벗어나지 못한 채, 서로 마주 달리는 열차처럼 전투적인 노사관계를 지속해 왔습니다.

급기야 삶의 터전은 위기에 봉착했고, 결국 1998년 통일중공업은 부도가 났으며 직원들에게 1,700%에 달하는 엄청난 임금체불과 대량실직, 가정파탄 등의 시련과 고통을 안겨주었습니다. 그리고는 끝이 어딘지도 모른 채, 어둠의 터널 같은 법정관리에 들어갔습니다.

어둠의 터널 속에서 우리는 고통과 눈물, 절망과 한숨 속에서 살아야만 했습니다. 직장과 가정, 친지와 친구들 앞에서도 당당할 수 없었습니다. 젊은 사원들이 결혼을 못할 정도로 시장과 고객으로부터 철저히 버림받았고, 천애고아와 같은 신세로 '꼴찌인생'을 살아야만 했습니다. 마침내 그 어둠의 터널 끝에 서서 두려움과 불안함을 가슴에 안고 2003년 M&A를 통해 새로운 경영진을 맞이했습니다. 그로부터 1년후, 우리는 '꼴찌인생'에서 탈출하고자 합니다.

새로운 노사관계의 역사가 시작된 2004년 4월 28일, 우리는 떨리는 가슴과 타오르는 열정으로 우리의 희망, 우리의 꿈, 우리의 청춘 통일중공업에서 '미래지향'의 새싹을 피우고자 합니다. 상처 입은 지난 세월을 서로 보듬고 감싸며 감히 꼴찌들의 절규로 오뚜기처럼 일어날 것을 선언합니다.

전 세계 어디에도 우리처럼 20년간 뒷걸음질치며 추락해 온 기업은 없습니다. 시장에서 통일중공업의 희생가능성을 믿는 사람은 거의 없었습니다. 그러나 이제부터 우리는 위기에 처한 삶의 터전을 구하고, 우리 아이들 세대가 해맑은 미래를 꿈꿀 수 있도록 할 것입니다. 이를 위해 사오정에 들어선 통일중공업 헌 세대가 자기희생과 헌신을 통해 모두가 불가능하다고 여긴 경영정상화를 이루고자 합니다.

특히 우리는 조기 경영정상화를 위해 참담한 심정으로 250명을 휴업휴가를 보내야 했습니다. 저희 경영진부터 죄인입니다. 우리는 휴업휴가자들이 회사를 살리기 위해 자기희생을 감수해 주고 있음을 한시도 잊어서는 안됩니다. 이들이 하루빨리 돌아와 우리와 함께 땀 흘리며 일할 수 있도록 뼈를 깎는 고통이 있더라도 경영정상화를 이루어 내야 합니다. 이것이 우리에게 주어진 의구이고 사명입니다.

더욱이 모두가 함께 사는 길에 노(勞)와 사(社)가 따로 있을 수 없습니다. 차별과 대립을 극복하고 서로의 차이를 존중하는 일류기업문화를 함께 만들어 갈 것입니다. 비록 그 과정이 아무리 힘들고 고통스럽다 하더라도 우리는 포기하지 않고 도전할 것입니다. 앞으로 우리는 과거처럼 집안 호랑이가 아니라, 시장에서 잘싸우는 호랑이로 성장해 갈 것입니다. 우리나라 중공업산업 부흥의 선봉이 되겠습니다.

그럼으로써 IMF 이후 힘들어하는 이 땅의 모든 기업과 일하는 사람들에게 희망의 촛불을 밝혀 드리겠습니다. 또한 '통일중공업 같은 꼴찌들도 해내는데 우리도 포기하지 말자, 우리도 해낼 수 있다'는 자신감을 선물로 드리고 싶습니다. 변화하는 통일중공업을 지켜봐 주십시오. 이제 통일중공업은 오로지 시장과 고객을 위해 존재함을 선언합니다. 통일중공업이 세상을 이롭게 하겠습니다.

2004. 4. 29 (목)

통일중공업(주) 대표이사 회장 최 평 규

차량/주물담당 부사장 홍영기, 특사/기계담당 부사장 홍순호, 기획조정실장 전무이사 박재석 그래서 그 희망의 불씨를 살려서 2004년은 진정한 흑자 원년을 만들어보자고 임직원들과 다짐을 했습니다. 그런데 막상 2004년을 시작해보니 1월과 2월 연이어 영업적자가 발생했습니다. 매출이 전년 파업 이전 수준으로도 회복이 안 되었던 거지요. 국내 경기도 엉망이었고요. 원자재가, 원유가도 폭등하고 내수침체가 장기화되는 상황이었습니다. 특단의 조치가 필요한 때였습니다.

2003년을 반면교사로 삼아 2004년은 실패를 되풀이하지 말아야 했습니다. 그래서 노조에 협조를 구했습니다.

'2004년은 임단협을 조기에 마무리하고 경영정상화를 위한 생산과 영업에 집중하자.'

'현재의 작업물량은 직원 1,000명이 정상적인 수준의 잔업, 특근을 하면서 먹고살 수 있는 규모다. 노사안정을 통해 작업물량을 확보하고 사업구조조정을 통해 일자리를 만들고 1,400명 모두 살 수 있는 길을 찾자.'

그러나 노조 집행부는 전년과 같이 다시 금속노조 투쟁 일정에 따라 움직일 수밖에 없다는 입장을 고수하며 회사에 중앙교섭, 지부집단교섭에 참석하라는 요구를 계속했습니다. 예상 못한 바는 아니지만 실망스러웠습니다. 결국 회사는 1,000명이라도 살려야 한다는 판단을 하고 노조에 구조조정 협의를 요청합니다. 회사도 노조도 파국만은 막아야 한다는 데는 동의했습니다. 그렇지만 이번에도 노조는 금속노조의 체계 속에서 지부와 본조의 회의를 거친 다음에 특별단체교섭에서 논의하자는 말만 되풀이했습니다. 그때 회사와 직원들은 전년도 금속노조와 다이모스 지회를 믿고 투쟁만 하다가 경쟁사에 물량이 다 넘어간 사실을 떠올리며, 통일중공업 구성원이 책임감 있게 해결하자고 촉구했습니다. 이에 대한 노조의 답은 다시 금속노조 체계에 따른다는 것이었어요. 결국 회사는 4월 초까지 250명의 유급 휴업 휴가를 단행할 수밖에 없었습니다.

뒤이어 회사와 노조는 경영정상화 협상을 이어갔습니다. 회사는 250명 유급휴업 휴가자를 포함해서 1,400명 전원을 살리면서 경영정 상화를 이루기 위한 마지막 안을 제시했습니다. 이번에는 노조가 간부들 회의와 조합원 투표를 거쳐 이를 수용했습니다. 이로써 회사는 정 리해고를 하지 않는 대신 임금을 동결하고 성과급 350만 원을 지급하고 유급휴업 휴가를 실시한다는 등의 경영정상화 대타협을 이루어냈습니다. 그리고 4월 29일 경영정상화 선언문을 발표합니다.

그렇게 2004년 통일중공업 임단협이 무분규로 타결되었습니다.

'도요타식 빅딜'로 윈-윈 대타협을 이루었다고 해서

당시 언론의 주목을 받았습니다.

2003년과 극명하게 대비가 되는 모두가 놀랄 만한 결과였습니다.

그런 합의도 우리가 처음이었지요. 금속노조가 있는 회사에서 임금 동결과 일자리 확보로 서로 타협하기는 통일중공업이 처음이었으니까 언론과 업계의 주목을 받았던 것입니다. 더구나 2003년 날카로운 대립의 기억이 남아있었을 때니까요. 도요타식이라는 말은 언론이 붙인 이름이고요. 당시 통일중공업에서는 다른 방법이 없었습니다. 바둑으로 치자면 '이 한 수'였던 것이지요.

조합원들도 전년도 파업을 통해서 얻은 것이 없다고 생각했던 겁니다. 실제로 2003년 임금인상분은 120만 원이었지만 무노동으로 인한 손실이 더 컸습니다. 2004년에 무분규로 타결하면서 회사는 타결 격려금을 지급했고, 성과급 350만 원을 지급키로 했습니다. 무분규로도 얼마든지 풀 수 있는 문제를 그동안 아무 실익도 없이 투쟁으로 복잡하게 만들었던 것이지요. 대타협은 노조원들이 합리적인 선택을 한 덕분입니다.

경영인과 회사는 엄연히 다른 존재니까요. 법적으로는 명확하지요. 회사가 적자니까 줄 돈은 없고, 그렇다고 직원들의 설 명절을 아쉽게 하면 안 될 것 같았으니까 어쩝니까. 내가 돈을 내어서 떡값을 지급한 것이지요. 그렇지만 당장 싹 변하는 것은 없습니다. 물론 직원들에게 작은 기쁨을 주려는 노력은 계속했습니다. 노조의 전투적인 분위기를 바꾸려고 공장에 화분도 많이 갖다놓고, 회사 담장에 장미꽃도 800그루 갖다 심었습니다. 직원 자녀들의 영어공부를 지원하기 위해서 방학마다 원어민 교사를 불러와서 영어캠프를 열고 미국, 캐나다 등으로 해외어학연수도 보내주었습니다.

젊은이들도 세상 모든 일은 조금씩 변해가는 것이라고 생각하고 일을 해야 합니다. 이렇게 시간이 많이 걸릴 수도 있다는 생각으로 단기간의 결과에 울고 웃지 말고 꾸준히 부지런하게 일해야 하지요. 그러다보면 생각보다 빨리 변할 수도 있다는 말입니다. 내가 항상 하는 말이지만, 직원들이 내 마음을 완전히 다 이해해줄 수 있다고 생각하지 않습니다. 그렇지만 언젠가는 80~90퍼센트까지는 이해할 수 있을 것이라고 믿지요. 당장은 아닙니다. 2004년에도 노사 대타협이라는 대단한 일을 이뤄냈지만, 여전히 일부에서는 과거 노동조합의 추억을 지우지 못하고 있었던 것도 사실이거든요. 이런 사실은 노사 대타협 과정에서도 그리고 대타협 이후에도 여실히 드러났습니다. 그래서 나는 2004년의 결과는 조합원의 합리적인 선택이었지 강성노조 간부들이 주도하는 현장이 변한 것은 아니라고 생각했습니다. 물론 그렇다고 하더라도 언젠가는 변할 것이라는 믿음은 잃지 않았습니다.

회장님의 노사관계 경영은 곧 현장경영이라고 불러야 할 것 같습니다.

결국 경영자가 현장을 떠나지 않고 현장의 문제를 끊임없이 소통하면서

해결해야 한다는 것으로 이해됩니다. 앞서 말씀하셨듯이 그렇게 간섭하고,

질문하고, 나서서 말리고 하는 것이 역설적으로 노조를 파트너로 인정하는

현실적으로 문제가 많았으니까요. 나는 현실에 대해서 그렇게 낙관하지 않습니다. 오히려 비관적인 쪽에 가깝지요. 그렇지만 미래에 대해서는 대단히 낙관적입니다. 현재와 미래 사이에 사람이 있고, 그 사람은 부지런히 일하는 것이 본성이거든요. 부지런히 일하는 데서 보람을 찾는 것이 사람입니다. 조물주가 그렇게 만들어준 것입니다. 나는 일하는 사람의 본성에 대해서 낙관적이기 때문에 미래를 낙관합니다.

노사가 대타협을 했다고 해서 모든 것이 잘 지켜질 것이라고 낙관만 해서도 안 되었습니다. 당장 그해 하반기 내내 강성노조 간부들의 행동은 전과 똑같았습니다. 사소한 것이라도 약속을 했으면 지켜야 한다고 계속 이야기하고 타이르고 해야 합니다.

'그래도 안 되면 어떻게 하느냐.'

다른 방법이 없습니다. 또 가서 만나고 이야기해야지요. 한참 어린 직원들에게 쌍욕을 듣고 얻어맞더라도 말입니다. 그것이 경영인으로서의 숙명이지요. 그렇게 통일중공업 인수 2년째, 노사 대타협이 있었던 2004년도 쏜살같이 지나갔습니다.

S&T그룹 도전! 백두대간 대장정

3장

사람 살리는 M&A

색다른 '인수후통합'

2003년 인수 직후부터 통일중공업을 정상화시키는 과정이 참 험난했습니다.

2005년, 인수 3년차에 접어들었는데

M&A 이후 통합은 어느 정도 이루어졌다고 생각하십니까.

흔히 M&A를 '기업사냥'에 비유하지만, 나는 통일중공업 인수를 '잘못된 유산의 상속'에 비유합니다. 일반적으로 'PMI(인수합병 후 통합)'가 중요하다고 말합니다. 그러나 인수전(戰)이라는 말은 있지만 통합전(戰)이라는 말은 없듯이, 전쟁 같은 과정이기만 한 것은 아닙니다. 그런 면에서 통일중공업은 경영자에게 더 많은 희생을 요구하는 잘못된 유산이었음에 틀림없지요. 통일중공업 인수 사례를 경영대학원의 PMI 공부 사례로 제공하면 어떨지 궁금한데, 내 인수방식이 학교 공부용으로 적합하지는 않겠더군요. 통일중공업 인수 당시 현장에서 기본과 원칙을 바로 세우는 것이 인수 후 통합의 핵심이라고 생각했습니다. 기본과 원칙은 학(學)이라기보다는 습(習)에 속해요. 몰라서 못하는 것이 아니라 그냥 실천을 못하는 문제라는 말이지요.

또 하나의 문제는 통일중공업 인수 주체는 삼영이었지만 정작 통일중공업을 인수하러 간 사람은 나 혼자였다는 것입니다. 삼영에서 통일중공업으로 간 사람이 아무도 없었어요. 작은 회사가 큰 회사를 인수한 경우이기 때문입니다. 이후로도 내가 M&A를 하는 스타일은 계속 그런 식이었습니다. 한 조직이 다른 조직을 접수하는 개념으로 M&A를 보지 않았거든요. 기존 조직과 인력을 배제하거나 사람을 퇴출하는 방식이 아니었다는 뜻이지요. 다른 케이스들과 달리 조직 간의 통합 문제가 아니었던 것입니다.

통일중공업에서는 내가 삼영을 경영하면서 세워온 경영철학과 경영방법을 직원들이 이해하고 따라오면서 그들 나름의 문화를 형성해주기를 바라게 되었습니다. 그래서 인수 후 통합의 문제가 삼영이 아닌 나 혼자의 과제가 되었지요. 내가 솔선수범해서 보여주고 끊임없이 실천하면서 깨닫게 하고, 그를 통해 임원들부터 신입사원들까지 나와 생각을 통합해가기를 기대했으니까요. 최소한 내 방법을 이해하고 따라와주기를 바란 것입니다.

그런데 현장에서 기본을 찾고자 한 점이 이전 경영자와 달라서 직원들이 고생했어요. 특히 현장을 장악하고 있던 노조에게는 무척 힘든 일이 되었고, 나 역시 사서 고생을 한 격이 되었습니다. 그러나 내가 파악한 통일중공업의 문제는 바로 현장이 무너진 것이었습니다.

그래서 현장에서 기본과 원칙을 세우는 일이 제일 중요했지요. 통일중공업과 내가 통합을 실천하는 데 있어 가장 핵심적인 내용이었습니다. 현장에서 기본과 원칙을 세우게 되면 시급한 경영과제로 제시한 생산성 향상과 일자리 유지, 이 두 가지도 가능했습니다. 그러면 경영정상화가 되는 것입니다.

노조를 설득하는 과정에서 때론 수모도 당하고 또 절망하기도 하면서 2004년까지 끌고 왔지요. 특히 2003년에는 인수 6개월 만에 자본 철수나 국가에 헌납까지 고민할 정도로 어려웠지만 뚝심으로 버텨냈습니다. 그후 다가온 2004년은 결단의 해였습니다. 더 이상 물러설 수 없는 상황에서 경영정상화 대타협을 만들어낼 수 있었던 것은, 어찌 보면 현장경영의 성과가 나타난 것으로 해석할 수도 있습니다. 언론에서는 원칙과 기본을 지켜서 악순환을 끊었다고 평가했습니다. 평가가 고마운 것이긴 하지만 나는 현장을 아니까 더 냉정하게 보았지요. 그래서 2005년은 더 부지런하게 현장에서 살아야 되겠다고 생각하고 실천했습니다.

2005년의 핵심 문제는 통일중공업 노조 조합원들이 통일중공업 경영자와 맺은 2004년 경영정상화 대타협의 결과를 금속노조가 절대로 받아들이지 않는다는 것이었습니다. 복잡해보이지만 이것이 2005년 현장 상황의 본질이었습니다. 그렇게 보면 통일중공업 노사의 2004년 대타협은 금속노조가 있었기 때문에 미완성으로 남을 수밖에 없었던 것이죠. 결국 2005년은 2004년의 연장일 수밖에 없었습니다.

앞서 산별노조와 임단협을 해야 하는 어려움을 언급했었지요. 내 임의로 우리나라 노동계를 독단적으로 평가하기 어렵기 때문에 체계와 운영의 문제만 이야기했는데, 같은 이야기입니다. 개별 사업장의 자기 결정권을 인정해주지 않으면 기업에서 노사간의 협력과 조정은 거의 불가능합니다. 그리고 내가 걱정할 일은 아니겠지만, 역설적으로 이렇게 개별 사업장 조합원의 의사와 다른 결정을 강요하면 오히려 금속노조의 결집력이 낮아질 수밖에 없어요. 그래서 나는 노조의 자주성과 민주성 문제를 심각하게 고민해야 한다고 이야기합니다. 법이 정한 노조의 원칙이기도 하지만 이것은 상식적인 조직 논리입니다. 개별 사업장 조합원이 민주성과 자주성을 경험하지 못하는데 어떻게 상부조직이 유지될 수 있습니까.

그렇다고 금속노조가 있는 한 인수 후 통합은 영원히 실현불가능한 문제냐 하면 꼭 그렇지는 않아요. 그렇지 않다는 것은 두 가지 의미입니다.

첫째, 여전히 내부 조합원이 중요하다는 말입니다. 서울에 본부를 둔, 실체가 있는 금속노조보다 제3자일 수밖에 없는 금속노조의 이름을 핑계 삼아서 회사의 사정과 조합원의 의사를 무시하는 사내 강성 조합원들의 태도가 오히려 더 큰 문제였습니다.

둘째, 금속노조만 문제가 아니라는 말입니다. 금속노조뿐만 아니라 노동계를 지지기반으로 하는 정치인, 모든 노사 대립을 약자에 대한 강자의 횡포로 보는 일부 오피니언 리더들, 항상 문제 자체를 부담스러워하면서 일관성 없이 판단하는 공무원들까지 모두 현장을 혼란하게 하고 현장의 문제를 왜곡된 방향으로 이끌고 있었어요. 한 번도 제조업 현장을 정면에서 직시한 적이 없는 사람들이 피상적으로 산업 현장을 판단하고 결정하기도 합니다.

금속노조는 실체이기도 하고 강성 조합원이 행동하는 어떤 기준이기도 했다는 말씀이네요. 또 그런 사회적 분위기와 제도의 허점도 있고요.

내가 아니더라도, 상식적인 경영자가 통일중공업을 인수해서 경영하려면 당연히 과거의 부실을 털어야 했을 겁니다. 우선 쌓여 있는 부실을 털어야 하고, 다음으로 부실의 원인을 제거해야 했겠지요. 그 과정이 무척 어렵고, 시끄러운 일도 많았을 것입니다. 그런데 시끄럽고 어려운 일이 인수한 경영자의 책임일까요. 그럼에도 인수한 경영자에게 그 책임을 묻는 것이 현실입니다. 과거에 생긴 부실과 부실의 원인은 보지 않습니다. 그것은 인수한 경영자의 몫이라고 생각하지요. 금속노조뿐만 아니라 정치인이나 공무원의 표적이 될 수도 있습니다. 인수한 경영자는 억울하겠지요. 그러면 억울한 사연을 어디에 가서 이야기할 수 있을까요. 이야기할 데가 없습니다. '고, 아니면 스톱.' 선택지는 단 두 가지뿐입니다. 자본 철수, 아니면 억울하지만 계속 경영하는 것. 그런 사실을 아니까 통일중공업 같은 회사는 아무도 인수하지 않으려 했지요.

그렇다고 해서 경영자가 '억울하게 욕먹는 것 아닐까.', '표적이 되면 어떻게 하지.', 이런 신경을 쓰고 눈치를 보면 죽도 밥도 안 됩니다. 인수한 기업도 못 살리고, 욕하는 사람들에게는 지고 마는 것이지요. 그것은 욕먹는 것이나 표적이 되어서 억울한 것보다 훨씬 더 억울한 일일 것입니다.

그래도 믿어봐야지요

●

2005년, 시작부터 통일중공업은 금속노조와 충돌한 것 같습니다.

2004년 경영정상화 대타협을 계속 문제 삼으니까.

그해 노동계의 타깃이 될 수도 있을 것이라 예견하셨겠습니다.

각오도 하신 것이고요.

아무도 안하려는 일에 도전한다는 것은 자신의 모든 것을 던지는 일입니다. 통일중공업을 정상화시키겠다고 마음을 먹은 이상 어느 정도 희생은 각오를 했지요. 비상식적인 상황에 맞서면서 폼도 잡고 회사도 살리는 것은 거의 불가능합니다. 그렇게 각오는 되어 있었지만 어떤 상황일 것이라고 예견하긴 어렵지요.

그해 1월까지 유급휴업 휴가자 전원이 복직 발령을 받았습니다. 2004년 유급휴업 휴가에 들어간 조합원들은 2005년 1월까지 사업조정 상황에 따라 수시로 복직을 해온 것이지요. 그 사이 소재공장에 투자가 되고 물량이 늘어서 인원이 필요했습니다. 그래서 유급휴업 휴가자 복직 과정에서 원직 복귀와 함께 일부는 소재공장으로 파견 발령을 냈습니다. 그런데 파견된 조합원들 중 일부가 출근을 거부하며 장기간 무단결근을 하는 문제가 생겼지요. 원직복직을 해달라는 것이었습니다.

원인은 2005년 노조간부들과 금속노조가 노사 대타협을 부정한 데 있습니다. 금속노조가 2004년 노사 합의를 인정하지 않았기 때문에 형식적으로 완결이 안 된 상태였지요. 그러니까 휴업휴가를 부정하면서 2004년 합의를 뒤엎는 투쟁을 한 것입니다. 그 일환으로 복귀거부 출근거부 투쟁도 한 것이고요. 그들이 조합원 총회에서 67퍼센트 이상의 찬성을 거친 2004 노사 대타협을 보는 시각은 단적으로 이런 것입니다. '당시 노조간부들이 사고를 친 것이다.'

이 투쟁은 지역에서 큰 이슈였습니다. 당시 민주노동당 소속 국회의원이 노조사무실을 방문하는가 하면, 금속노조 수석부위원장, 민주노총 사무총장 등이 창원에 내려와 기자회견을 하고 연대투쟁을 했습니다. 그러면서 출근거부가 2개월이 넘어갔고, 회사는 3월이 되자 징계해고를 할 수밖에 없었지요.

회사는 원칙을 가지고 사규위반에 대해서 징계를 해야 하지만 해고만큼은 매우 신중하게 해야 합니다. 그래서 가능한 모든 방법을 써서 해고를 막기 위해 노력합니다. 즉 해고로 가지 않기 위한 방법을 찾지요. 그런데 아예 출근을 거부하면서 대화를 하지 않으면 회사는

큰 고민거리를 안고 가야 합니다. 기본과 원칙이 무너지면 회사가 무
너집니다. 명백한 사규위반을 그냥 넘길 수도 없는 노릇입니다. 그럼
에도 무슨 수를 써서라도 해고는 하지 않으려고 합니다. 해고를 피할
수 있는 작은 참작사유라도 만들어주려고 오히려 회사가 노력합니
다. 그런데 당시에는 징계대상자들도 어쩔 수 없는 상황으로 갔습니
다. 금속노조, 민노총, 민주노동당 등 노동계가 전부 나서서 같이 투
쟁하겠다는 상황에서, 징계대상자들이 회사와 대화에 나설 수 있겠
습니까. 참 안타까운 시간이었지요.

말하자면 노동계 전체와 회장님의 싸움이 시작된 것인데요.

전국적인 이슈가 되면서 싸움의 규모도 커졌고,

노동계와 정치인까지 가세한 상황이 되었네요. 앞서 말씀하신대로

통일중공업은 '잘못된 유산'이었다는 말이 한층 더 실감납니다.

3월 말이 되니까 금속노조 영남권 노동자 대회를 우리 회사 안에서
하겠다고 하더군요. 사전승인 없이 회사에서 외부인이 대거 들어오
는 집회를 개최하는 것은 불법이라서 인정할 수 없다고 했지요. 2003
년 인수 직후부터 싸우면서 만들어놓은 원칙이라 노조도 내가 물러
서지 않을 것임을 알고 있었습니다. 그랬더니 금속노조 명의의 답신
공문을 만들어서 보내왔습니다.

　'회사가 방산업체임을 인정하고, 외부인들은 신분확인절차와 보안

경남지부
임단투 전진대회

실 확인을 거쳐서 출입하고 법 위반을 하지 않겠다.'

'집회장소를 한정하고 시설과 보안문제는 노조가 보호하고 책임지겠다.'

'외부인의 생산현장 출입을 막고 업무방해가 발생하지 않도록 책임지겠다.'

과거 노조의 습관으로 보면 이 정도 승인요청을 하는 것은 엄청난 진전이라고 평가하는 사람도 있었습니다. 그래서 회사는 몇 가지 조건을 더 붙여서 조건부로 승인을 했지요.

'외부인은 신분확인을 거칠 것, 노조 앞마당까지만 출입할 것, 쇠파이프나 인화성 물질 반입금지, 방화행위 금지, 사내 돌아다니지 않기, 극단적 선동 금지, 강제적인 인원동원 금지, 생산현장 업무방해 금지, 집회시간 준수, 집회 후 쓰레기 청소할 것.'

집회 승인 요청을 원했기 때문에 회사의 조건부 승인을 받아들이는 척한 것이지, 막상 집회가 시작되니까 과격하게 치달아 가더군요. 회사 앞마당에서 회사 대표인 "최평규를 구속하라."고 쩌렁쩌렁하게 구호를 외치더니 급기야 나와 부사장의 인형을 만들어놓고 불을 지르더군요. 신나와 휘발유를 뿌렸는지 무시무시하게 타올랐습니다. 나와 부사장은 이른바 '화형식'을 당했습니다. 사람 이름을 쓴 인형을 만들어서 불을 붙이고, 불이 타오르자 박수를 치며 환호성을 지르고, 그야말로 목불인견이었지요.

화형식이라는 것이 그때도 있었군요. 비이성적인 인간의 광기이지요.

그런 행위는 하는 것이나 보는 것이나 비극입니다.

그렇게 싸움의 판이 점점 커지고 있었네요. 노동계와 시민단체가 가세하고,

창원 시내에서 시위행진을 하고, 노동청과 정당 사무실에 항의방문을 하고,

창원 인근 지역까지 자전거 시위도 했습니다. 회장님을 구속하라는 것이

그들의 요구였고요. 그냥 원칙을 접고 물러설 생각은 안 하셨습니까.

혹은 상황이 두렵지는 않으셨습니까.

나는 대화를 즐기고 타협도 즐하는 사람입니다. 당시도 사업을 26년째 해오고 있었는데 왜 타협을 못하겠습니까. 그렇지만 정상적인 협상이나 교섭을 해야지요. 기본과 원칙을 완전히 무시하는 상황과 타협하지는 않습니다. 물론 시골에서 사업하는 사람한테 정치인들이 압박하고, 공무원들이 나무라면 두려움이 생기긴 하지요. 그렇지만 사업하는 사람들은 조금 길게 볼 줄 아는 힘이 있습니다.

통일중공업이 다시 망해서 성기는 엄청난 결과에 대한 책임이 클까요? 아니면 노동계나 정치인, 공무원들의 압력에 버티다가 엉뚱한 책임을 뒤집어쓰는 것이 더 문제일까요? 어느 것이 더 무거운 책임으로 남을 것인지는 불 보듯 뻔합니다. 기업을 망하게 한다는 것은 엄청난 일입니다. 내 개인이 책임질 수 있는 문제가 아닙니다. 선택의 여지가 없었지요.

그때 내가 직접 써서 직원들에게 보낸 글이 있습니다.

'회사는 절대 과거로 돌아가지 않습니다. 회사는 무책임하게 현재

의 노사갈등을 탓하며 부실 경영을 하지도 않을 것입니다. 그로 인한 사원들의 고용불안이 생기지 않도록 앞만 보고 뚜벅뚜벅 걸어갈 것입니다.'

'이젠 노조활동도 적법한 절차와 원칙을 지키면서 정당하게 해야 합니다. 그러한 노조활동은 지금도 보장하고 있습니다. 그러나 법과 원칙을 무시하는 비민주적인 노조활동에 대해서는 어떠한 일이 있어도 타협하지 않습니다.'

화형식을 광기요 비극이라고 했는데, 그런 충격적인 일들이 또 벌어졌습니다. 5월 초에는 금속노조 경남지부가 통일중공업 자본을 규탄하는 지부 총파업을 하면서 다시 사내 집회를 하겠다고 했습니다. 절차를 무시한 경남지부의 불법파업이었기 때문에 당연히 사내 집회를 불허했고, 경찰도 집회를 불허했지요. 그랬더니 금속노조는 회사 정문 앞에 집회신고서를 붙이고 모이더니, 폭력으로 사내에 진입해서 집회를 열었습니다. 경남지부 소속의 2천 명 가량 되는 노조원들이 회사 안을 가득 메웠지요. 거기서 내 상여를 보았어요. 이 사람들이 최평규의 상여를 거창하게 만들어서 상여식이라는 것을 했습니다. 그 상여를 짊어지고는 시내로 나가고 그 많은 집회 군중이 따라가고요. 나는 창 너머로 그 모습을 지켜보면서 할 말을 잃었습니다. 그 상여는 시내 한복판인 창원병원 사거리까지 나가서 거기서 불태워졌습니다.

참담한 심정을 달래고 담배를 물었는데, 엉뚱하게도 그때 청마 선생의 시구가 떠올랐습니다. '뜨거운 노래는 땅에 묻는다' 라는 시의 마지막 구절이지요.

'…… / 여기 진실은 고독히 / 뜨거운 노래는 땅에 묻는다'

그날 임원실 앞 통로에 몰려왔던 사람들은 3월에 해고 통보를 받은 조합원들이었습니다. 40명의 징계해고된 조합원들이 거기서 고성을 지르고 구호를 외치니까 임원들이 나와서 말리는 상황이었는데, 임원들에게 육두문자로 욕설을 하그 몸싸움이 벌어졌습니다. 집무실에서 소리를 듣고 있는데 점점 심해져서 크게 사고가 날 것 같더라고요. 그래서 말리려고 밖으로 나왔다가 그런 일을 당한 것이지요. 복도 바닥에 내동댕이쳐진 다음에야 가까스로 거기서 벗어날 수 있었습니다.

워낙 순식간에 벌어진 일이고 생각지도 못한 일이어서 처음에는 통증보다는 정신적인 충격이 더 컸습니다. 다른 임원들도 인대가 파열되는 등 크고 작은 부상을 입었고요. 하지만 평소에 사무직 직원들이 자주 겪는 일이었어요. 그러니 회장이라고 아픈 표시도 못 내고 버텼습니다. 저녁에 임원들과 함께 저녁을 먹는데 점점 몸을 움직이기 어려울 정도로 마비가 오고 통증이 심해졌습니다. 그 길로 창원시내 병원에 입원해서 긴급 진단을 받았더니 생각보다 상태가 많이 안 좋았어요. 목 부위의 상태가 특히 심각하다고 하더군요. 담당 의사가 회사 경영진까지 다 부르더니 "서울의 큰 대학병원에 가서 수술을 받지 않으면 하반신 마비가 올 수도 있다."고 말했어요. 그때부터 절대적으로 안정을 취하고 있어야 한다고도 했습니다. 다들 많이 놀랐지요.

그래서 다시 서울 삼성병원으로 후송되었습니다. 다시 정밀 검진을 받았는데 결과는 비슷했습니다. 하지만 수술을 결정하기는 어려웠습니다. 수술을 하더라도 완치될 가능성은 적다고 하고 또 매우 위험한 수술이기도 했습니다. 다행히 삼성병원의 어환 교수라는 분이 그 분야의 전문가인데 수술을 하지 않는 방법으로 치료를 해내는 의사였지요. 거기서 약물치료와 물리치료로 급한 상태는 모면할 수 있었습니다. 다음 중앙 아산병원을 거쳐 경희대 한방병원에서 하루에 침만 100대 이상 맞는 집중치료를 받으면서 회복할 수 있었습니다. 그렇게 거의 넉 달 동안 치료했습니다. 지금도 손발이 저리는 후유증이 남아 있습니다. 매달 검진을 받고 있는데, 이제 나이도 들고 했으니까 그러려니 하고 견디는 것이지요.

지금은 담담하게 말씀하시지만 그때 상태는 매우 위급했다고 들었습니다.
목 척추 3개 부위 디스크가 파열되었다지요. 만약 곧바로 병원으로 옮겨
치료하지 않았으면 큰 불상사가 생길 수도 있었던 상황이었습니다.

솔직히 그때는 몸도 몸이지만 정신적인 충격이 훨씬 더 컸습니다. 내
가 그동안 많은 일을 겪었지만 그런 일은 처음이었거든요. 1990년대
악명 높던 통일중공업으로 되돌아간 셈이지요. 회사가 노동계 전체
의 타깃이 되어서 노사 대타협이 물거품이 되는 혼란에 빠져 있고 집
단 난동과 폭력이 다시 횡행했습니다. 걱정이 한두 가지가 아니었지
요. 그런데 몸을 움직이지 말라고 하니까 병원을 나가지도 못하고 회
사에 출근도 못하고 답답했지요.

과거 언론 자료를 보면 거의 모든 신문과 온라인 매체가
그 사건을 보도하고 사건의 배경을 조명하는 분석기사를 썼습니다.
노조의 시대착오적인 폭력행위를 질타하는 논평이나 사설도 씌어졌고요.

회사가 불미스러운 일로 언론에 보도되는 것은 경영자로서는 여간
부끄러운 일이 아닙니다. 노조는 그렇게 생각 안하겠지만, 어쨌든 노
동조합도 회사의 일부니까요. 그렇지만 전체 노동계가 통일중공업
자본을 타도하자는 분위기였기 때문에, 회사도 실상이 무엇인지 언
론에 제대로 보도되기를 바라게 되었어요. 국민들이 정확히 알았으

면 좋겠다는 바람도 있었고요.

통일중공업 안에서도 그 사건은 상당한 충격이었습니다. 내가 병원에서 치료를 받는 동안 사원들의 자성하는 분위기가 높아져서 폭력추방운동도 벌어졌습니다. 또 언론 보도가 나오기 시작하자 금속노조가 대세인 창원과 경남 지역에선 노동계의 불법과 폭력성을 지탄하는 여론이 형성되었습니다. 사건 직후에는 재계에서도 목소리를 높였습니다. 30대 그룹 노무임원들이 모여서 통일중공업 노조 폭력사태에 정부가 단호히 대처해줄 것을 요청하기도 했고요.

다행히 내가 그렇게 얻어맞고 쓰러져 있었기 때문에 내 이야기나 회사 이야기를 좀더 귀담아 들으려고 했습니다. 그리고 내가 거부해도 기어이 병실까지 찾아와 취재도 더 열심히 해갔지요. 얻어맞은 보람이 영 없는 것은 아닌 셈이었습니다. 병원에 누워있는 모습이 안되어 보였던지 찾아온 기자마다 묻는 말이 있었습니다.

"회장님, 통일중공업을 인수한 일이나 그동안 쏟아부은 애정이 후회스럽지 않습니까?"

"다른 회사들처럼 금속노조와도 적당한 선에서 타협하면 되지 않겠습니까?"

충분히 질문할 수 있는 내용이라고 생각했습니다. 그때마다 나는 머뭇거리지 않고 단호하게 대답했습니다.

"통일중공업을 포기할 수는 없습니다. 보란 듯이 회사를 정상화시킬 겁니다. 제가 먼저 희생하겠습니다. 조합원과 가족들 5천명이 밥줄을 걸고 있는 회사인데요. 다 같이 살아야지요."

여론에 밀려서가 아니라 정말 진지한 반성을 하고 변해야 할 계기였습니다. 집단 폭행에 가담한 사람들도 자기 자신을 돌아보는 계기가 되기를 바랐습니다. 그리고 노동계 지도자들도 그렇습니다. 통일중공업을 압박하면서 통일중공업 노조원들을 그렇게 막다른 골목으로 몰아서 난동을 하도록 부추긴 우리나라 노동계가 반성하는 계기가 되기를 기대했습니다. 나는 조합원들보다는 오히려 노동계 지도자들이나 노동자를 돕는다고 하는 정치인들에 대해서 더 할 말이 많습니다.

조합원의 인생을 정치적 투쟁의 수단으로 삼을 수 있는 권리는 누구도 가질 수 없습니다. 더 많은 사람들이 더 오래 좋은 일자리를 갖기 위해서 지금 좀 참고 고생해서 회사를 정상화시키자는 노와 사의 약속은 구성원의 권리입니다. 그 자체가 존중되어야 합니다. 극단적인 투쟁을 부추기고 나서 회사와 조합원의 인생에 어떤 책임을 질 것인지 말할 수 없다면 개입하지 말아야 합니다. 나는 임원실 복도에서 엄청난 폭행에 당하면서도 그랬고, 병원에서 오랫동안 치료를 하면서도 그 개개인을 탓하지 않으려고 노력했습니다. 그리고 언젠가는 회사도 살고 그들도 살 수 있는 날이 올 거라고 생각했습니다.

내가 병원에 있는 동안 폭력적인 노조를 앞으로 어떻게 할 것인지 궁금해하는 기자들이 많았지요. 그래서 질문을 많이 했어요. 그때 내 대답은 단 하나였습니다.

"두고 보세요. 노조도 틀림없이 변할 겁니다. 시간이 좀 걸릴 뿐이지요. 내가 약속합니다."

그렇지요. 믿어봐야지요. 내가 M&A를 해서 통일중공업에 온 것 아닙니까. 자주 이야기했지만 나는 혼자 왔습니다. 최고경영자 단 한 사람만 바뀐 것이지요. 그런 M&A 케이스는 찾아보기 어렵습니다. 보통 인수를 하면 기존 인력을 내보내고 자기가 데리고 온 인력으로 배치하고 체제를 바꿉니다. 매우 신속하게 하지요. 그럴 때 생기는 문제가 있으니까 필요한 것이 소위 PMI 아닙니까.

그렇지만 나는 혼자 와서 오랜 시간 통일중공업에 있던 사람들과 새롭게 시작했지요. 누가 무리한 일을 하려고 나서면 보통 사람들이

"너 뭐 믿고 그러냐?" "뭐 믿는 구석이라도 있냐?" 이런 말을 하지요. 내가 뭘 믿고 혼자 통일중공업에 왔겠습니까. 만년적자인 기업에다 강성노조도 있는데 말입니다. 바로 사람을 믿고 변화를 믿기 때문에 그랬던 것입니다. 부지런히 일하는 데서 보람을 찾는 것이 사람의 본성이고 그렇게 일하면 회사가 잘된다는 것은 내 경험상 틀림이 없었습니다. 경영자가 솔선수범해서 부지런히 일하면 직원들도 변하고 회사도 반드시 변합니다. 그런 믿음이 없었으면 어떻게 혼자 통일중공업에 왔겠습니까.

나는 기계와 기술을 먼저 알고 사업을 시작한 것을 다행으로 생각합니다. 재무와 돈을 먼저 알고 나서 사업을 했으면 달랐을지도 모르지요. 내 생각의 중심은 기술이고 사람입니다. 돈은 흐르는 것, 유통되는 것이에요. 흐르는 돈이 얼마만큼 얼마동안 내 주머니에 머무는가는 내가 하는 사업의 결과이지 내 일의 과정이나 목표는 아닙니다. 반면에 기술은 끊임없이 변화하고 발전하는 것이지요. 그리고 그것은 공장에서 사람이 하는 일입니다. 하루하루 내 일의 과정은 사람과 기술의 변화를 돕는 것입니다. 조합원이든 아니든 나와 함께 공장에서 일하는 이상 그들이 변화하고 발전하도록 돕는 것이 내 일이지요.

전 사원 스톡옵션 보유

확실히 회장님의 경영 스타일은 남다릅니다. 그 다르다는 것을 언론에서는 '파격'으로 보고 있습니다. 기사를 보면 '파격경영'이라는 말을 많이 쓰거든요. 2005년에는 전 사원에게 스톡옵션(stock option)을 주는 파격이 있었습니다.

스톡옵션은 2005년 연초부터 준비를 한 것입니다. 4월초에 팀장, 파트장부터 지급하기 시작했다가 5월 초에 대주주인 내가 폭행을 당하는 사건이 터지는 바람에 중단되었습니다. 내가 병원에 입원하는 바람에 지연될 것 같아서, 미루지 말고 하라고 지시를 했습니다. 물론 주주총회를 거쳤지요.

인수 3년차에 들어가면서 어찌되었든 흑자가 나기 시작했고 현장이 조금씩 안정되고 있었습니다 중간에 강성 조합원들이 돌출적인 행동을 하기는 해도 현장 조합원들은 달라지고 있었지요. 아까 이야기했듯이 회사 안에서 금속노조 경남지부가 통일중공업 자본을 규탄하는 총파업 집회를 했는데 정작 우리 회사 조합원은 60명만 참가를 했답니다. 조합원의 5퍼센트도 안 되지요. 한 단계 올라선 것으로 보았습니다. 회사의 정상화 가능성이 높아지고 있고 회사 임직원과 내가 모두 확신을 하기 시작했다고 보면 되지요.

그때부터 평소 생각해왔던 일을 시작한 것입니다. 인수직후 삼영이 보유한 신주인수권을 양도한 것은 적자기업에 다니면서 고생한 직원들에 대한 보상인 동시에 다시 시작해보자는 나의 '제안'이었지요. 반면 2005년에 스톡옵션을 부여한 것은 경기 중에 시합이 잘 될 수도 있겠다는 확신을 서로 주고받으면서 '하이파이브'를 한 것으로 보면 됩니다.

'하이파이브'를 너무 세게 하신 것이지요.

제조업 생산직 사원들에게까지 스톡옵션을 준 사례는 찾기 힘들었으니,

파격경영이라고 할 만합니다. 4월 초에 팀장들에게는 3만 주씩,

파트장들에게는 1만 5천 주씩 지급하는 등 총 100명에게 222만 주의

스톡옵션을 주었고, 6월에는 생산직, 사무직 망라해서 총 1,160명에게

1인당 1만 주씩 스톡옵션을 주었습니다.

파격이라는 말이 격(格), 그러니까 기존의 틀을 부순다는 말 아닙니까. 다른 데서는 안하는 일이라는 의미라면 전 직원들에게 스톡옵션을 준 것을 파격이라고 할 수도 있겠네요. 그렇다면 통일중공업을 인수한 것부터가 파격이지요. 노조의 불법행위에 회장이 직접 나가서 붙잡고 말리니까 그것도 파격이지요. 내가 통일중공업에서 월급을 한 푼도 받지 않은 것이나 회사 법인카드를 반납한 것도 파격이라고 했습니다. 회사 돈이 아닌 내 개인 돈으로 설날 보너스를 지급한 것이나, 직원자녀들을 해외로 어학연수 보낼 때도 회사 돈을 안 쓰려고 사비로 보냈는데, 이도 파격이라 했고요. 삼영의 개인 배당금 6억 5,000만 원을 받지 않고 사내 유보금으로 돌린 것도 파격이라고 했습니다. 2004년 노사 대타협도 파격적인 합의라고 했지요.

그러면 내가 경영하는 것이 모두 파격이라는 말이 되는데, 그쯤 되면 이제 파격이라는 말이 무색하지 않습니까. 나를 찾아오는 기자들에게 파격이라는 말을 쓰지 말라고 했더니, '최평규식(式) 경영'이라고 쓰더군요. 이것이 모두 내가 M&A를 하고 인수한 회사를 경영하는 방식입니다. 한 번 망한 회사의 직원으로서 얼마나 힘든 시간을 보냈습니까. 두 번, 세 번 그런 일을 당하면 인생의 많은 시간을 너무 아깝게 보내버리게 됩니다. 이제는 그러지 말자는 거지요. 나는 회사 망하게 하지 않을 테니.

'내가 열심히 고민하고 연구해서 다 함께 사는 방법을 찾을 테니 나를 믿고 따라와 주세요.'

이렇게 부탁하는 것이고 제안하는 것입니다. 하이파이브 시원하게 하는 것, 그것을 '최평규식 경영'이라고 한다면 나는 만족합니다.

과학과 기술의 S&T

●

2005년 6월 3일 S&T로 회사 이름을 바꾸었습니다.

삼영과 통일이 S&T라는 그룹 CI 밑으로 들어가게 되었는데요.

'S'는 삼영의 이니셜에서, 'T'는 통일의 이니셜에서 따와서

둘을 &(and)로 연결한 것입니다.

지금은 공식적으로 과학(Science)과 기술(Technology)로 표시합니다.

사실은 내가 이름 짓는 일에 크게 신경을 쓰지 않았어요. 처음 창업할 때 삼영이라는 이름을 지었지요. 삼영(三榮)은 우리 집안에 부친 대(代)의 항렬이 영(榮)자이고, 어릴 때 선친이 영일섬유화학공업사라는 회사를 경영하신 적이 있기 때문에 거기에서 따왔습니다. 선친의 사업이 일찍 망해서 가족 모두 고생을 많이 했지만 나는 사업을 시작하면서 영자를 쓰고 싶었습니다. 또 선친이 3형제여서 삼영이라고 이름을 붙였습니다. 당시어 이름을 짓는다고 고민을 많이 했던 기억이 없는 것으로 봐서는 나에게는 아주 자연스러운 선택이었던 것 같습니다. 선친이 못 이루신 꿈을 내가 이루어내겠다는 생각도 있었지요. 그 뒤로 사업이 잘되었으니 회사 이름을 크게 바꾼 일도 없었고요.

통일은 물론 내가 지은 이름이 아니지요. 통일이라는 말을 한국 사람들이 싫어할 이유는 없습니다. 그 느낌이 좀 무겁다는 점은 있지만. 그런데 통일교에서 나온 통일이기 때문에 다르지요. 다른 사람들이 별로 흔쾌하게 받아들이는 이름은 아니었습니다. 거기다가 경영에도 실패해서 이미지가 더 나빠졌고요. 만성 노사분규, 만년적자. 1998년 부도 전후부터 2003년 내가 인수할 때까지도 통일은 한마디로 오명(汚名)이었습니다.

그래서 통일중공업에서 오래 일한 직원들에게는 여러 가지로 한(恨) 많은 이름이었지요. 통일중공업에 다닌 직원들은 밖에 나가도 재취업이 안 되는 현실적인 어려움도 있었습니다. 아빠 회사가 어딘지 물어봐도 가족들이 대답을 못할 정도였으니까요. 심각했지요. 임직원들을 위해서나 지역을 위해서나 이름을 바꾸어야 했습니다. 통일중공업을 인수하면서 사명(社名)을 바꾸겠다고 마음을 먹었지만, M&A를 하고 나서 곧바로 사명을 바꾸지는 않았습니다. 바꾼다고 해서 크게 문제될 일은 없었는데 2년 동안 그대로 통일로 갔습니다. 이름까지 신경쓸 겨를이 없기도 했지만, 46년 동안 우리나라 기계공업을 담당한 대기업을 어떻게 역사 속으로 보내야 하는지 고민을 좀 했습니다.

다소 관념적으로 들리겠지만 통일중공업이 우리나라 기계공업에 기여한 공로가 분명 절반은 되는데, 시대가 바뀌면서 나머지 절반의 과오 때문에 오명을 안고 역사 속으로 사라져야 한다는 것이 아쉽기도 했습니다. 그래서 내가 새로운 오너 경영인이지만 과거의 좋은 기억, 한국 기계공업 역사에서 공이라고 할 수 있는 부분에 대해서는 예의를 갖추고 싶었어요. 내가 엔지니어고 20여 년 기계공업을 해온 사람이라서 그랬겠지요. 나는 최소한 회사를 흑자전환시키고 정상화 가능성을 보인 다음에 사명을 바꾸기로 했습니다. 2005년 6월이 그때였던 것이지요.

말 그대로 삼영의 S, 통일의 T로 내가 정했습니다. 그랬더니 Super and Top의 의미로 보이면 좋겠다고들 하더군요. 그래서 내가 기술 중심으로 회사를 키워왔는데, 그 의미를 표시할 방법을 찾아보자고 제안했지요. 그러니까 과학(Science)과 기술(Technology)로 읽자는 안이 나왔습니다. 그래서 바로 결정했습니다. 간단명료하게 사업과 기업의 특징이 드러나는 이름입니다. 그 뒤에 로고 만들고 이미지 만드는 작업은 전문가에게 의뢰했지요.

1990년대 후반부터 브랜드 마케팅 시장이 꽤 크게 성장했습니다. 나는 서비스 산업이나 지식 산업이 발전하는 것은 좋은 일이라고 생각합니다. 실제로 그 산업에서 만들어내는 부가가치가 커지는 것이 전체 산업에 주는 영향도 크고요. 하지만 회사 이름 짓는 문제에 관한 한 구식이고 또 구식을 고집하는 사람입니다.

이름은 형식입니다. 회사 로고도 형식이고요. 형식의 가치는 내용이 결정하지요. 기업의 가치가 이름의 가치나 로고의 가치를 결정하는 것이지 반대로 되는 경우는 없습니다. 삼성, 현대, 엘지가 이름이 멋져서 세계적인 브랜드가 된 것은 아니니까요. 또 소비자를 직접 만나는 소비재로 사업을 하는 경우는 네이밍(naming)의 중요성이 매우 크지만, 기계제조업에서 이름 자체는 그다지 중요한 요소가 아닙니다. 어떤 사회적 맥락에서 문제되지 않는 이름이라면 크게 수고롭지 않게 정할 수 있습니다.

앞서 공장의 외형을 키우기 위한 투자를 미리 하지 않아서
늘 공장을 옮겨 다녀야 했다는 말씀이 생각납니다.
사업의 규모에 맞는 공장의 규모를 고집하신 것처럼 형식이나
포장이 아니라 내용과 실질이 중요하다는 말씀이지요.

그렇지요. 특히 우리나라 사람들은 개인이나 회사나 무슨 일이 잘 안 풀리면 이름 탓을 하고 이름을 바꾸기도 합니다. 오죽 답답하면 그러나 싶은 생각도 들지만 별로 합리적인 행동은 아닙니다. 좀 주술적이지 않습니까. 이름 짓기에 공들이는 것을 보면 그런 심리의 발로로 보이기도 한다는 것입니다. 나는 그런 식으로 이름을 짓지는 않습니다. 그렇다고 네이밍(naming)사업을 탓할 이유는 없습니다. 회사 이름을 바꿀 이유가 있다면 회사 관계자의 적극적인 동의를 만들어내면서 바꾸어야 하고, 바꾼 이름이 시장에서 호평받도록 하는 것도 필요합니다.

맞아요. 사명(社名)을 매개로 해서 기업이 통합된 이미지를 만들어야 한다는 의미의 CI(corporate identity) 작업은 의미가 있습니다. 기업이 주주나 고객과 같은 이해관계자들에게 일관된 이미지를 주는 것은 필요한 일이지요. 또한 기업 내부로는 구성원들이 통합된 정체성 안에서 기업의 철학과 방향을 생각하게 한다는 점에서 중요한 일이고요.

그렇지만 나는 이것조차도 말로 할 수 있는 문제인가 싶습니다. 의문이지요. 말로는 어떤 비전이나 경영철학, 기업의 사명(使命, mission)

도 만들고 선포할 수 있습니다. 그런데 기업에서 그렇게 선포해서 되는 문제는 아무것도 없습니다. 기업에서 비전과 철학이라는 말만큼 공허한 것이 또 있을까요. 힘들여 실천을 해야 해요. 구체적으로 역행(力行)을 해야 비로소 의미가 있다는 말입니다. 또 하나 문제는 경영자가 말로 던져주어서는 직원의 실천을 기대하기 어려운 것이 비전과 철학, 정체성입니다. 기업에서 이런 실천이 아래로부터 스스로 시작되기는 매우 어렵지요. 우리가 잘 아는 말인데 미국 케네디 대통령이 이런 말을 했습니다.

"국가가 나한테 무엇을 해줄지 생각하지 말고 내가 국가를 위해 무엇을 할지 생각하라."

명언입니다. 애국심이 구체적으로 무엇인지 제일 잘 설명한 말이지요. 그런데 이런 유의 애사심을 회사 직원들에게 요구할 수는 없지 않습니까. 국가가 국민에게 요구하는 자발적인 애국심도 어려운데, 애사심이 그냥 생기지는 않으니까요. 하물며 어느날 갑자기 회사 주인이 바뀌는 상황이 바로 M&A인데, 인수한 기업의 직원들에게 애사심이 저절로 생기거나 아래로브터 기업의 경영철학과 비전이 실천되기를 기대할 수는 없는 것입니다.

경영철학과 비전은 공허한 말로 되는 것이 아니라 실천할 때 의미가 있는 것이고, 그것은 물이 위에서 아래로 흐르듯이 기업인이 먼저 솔선수범해야 하는 것입니다. M&A를 한 기업의 경우는 더욱 그렇지요. 그래서 S&T의 경영철학과 기업의 비전으로 계열사와 직원을 하나로 통합하는 일은 여전히 내 역할이라고 생각합니다. 그것도 구체적인 현장에서 하루하루 실천하는 역할 말입니다.

노사상생 공동선언문

다시 현장 문제로 돌아와서 질문을 드리겠습니다.

2005년 8월에는 마침내 노사상생 공동선언문이 나왔습니다.

2004년 경영정상화 대타협을 부정한 상태에서 노사상생 공동선언을 하겠다고

마음먹는 것은 노조 간부들에겐 아무래도 쉽지 않은 일이었을 텐데요.

회장님 폭행사건 이후 악화된 여론을 의식한 것일까요.

노조의 의도나 동기는 문제가 안 됩니다. 노사상생이라는 원칙에 노조 이름으로 동의하고 공동선언을 했다는 것이 중요하지요. 노조 간부들은 당시 M&A 2년이 지나면서 현장이 변하고 있음을 체감했을 것입니다. 2005년 들어서도 세 차례나 금속노조 파업을 했지만 현장 조합원은 거의 동요하지 않고 생산에 전념했습니다. 회장 집단폭행 사건을 거치면서 조합원들의 생각이 바뀌고 태도가 바뀐 것을 다시

S&T중공업 노사상생 공동선언문

대립과 갈등의 시대는 지나가고 있습니다. 21세기는 차별은 반대하되 서로의 차이는 인정하는 다양성과 상생의 시대입니다.

S&T중공업 노사는 시대의 요구와 달리 그동안 갈등과 대립으로 반목의 연속이었습니다. 그러나 지난 8월 16일 창원지노위의 화해조정을 통해 노사는 갈등과 대립이 아닌 화합의 계기를 마련하였습니다.

이는 노사 공히 다시는 갈등과 대립이 아닌 상생과 화합을 다지겠다는 각오와 분발로서 변화와 혁신의 한 길로 매진한 결과입니다. 이세 S&T중공입 노사는 시장과 고객, 그리고 지역사회에 우리의 노사상생의 의지를 밝히고, 나아가 회사발전과 사원들의 일자리 안정과 복지향상을 통해 모범기업으로 거듭나는 노력을 다하고자 합니다.

1. 노사는 M&A 2년만에 흑자기업으로 전환시킨 사원들과 경영진의 노력을 상호 존중하며 그 자부심을 공유한다.

2. 이러한 변화와 혁신을 바탕으로 삶의 터전인 S&T중공업을 2010년까지 <일류 글로벌중공업 기업>으로 도약시킨다는 비전과 목표를 공유한다.

3. 이를 달성하기 위해 노사가 공동으로 회사발전과 일자리안정 및 복지 향상을 위한 노조활동과 경영정책을 펼쳐 나가기로 약속한다.

4. 이에 따라, 노사가 국내 및 해외 물량확보를 위해 노력하며 기업경쟁력 확보에 함께 노력한다.

5. 노사는 불의의 사고로 입원한 최평규 회장의 조속한 쾌유와 복귀를 기원하며, 향후 이러한 사태가 발생하지 않도록 사내폭력행위 근절을 위해 상호 노력한다.

6. 노사는 서로의 신뢰와 화합을 쌓아 나가기 위해 폭력 행위 및 부당노동 행위 등 불법행위를 근절하는데 노력한다.

7. 이러한 노사상생 관계를 바탕으로 일하는 사람들의 희망이 넘치는 S&T중공업을 건설키로 한다.

2005. 8. 24

S&T중공업 주식회사,　　　　전국금속노동조합 통일중공업지회

한 번 확인했겠지요. 대다수 조합원들은 불법과 폭력을 반대했고 거부했습니다. 불법과 폭력을 예사로 하는 투쟁일변도의 노조활동이 설 땅이 사라진 것이지요. 강성노조 간부들이 상황을 왜 모르겠습니까. 그런 현장의 변화를 외면할 수 없게 되었고, 노사상생 공동선언을 인정하지 않을 수 없게 된 것이지요. 노사상생 공동선언을 했다는 것이 곧 현장이 변했다는 말이고, 현장이 과거와 같이 노조의 관리를 받던 때가 아니라는 말입니다.

구체적인 문구도 문구지만, 노사공동 선언문에서 현장의 변화를 보았기 때문에 만족스러웠습니다.

'노사는 M&A 2년 만에 흑자기업으로 전환시킨 사원들과 경영진의 노력을 상호 존중하며 그 자부심을 공유한다.'

이 말에 노조가 동의했다는 것은 의미가 큽니다. 통일중공업을 인수하고 단신으로 들어가 2년여 동안 정성을 다한 경영에 대해서 현장 조합원들이 동의했고, 강성노조 간부들도 동의할 수밖에 없었던 것입니다.

질문했듯이 노조가 불리한 여론에 밀려서 어쩔 수 없는 선택을 했는지는 모르겠지만 그다지 문제 삼을 이유는 없습니다. 또 강성노조를 이끌던 이들이 내면에서 진심으로 승복했는지는 애초에 논의할 이유가 없고요. 원래 내면의 동의까지는 기대만 하는 것이지 알 도리가 없지 않습니까. 현장 조합원이 동의한 방향을 거부하지 못했다는 것이 중요했고, 그래서 2년 만에 통일중공업의 변화는 다시 되돌릴 수 없는 궤도에 올라갔다는 것이 중요합니다.

그 무렵 해고자 문제도 가닥을 잡아갔습니다. 출근을 거부하다 3월에 해고 통보를 받은 사람들 중 절반을 8월에 다시 복직시켰습니다. 복직 협의에 응하지 않은 나머지 절반은 계속 회사의 발목을 잡으려 했고, 노조도 그 문제에 빠져서 다시 많은 세월을 보내야 했습니다. 이런 문제들이 노사 관계를 혼란스럽게 하고 때론 거칠게 몰고 가는 요인이 되기도 했지만, 대세는 현장의 변화였습니다. 강성노조의 돌출 행동이 현장의 변화를 돌리기는 어려웠다는 말이지요.

중요한 것은 흐름이 만들어졌다는 겁니다. 강성노조의 돌출적인 행동이 매번 현장을 장악하던 시절이 지나가고 그런 돌출 행동이 쉽게 극복되는 흐름이 생긴 것이지요. 퇴원하고 다시 회사에 출근하면서 사실상 회사 실무를 대표이사에게 맡겼어요. 그것이 회장으로서 그룹 경영을 준비하는 계기가 되었고요. 그때 대우정밀, 효성기계, 그리고 대우상용차와 대우종합기계 방산부문을 M&A 물망에 올려놓고 있었습니다.

마침내 흑자달성

2004년부터 흑자가 났고, 2005년에도 계속 영업이익을 내면서 흑자였습니다.
흑자라는 말을 들어본 지 오래된 회사라 안팎에서 놀라운 눈으로 보았겠습니다.

2004년은 미미했지만 흑자를 보았지요. 회사가 이렇게 흑자를 내주면 경영하는 사람들은 물론이고 직원들도 힘이 납니다. 2005년부터는 계속 흑자였습니다. 2007년부터는 방산부문을 중심으로 그동안의 투자와 기술개발의 효과가 나오면서 회사의 면모를 일신할 수 있었지요. 이렇게 변화된 것만 하더라도 통일중공업의 역사를 돌아보면 상전벽해 격입니다. M&A 이전에는 상상도 할 수 없는 변화였지요.

그런데 조금 솔직하게 이야기해야 할 부분도 있습니다. 사실 2005년과 2006년은 여전히 어려운 상황이었습니다. 기업의 매출과 이익이 한두 해 사이에 금방 늘어나는 것이 아니거든요. 잘 알겠지만 기업은 정직합니다. 투자 없이 매출이나 이익을 기대할 수는 없습니다. 기술개발에 투자하지 않으면 미래를 보장할 수 없지요. 조금 과장하자면 기업의 존재 이유 중 하나가 없는 것입니다. 이렇게 기업은 끊임없이 투자해야 하지만, 보통 M&A한 기업은 이전에 투자를 제대로 하지 않아서 뒤처진 경우가 많아요. 그래서 M&A 이후에 더 많은 투자가 필요합니다. 통일중공업은 M&A 이전에 거의 10년 가까이 제대로 된 투자가 없었던 회사였습니다. 2005년부터 적자를 면하기는 했지만 회사의 미래를 위한 투자를 할 여력이 없었지요. 물론 직원들 사기를 올려주기 위해서 임금도 올려주어야 하는데 매출이나 이익이 금방 따라오는 것이 아니라서 고민이 많았습니다.

그래서 2005년에는 창원의 공장부지 일부를 매각하는 등 매출 이외의 방법으로 '투자자금', '사업자금'을 마련하기 위해서 여러 가지 노력을 했습니다. 순전히 투자자의 입장에서 타 기업에 주식투자도 했습니다. 그 회사에서는 적대적 M&A를 하는 것 아닌가 오해를 해서 비난도 하고 언론에서는 이것을 받아서 요란하게 보도도 하고 그랬지요. STX, 서한건설, 세양선박 같은 회사들이었습니다. 그때는 내가 순수한 투자이지 다른 목적은 없다고 해도 잘 믿지 않더군요. 그래도 주식투자는 성공적이었으니까 된 것이지요. 그러므로 2005년과 2006년의 경우는 현장이 많이 안정되고 생산성이 향상된 덕분에 적자를 면할 수는 있었어요. 꼭 필요한 투자자금은 땅을 팔거나 주식투자를 통해서 마련했기 때문에 흑자를 낼 수 있었지요.

그러니까 실제로 인수 이후부터 영업이익이 제대로 나는 2007년까지는 재무적으로 미래를 위해서 계속 투자만 하던 시기였습니다. 기술개발에 투자했고, 기계 설비에 투자했고, 직원들의 사기를 위해서 투자한 것이지요.

그렇습니다. 기업이 영속하기 위해서는 반드시 흑자를 내는 사업을 해야 합니다. 거기다가 성장을 하는 게 목표라면 더 많은 흑자를 내야 합니다. 삼성전자가 일본 전자업계 전체보다 많은 영업이익을 냈지 않습니까. 당연히 기술개발에 투자를 많이 하고 있지요. 그 힘이 당분간은 삼성전자를 세계 초일류 기업으로 유지시킬 것입니다.

나는 삼영을 경영하면서 영업이익이 20~30퍼센트까지 나오는 사업을 했어요. 1985년부터 1989년까지 버는 돈의 대부분을 기술개발에 투자한 결과, 1990년대에는 비약적으로 성장할 수 있었지요. 매출과 이익이 늘어나면 더 많이 투자할 수 있었고 더 한층 성장할 수 있었습니다. 선순환이지요. 이것은 특별한 노하우가 아니고 기업의 정상적인 성장 경로입니다. 투자 없이 성장하는 기업은 없습니다.

내가 M&A한 회사들은 주력이 자동차 부품사업이었습니다. 이 사업의 영업이익은 보통 8퍼센트 정도라고 합니다. 삼영과 같은 영업이익을 기대하기는 어렵지요. 그렇지만 8퍼센트 영업이익이 나면 재투자를 통한 사업유지가 가능한 수준입니다. M&A 이후에 당장 8퍼센트 영업이익을 내기란 쉬운 일이 아닙니다. 빨리 이런 선순환을 만드는 것이 중요합니다. 어떻게 해서든 투자여력을 만들어내야지요. S&T중공업의 경우, 3년의 투자 끝에 2007년부터 비로소 투자와 이익의 선순환이 시작되었습니다. 투자와 이익의 선순환, 이것이 경영 정상화의 핵심 요건이라고 보면 됩니다.

M&A의 귀재?

●

지금은 좀 덜하지만, 한때 유행했던 말이지요. 10년 전부터 계속 듣던 말입니다. 그러나 우선 M&A에 놀라운 재주가 있다는 말은 내게 적합하지 않습니다. 통일중공업, 대우정밀, 효성기계를 인수하는 과정을 보면 내게 무슨 특별한 재능이 있었다고 말하기 어렵습니다. 그리고 M&A의 귀재라는 말은 내게 맞는 수식어가 아니라 왠지 불편해요.

요즘은 그 말의 용법이 조금씩 제자리를 찾아가는 것 같기도 합니다. 최근에는 주로 기업 인수금융 업계 사람들에게 그런 별명을 붙이더군요. 사실은 그쪽이 제격입니다. M&A는 잠깐의 인수단계 이후, 기나긴 통합과정 또는 경영정상화 과정을 거칩니다. 그것이 목적이고 본질이지요. 말하자면 인수 이후는 좀 예외적이고 어려운 환경 속에서 기업을 경영하는 것이지, 그 이상도 이하도 아닙니다. 그러니 무슨 신출귀몰한 재주가 있을 수가 없지요.

이른바 인수전(戰)이라고 불리는 단계에서는 때때로 인수금융 전문가들이 놀라운 재주를 발휘하기도 합니다. 온갖 금융기법이 동원되기도 하고 유력자와의 친분이나 지연, 학연이 힘을 발휘하기도 하니까 그런 네트워킹에 탁월한 능력이 있는 사람들이 등장해서 솜씨를 보이기도 하지요. 그럴 때 M&A의 귀재라는 말은 안성맞춤입니다. 또 인수금융 업계에서는 자신의 능력을 최대한 드러내는 것이 몸값을 올리는 항용 수법이기도 하고요. 그런 분들은 M&A의 귀재라는 이름으로 자신의 포트폴리오를 한층 광나게 할 수도 있으니 귀재 소리를 들어 손해를 볼 일은 없습니다.

그렇다고 이 얘기를 인수금융의 역할을 폄하하는 것으로 오해해선 안 됩니다. 다만 M&A를 기업경영의 도전과 기회로 보는 경영인에 대한 평가는 인수전의 승부를 놓고 할 일이 아니라는 것입니다. 기업을 살리겠다는 경영인들에게는 창업이나 인수나의 차이만 있을 뿐 어떤 회사에 자기 재산을 넣어놓고 하루하루 고뇌해야 하는 경영 과제는 별다르지 않기 때문입니다.

인수 자체도 쉬운 일이 아니니까 어떻게 인수할 수 있었는지를 따진다면, M&A를 성공적으로 했다는 평가를 사양할 이유는 없습니다. 운이 좋았던 것도 있으니까요. 좀더 구체적으로 이야기하면 이렇습니다.

통일중공업 인수할 때 이야기는 미리 했지만 내게 무슨 재주가 있어서 인수한 것이 아니었습니다. 당시 CNI네트워크라는 FI(재무적 투자자)가 먼저 인수하고, 회사를 경영할 SI(전략적 투자자)를 찾고 있었지요. 2002년 여름부터 내게 제안을 해왔지만 나는 통일중공업에 별로 관심이 없었어요. 당시 통일중공업을 인수해서 경영하겠다고 나서는 사람을 찾기 어려운 사정이었다는 것은 아실 테고요. 그래도 FI들은 내가 어수룩해보였던지 포기하지 않고 계속 사정하며 졸라댔습니다.

그러던 어느 날, 늦가을 비가 제법 내리던 오후였습니다. 정신없이 바빠야 사고를 안치는데 그날은 간만에 조금 한가한 날이었지요. 차를 타고 창원 팔용동 삼영 공장을 나섰습니다. 그때까지만 하더라도 비오는 차창 밖을 보면서 중년의 애수에 젖어 있었습니다. 통일중공업 옆을 지나는 순간 갑자기 가보고 싶다는 생각이 머리를 스쳤습니다. 충동적이었다고 해도 과언이 아닐 만큼 순간적으로 차를 돌려서 통일중공업으로 향했지요.

법정관리인에게 전화해서 공장을 한번 보고 싶다고 연락했더니 통일중공업 사람들이 안내를 해주더군요. 그날 처음 공장 일부를 보게 되었습니다. 그런데 게이지 룸(정밀측정실)에 들어가게 된 것이 결정적인 계기였습니다. 일반 정밀기계 회사들이 가지고 있는 측정기구나 장비와 비교가 안되는 수준이었습니다. 50평은 됨직한 큰 방 가득 다양한 크기의 게이지(측정치구)가 빼곡히 차 있었지요. 경탄을 금치 못할 수준이었습니다. 40년 이상 한국 정밀기계공업을 일구어온 회사의 저력이 어딘가에 숨어 있다는 증거였습니다. 초정밀기계공업을 담당할 수 있는 회사라는 판단을 했습니다. 그리고 방산공장의 기계 하나하나를 살펴보면서도 다시 놀랐고요. 그날 바로 결심을 굳혔습니다. 그냥 그대로 사라지게 내버려둘 회사가 아니라는 생각을 했지요. 축적된 기술력이 사장될 수 있다고 생각하니 아까워서 마음을 급하게 먹었던 것입니다.

통일중공업 인수 이후에 2005년부터 대우종합기계, 대우상용차, 대우정밀 등 과거 대우그룹 계열사의 인수를 추진합니다.

통일중공업 인수 이후에는 기업 인수 제안이 많았습니다. 그때도 마찬가지로 첫번째 기준은 기술력이었습니다. 두번째 기준은 통일중공업과의 시너지 효과였고요. 최대의 시너지를 낼 수 있는 기업은 관심을 가졌지요. 그때 물망에 오른 기업이 대우종합기계, 대우상용차, 그리고 대우정밀이었습니다. 3개사 모두 인수전 결과는 시원치 않았습니다. 다행히 대우정밀은 운이 좋아서 인수할 수 있었지요. 이런

것만 보아도 내가 특별한 달란트를 발휘하지는 않았음을 알 수 있습
니다.

대우종합기계는 1970년대까지 국내에서 처음으로 대소형 자동차
엔진, 전동차, 공작기계를 생산하던 한국기계가 전신입니다. 과거 대
우그룹에 편입되어 대우종합기계가 되었다가 그룹해체와 더불어 은
행관리로 넘어간 회사였습니다. 첫째로 한국 기계공업의 효시라고
할 만한 기업으로 역시 기술력이 있는 회사였습니다. 놓치기 아까운
것은 기술이었지요. 둘째로 당시 대우종합기계에서 만들던 국산 장
갑차의 트랜스미션과 포를 통일중공업이 만들어 공급하고 있었습니
다. 전후방 시너지가 분명히 있었지요. 내가 가진 두 가지 기준을 만
족시켰습니다.

당시 몇 개 회사가 인수전에 참가했는데 통일중공업은 방산부문에
들어갔고, 상용차부문에 들어간 기업도 있었습니다. 그렇게 나누어
인수를 했으면 좋았을 텐데, 두산그룹이 방산부문과 상용차부문을
함께 인수하겠다고 나오는 바람에 지고 말았지요. 아쉬웠습니다.

대우상용차는 대우자동차의 상용차부문이 그룹 해체를 하고, 2002
년 신설법인으로 분사한 회사지요. 역시 당시까지 최고 품질의 트럭
을 만들던 기술력 있는 회사였습니다. 당시 대우의 트럭과 버스는 현
대차가 따라오기 힘든 독보적인 지위에 있었습니다. 통일중공업이
트랜스미션과 차축을 납품하고 있어서 역시 시너지를 기대했지요.
인도 타타그룹과 양자 대결이었는데 역시 지고 말았습니다.

대우정밀 역시 대단한 기술력을 가진 회사였습니다. 박정희 대통

령이 정밀조병의 포부를 가지고 지금 그 자리에 군 조병창을 만들고 미국 콜트사의 기술과 장비를 그대로 가지고 와서 우리 군에 보급하는 소총을 처음 만들었습니다. 1980년 이전에 유일하게 정밀기계공업을 하던 곳입니다. 민간기업화하면서 대우그룹에 넘어갔고 국군의 모든 소총을 공급하는 방산 사업과 대우자동차에 승용차 부품을 공급하는 사업을 주력으로 성장했습니다. 1980년대 최초로 국가가 주는 품질관리대상을 받은 회사이고, 당시 정밀기계와 관련된 품질교육은 주로 대우정밀에서 실시되기도 했었지요. 또 통일중공업과는 완벽하게 보완되는 사업 포트폴리오를 가지고 있었습니다. 상용차와 승용차, 중대구경 기관총과 소총, 이렇게 나누어져 있었기 때문에 상호보완 효과가 더 커질 수 있었습니다. 그리고 통일중공업의 소재사업과 대우정밀의 다이케스팅 사업의 전후방 시너지 효과도 보았지요.

그런데 막상 효성과 인수전을 벌이고 보니 효성이 1등, S&T가 2등이었습니다. 진 것이지요. 씁쓸하게 패배를 음미하고 있는데, 갑자기 효성이 인수 포기를 선언합니다. 그런 일은 흔치 않아요. 포기 이유는 '대우그룹과 관련된 우발채무가 예상보다 너무 많다.' 는 것이었습니다. 어리둥절했지만, 1등이 포기했으니 2등인 우리가 우선협상대상자가 되어서 최종 인수협의를 진행한 것이지요. 효성이 말한 대우그룹 관련 우발채무는 내가 보기엔 그렇게 많지 않았어요. 보통 에스크로우 수준으로 커버가 될 것으로 보았지요. 그래서 계약했습니다. 나중에 전해 듣기로는, 당시 대우자동차가 과거 그룹 부품사인 대우정밀에 계속 발주한다는 보증이 없었기 때문에 효성은 자동차 부품

사업을 해나갈 기술개발과 지속적인 투자에 자신이 없었다고 합니다. 만일 달란트라고 한다면, 효성과 다른 판단을 할 수 있었던 것 정도가 되겠지요. 운이 좋았습니다. 인연이 있었던 것이지요.

재미있는 이야기 하나 할까요. 대우정밀을 인수하고 부산 본사에 있는 관사에 들어갔는데 거기에는 오래 키우던 두 마리의 암수 개가 있었습니다. 그런데 10년간 새끼를 한 마리도 못 낳았다더군요. 그래서 내가 진돗개 두 마리를 사왔어요. 그런데 이 진돗개가 정말 왕성하게 번식을 하는 것입니다. 새끼를 낳으면 주로 계열사 직원들에게 분양했는데 지금까지 몇 대를 내려갔는지 모르겠지만 그 자손이 200마리를 넘었다는 이야기도 있습니다. 토끼도 키우는데 그놈들도 번식이 잘되었지요. 사람들은 내가 그 땅에 인연이 있다고 합니다. 그 동네 토박이들 말로는 원래 그 땅의 지세가 너무 세서 가축 번식이 안 되는데 내가 기운이 강해서 그 지세를 꺾었다고 합니다. 아무튼 인연이든 운이든 S&T대우에서는 재미있는 일이 많았어요.

효성기계의 경우, 지금 팔용동 S&TC 부지가 원래 효성기계 땅이었습니다. 창원으로 공장을 옮기려고 장소를 물색하던 중 경매로 나와 있던 땅을 샀지요. 그래서 S&TC와 효성기계는 가까이 있었고 자연히 오가던 중에 보고 있었습니다. 그러다가 2005년경 엔진공장을 둘러볼 기회가 있었습니다. 우리나라 오토바이 공장에서는 150cc급 엔진만 만드는 줄 알았는데, 당시 효성기계는 250cc, 500cc, 그리고 650cc까지 엔진개발을 마쳐놓았습니다. 그때 대림 오토바이는 150cc 엔진까지만 만들 수 있었지요. 기술 차이가 컸습니다. 인수 이후 기술 개발은 계속되었고 최근에는 700cc 엔진까지 개발을 했습니다. 그것은 경차급 자동차 엔진(850cc)까지 만들 수 있다는 말입니다. 그 때도 역시 기술을 보고 나서 관심을 갖고 있다가 대주주의 지분인수 제안을 받아들여 인수하게 된 것입니다. 기술에 관심을 가지고 본 것 외에는 이 역시 별다른 재주가 통했던 일은 아니었습니다.

말하자면 내가 가진 안목은 오직 기술입니다. 기술력이 있는 기업은 다른 핸디캡이 있어도 경영을 할 수 있지만 기술력이 없는 기업은 다른 조건이 좋아도 경영을 잘하기 힘듭니다. 나는 기술을 보고 투자합니다. M&A를 성사시키기 위해 어떤 기법을 사용하느냐는 그 다음 문제지요. 조금 넓게 보면 M&A는 기업이라고 하는 큰 사회적 자산의 오너십이 교체되는 것입니다. 그런데 그 사회적 자산 중에서 어떤 부분을 중요한 자산으로 보느냐는 생각이 다를 수 있겠는데요. 나는 오래 축적된 기술이라고 생각합니다. 기업만이 아니라 사회가 포기할 수 없는 자산이지요. 그리고 한 기업어 축적된 기술은 그 기업의 과거이고 미래입니다. 기계공업의 M&A는 과거를 보고 미래에 투자하는 것입니다. 그리고 인생을 걸고 전력투구하는 것이지요.

변화, 그리고 변화관리

2006년 대우정밀을 인수했습니다. 통일중공업 인수 때와 비교해서

그룹의 면모가 훨씬 성장했고 사업범위도 넓어졌습니다.

2006년부터는 언론에서도 삼성, 현대 등 1세대 이후에 2세대

신흥기업군으로 S&T그룹을 조명하곤 했는데요.

그렇지요. 그룹의 규모가 커지고 사회적 영향력도 커졌지요. 그리고 사업의 범위도 넓어졌습니다. 그렇지만 내 경영 방식에는 큰 변화가 없었습니다. 출범식에서도 현장경영을 하겠다고 강조했습니다. 투명경영을 하겠다고 했고, 노사상생하자고 했습니다. 예전만큼 현장에 더 천착하고 들여다보지 못할까봐 걱정은 되었지만 조금만 더 부지런하면 된다고 생각했습니다.

기업이 커지고 사회적 기대가 커진다는 것은 숙제가 많아진다는 것 이상의 의미는 없습니다. 더 열심히 해야 할 뿐이지요. 언론의 과찬은 허망한 것이기도 합니다.

그때 S&T와 같이 신흥그룹 대표주자로 이름이 오르내리던 기업 중에서 지금 부도가 나거나, 기업주가 감옥에 가 있는 회사도 있습니다. 기회가 있으면 당시 기사와 최근 언론 보도를 한번 비교해 보세요. 세인의 평가는 그렇게 헛된 것이기 쉽습니다. 기업 경영은 머릿속에서 생각한 대로 되는 것이 아니기 때문입니다. 그림 그리면 현실로 변하는 것도 아니고요. 경영은 고난의 과정입니다. 기업 하는 사람이 조금만 게으름 피우고 딴 생각하면 시쳇말로 한방에 가기 십상입니다.

한편으로는 주식회사가 상장을 하면 주가를 염두에 두지 않을 수 없는데, PR(홍보)이나 IR(투자설명)을 과장되게 하는 경우도 있습니다. 그러나 길게 보면 대중의 평가가 기업의 실제 가치를 왜곡시키지는 못합니다. 그래서 나는 크게 연연하지 않습니다. S&T 주식들이 항상 저평가되어 있다는 소리를 듣지만 말입니다. 경영인이 하루하루 경영을 열심히 하다보면 기업도 커지는 것이지요. 그러다가 좀 어려워지면 더 노력해서 살아남아야 하고, 그렇게 고행(苦行)을 하는 것입니다.

2006년 9월 13일 S&T대우(이 책을 출간하는 동안 S&T그룹의 주력회사인 S&T대우가 사명을 S&T모티브(S&T Motiv)로 바꾸었습니다. S&T모티브는 '세상을 이롭게 하는 모든 변화의 중심'이 되겠다는 정신에서 나온 이름입니다. 급변하는 경영환경에 새로운 기술과 혁신하는 경영으로 도전하겠다는 의지의 표현입니다. 이 책에서는 S&T대우로 표기합니다.)로 새출발을 했습니다. 알다시피 부산은 기업의 역외 유출이 심각했습니다. 산업공동화가 심해졌지요. 부산 토박이 기업이라고 볼 수 있는 대우정밀을 누가 인수했는지에 대해 관심이 많았습니다. 한진중공업, 르노삼성과 함께 부산지역 매출 3위 안에 드는 기업이니까요.

대우정밀이 빨리 새 주인을 찾아서 경영이 정상화되어야 한다고 조바심을 내던 차에 S&T가 인수를 한 것입니다. 출범식에는 임직원 1200명과 함께 부산시 부시장과 부산상의 회장을 비롯해 지역 기관장, 단체장 등 300여 명이 참석해서 축하를 해주었습니다. 통일중공업을 인수해서 단기간에 안정시킨 S&T에 대한 기대가 컸지요. S&T대우를 어떻게 경영할 것인지 관심이 많았고 지역경제에 활력을 줄 것으로 기대했습니다. 한마디로 통일중공업을 인수할 때와는 다른 분위기였지요.

그렇지만 노조문제는 여전히 걱정하는 소리가 많았습니다. 기자간담회에서 묻기에 나는 이렇게 말했습니다.

"노조문제는 시간이 걸립니다. 20년 이상 무리한 투쟁을 해왔는데 하루아침에 변하지 않지요. 3년 반 정도 S&T중공업 경영을 해보니까 노조도 변하더군요. 사내 노사관계보다는 외부 노동계와의 관계가 어렵습니다. S&T대우는 과거 S&T중공업과 다르므로 걱정하지 않습니다. 대화가 됩니다. 대화만 되면 문제는 풀립니다.”

인수 당시 S&T대우의 경영상황은 어땠습니까.

회사가 하루 벌어 하루 먹는 상황이더군요. 현금 잔고가 바닥이었습니다. 그달 GM대우에서 받은 매출어음을 할인해서 쓰고 나면 남는 것이 없었지요. 기업 경영하는 사람들은 그런 상황을 보고 바로 망한 회사라고 합니다. 그런데 이전 대우그룹에서는 일반적인 자금운용 방식이었습니다. 기업군을 끝없이 확장하면서 그룹 차원의 빠른 자금회전이 필요했겠지만 개별 기업의 자금은 아무런 여유가 없었지요. 하지만 그것은 긴급한 상황에 대처하거나 빠른 경영판단을 할 수 없기 때문에 위험한 방법입니다.

인수하고 보니 S&T대우의 현금 잔고는 딱 10억 원이었습니다. 나는 인수 직후에 곧바로 300억 원 유상증자를 결정하고 제3자 배정방식으로 실행했습니다. 그룹 해체 후 서울에 있던 재무팀도 부산 본사로 불러내렸지요. M&A 직후에 대규모 유상증자를 하는 것이 드문 일이었으니까 업계에서는 놀라기도 했습니다. 당시에 S&T대우는 자동차부품사업의 활로를 열어야 하는 때였습니다. 그래서 유상증자를 통해서 경영정상화와 스피디한 경영 판단을 하기 위한 자금을 만들었습니다.

한마디로 인수 이전 대우정밀은 자동차 산업의 큰 변화의 물결 속에서 흔들리고 있었습니다. 과거 대우정밀은 계열사인 대우자동차의 부품공급업체였지요. 대우차가 워크아웃에 들어가기 직전인 1998년 내수시장 점유율이 32퍼센트를 넘었으니까 대우정밀도 대단한 호황을 누렸습니다.

대우그룹이 해체되고 부도처리가 되면서 대우차 점유율이 11퍼센트대로 떨어져서 대우정밀 역시 어려움을 겪었습니다. 하지만 그때까지는 과거의 관계를 유지하고 있었습니다. 그런데 2006년 당시 대우정밀은 더 이상 GM대우의 부품공급업체로 안정적인 매출처를 갖고 있던 상황이 아니었습니다.

2002년 GM이 대우자동차를 인수하자 당장 GM대우차와 관계가 공식적으로 끊어진 것입니다. 한동안 과거 계열사로서 누리던 공급자의 지위는 유지되었지만 2006년에 이르면 그마저도 내놓고, 다른 부품사들과 수주 경쟁을 해야 하는 처지가 되었지요.

사실은 1997년 외환위기 이후 10년은 국내외 자동차 시장이 재편

되는 시기였습니다. IMF 위기가 계기가 되었지만 중국시장이 떠오르면서 세계 자동차 업계가 아시아로 몰려오던 시기였습니다. 국내 완성차 업체인 현대, 대우, 기아, 쌍용이 글로벌 플레이어들과 경쟁하고 협력하면서 시장을 다시 짜고 있었지요. 결국 기아는 현대기아로 합쳐지고, 대우는 GM대우로 합쳐졌습니다. 삼성은 르노와 함께 르노삼성으로 국내 생산을 시작했지요. 나중에 중국 상하이자동차(SAIC)가 쌍용자동차를 인수했다가 실패하고 최근 다시 인도 마힌드라 그룹이 인수했지요.

완성차 업계가 변화할 때 상식적으로는 국내 부품업계도 적극적으로 대응하면서 관계를 다시 짜고 변화를 모색할 것 같은데 실제로는 그렇지 못했습니다. 현대기아차그룹은 과거 현대정공을 자동차부품 전문 모비스로 전환하고 부품을 모듈화해서 그 아래 부품업체를 수직적으로 정렬시킨 사업 모델을 만들어냅니다. 그것은 현대기아차가 세계적인 경쟁력을 갖추게 된 이유 중 하나가 되었고 최근까지 부품 경쟁력 면에서 성과를 내는 모델입니다.

대우정밀 같은 대우차 계열 부품업체들은 별다른 변화를 못하고 있던 중에 GM과 만나야 했습니다. 아쉬운 것은 대우정밀과 한국델파이가 함께 규모를 키우고 경쟁력을 키우는 방법을 찾지 못하고 세월을 보낸 것입니다. 국내 자동차산업의 경쟁력 면에서는 매우 아쉬운 일입니다. 모비스와 같은 모델의 부품사가 하나 더 생겨서 서로 경쟁하면서 중국을 비롯한 세계 시장에 도전해보았으면 우리나라 부품사업의 경쟁력이 달라졌을지도 모릅니다.

그 무렵 GM은 신차 개발을 계획하면서 부품공급 체계를 바꾸겠다고 했습니다. 이른바 '글로벌 소싱(global sourcing)'이라고 하지요. 세계 각지의 완성차 공장들이 각각 로컬 부품업체로부터 부품을 공급받았는데, 전세계 부품공급 업체 중 선정된 업체가 세계 각지의 완성차 공장에 부품을 일괄 공급하도록 체계를 바꾼 것입니다. GM 신차 프로그램인 '300시리즈'부터 적용하기로 되어 있어서 2006년 S&T대우는 목전의 '300시리즈' 신차의 부품공급이 가능한지 확신을 못하는 상황이었습니다.

적자가 많지는 않았습니다만, 미래가 불확실한 회사였지요. 다른 고객이 없는 상황이라서 GM 신차 수주가 안 되면 곧 자동차 부품업계에서 재하청 업체로 포지셔닝될 수밖에 없었고요. 회사의 미래를 보장할 수 없는 상황이었지요. 사실상 회사의 주력사업이 존폐의 위기에 처한 것입니다.

그런데 대우정밀은 그토록 급속하게 변화하는 상황에 대응할 준비가 전혀 되어 있지 않았습니다. 글로벌 경쟁으로 인해 시장은 변화하는데 스스로는 변화할 준비가 전혀 되어 있지 않았던 것이지요. 2006년 인수 직후는 GM 글로벌 소싱 대응 전략과 또 동시에 고객 다변화 전략을 만들고, 신차 부품수주에 사활을 걸 수밖에 없는 때였습니다. 요컨대 M&A 이후 S&T대우의 경영정상화 과제는 부실을 털어내는 일과 동시에 당면한 자동차 산업의 글로벌 경쟁 속에서 살아남기 위한 전략적인 결단을 하는 것이었습니다. 변화의 방향과 비전이 필요했지요.

S&T대우는 S&T중공업과 마찬가지로 금속노조의 전통이 강한 노조였기 때문에 비슷한 경로를 거쳤습니다. 부산에서 한진중공업과 대우정밀은 금속노조의 양대 축이었으니까요. 그렇지만 2006년 부산의 S&T대우 노조와 2003년 창원에서 본 S&T중공업 노조는 차이가 있었습니다.

노동조합도 다른 조직과 마찬가지로 지나 온 연혁이 있으니까요. 그 조직만의 특성이 있지요. 두 회사 노조를 단순하게 비교하기는 어렵습니다만, 먼저 회사의 상태가 좀 달랐습니다. 통일중공업은 자체로 부도가 난 이후 장기간 임금을 체불할 만큼 어려웠지만 대우정밀은 그룹이 해체되어서 워크아웃에 들어간 경우이기 때문에 직원들의 경제적인 어려움은 덜 했습니다. 그래서 현장 분위기도 달랐겠지요. 통일중공업은 노조원들이 폭압적으로 현장을 관리하거나 회사의 현장

관리가 아예 차단되는 상황이었지만 대우정밀은 그렇지 않았습니다.

두번째로 통일중공업 노조는 극단적인 투쟁으로 일관해왔습니다. 조합원은 회사가 아니라 노조를 중심으로 사고하고 행동했습니다. 그러나 대우정밀 노조는 대우그룹이 해체된 후 한동안 큰 노사분규가 없었습니다. 조합원의 생각의 중심이 회사를 벗어나지는 않았지요. 예컨대 파업 중에는 고객사 생산라인이 정지되는 것을 막으려고 회사가 많은 노력을 합니다. 그래도 납품을 제때 못하는 경우가 생기지요. 통일중공업 시절에는 노조가 오히려 기뻐하더군요. 환호성을 질렀어요. 그런데 S&T대우 노조는 간부들이 혹시 납품을 못하지는 않았는지 걱정하며 물어봐주곤 했습니다.

세번째로 두 회사 노조를 단순하게 비교하기 어려운 것이, 시간이 흘렀던 것입니다. 같은 금속노조라도 2003년에 인수한 회사 노조와 2006년 인수한 회사 노조는 다르겠지요. 3년의 시간이 노조와 조합원을 비켜 지나가지 않았을 것이니까요. 대체로 2006년에 이르러서는 노조의 폭력적이고 불법적인 투쟁방식이 현장에서 제대로 수용되지 않았고, 여론 설득력도 떨어진 상태였습니다. 특히 폭력적인 노조의 행동이 사회적으로 더 이상 용인되기 어려운 분위기였습니다.

그밖에도 여러 가지 차이점이 있었지만 공통점은 회사의 주인이 바뀌면서 조합원이 갖는 불안감이었습니다. 사람들은 불만족스러운 현상이 유지되는 것이 불안하다고 말은 하지만 실제로는 그런 상황조차도 변하는 것을 더 두려워하는 법입니다. 그래서 보통 책에서는 기업이 변화를 관리하는 데서 제일 중요한 것이 변화의 목표와 비전을 제시하는 것이라고 이야기합니다. 맞는 갈입니다. 그런데 노조와 생산현장에 변화의 목표와 비전을 제시하는 것이 쉬운 일이 아닙니다. 벽을 허물고 신뢰를 쌓아가는 과정이 필요합니다. 변화의 방향과 비전을 제시하는 일은 경영자가 말이 아니라 실천으로 보여주어야 합니다. 시간이 말을 하게 하는 것이어서 결국 다시 현장경영으로 돌아오지요. 내가 S&T대우에서 한 일이 바로 그것입니다.

그렇게 볼 수 있지요. 조합원의 불안은 충분히 이해할 수 있는 것입니다. 그런데 불안의 원인은 변화였습니다. 조합원은 회사가 인수되었으니 고용도 불안할 수 있고, 바뀌는 회사 정책 하나 하나가 자신들에게 위협이 되는 것은 아닌가 하고 신경을 곤두세우기 마련입니다. 그래서 회사는 변화의 이유와 변화의 편익을 설명하고 설득하지요. 어려운 말로 변화관리라고 하는 것이지, 따로 답이 있는 것은 아닙니다. 현장에서 소통하면 되는 것입니다 다만 시간이 걸리지요.

문제는 회사가 시도하는 변화가 회사 경영정상화라는 목표를 가지고 있는 변화이고, 그래서 시간은 걸리더라도 중간에 포기하면 안 되는 변화라는 것입니다. 변화도 시급성과 중요성을 기준으로 나누어서 우선순위를 정하고 관리 가능한 방법으로 진행해야 합니다. 시급하고 중요하며 반드시 이뤄내야 하는 변화 중 하나가 임단협이었습니다.

'인수 이전에도 중앙교섭에 참석하고 금속노조 시스템에 따라 임단협을 해왔다. S&T도 금속노조를 인정하고 중앙교섭에 참석해야 한다.'는 것이 노조의 현상유지 요구였습니다. 나는 그것이 바로 변화되어야 할 문제라고 생각하고 이야기를 시도했지요. 제가 말한 주요 내용은 다음과 같습니다.

'S&T대우의 경영정상화를 위해서 할 일이 많다. 사업구조조정도 필요하고 조직도 변경되어야 하며, 비효율적인 요소는 제거해야 한다. 이러한 변화는 사내에서 노조와 회사가 대화로 풀어야 할 문제다. 지금 금속노조와 해결할 수 있는 문제가 아니다. 오히려 문제만 커지고 해법은 안 나온다.'

S&T대우의 승용차 사업과 S&T중공업의 상용차 사업은 같은 자동차

부품사업이지만 완전히 다른 페이지의 이야기입니다. 사실상 소비재와 생산재로 구분이 된 지 오래 되었어요. 승용차 사업의 특징은 빠른 시장의 변화에 따라 계속되는 기술 변화, 모델 변화, 디자인 변화, 그리고 생산량의 변화에 있습니다. 한마디로 '끊임없는 변화' 입니다. 더구나 갈수록 변화의 속도가 빨라지고 있지요. 1990년대 중반 이후 10년 동안 급격한 산업의 변화를 겪었습니다. S&T대우는 대우그룹 해체 이후에 변화하는 상황에 대응하는 내부의 변화가 없었으니 대응 준비가 안 되었던 것입니다. 높아지는 글로벌 경쟁의 파고에 방향 없이 출렁거리고 있었지요. 언제 좌초할지 모르는 위기 상황이었습니다. 아마도 그때 그대로 2008년 GM 위기를 맞았으면 지금쯤 이런 이야기할 형편이 아니었겠지요.

노사관계도 그렇습니다. 가뜩이나 인수된 회사의 직원, 조합원들은 불안한데 회사의 변화 방향에 아무런 이해가 없는 금속노조가 개입하고 전국적인 노동계 이슈로 투쟁을 하자고 하니까 임단협에서 사업장 노사가 머리를 맞대고 풀 수 있는 문제가 아무것도 없는 것이지요.

S&T중공업은 2005년부터 금속노조를 포함한 노동계 전체의 타깃이 되었지 않습니까. 부산에 와서 S&T대우를 경영하면서도 피할 수 없었지요. S&T대우에서도 일단 금속노조를 인정하라는 것이 주된 요구였습니다. 문제는 사내가 아니라 금속노조 관계였으니 당연히 금속노조를 사내로 끌고 들어오는 꼴이 되었지요. 이것이 인수하고 출발점에 선 S&T대우 노조와 나의 상황이었습니다.

S&T대우가 제시한 노사관계 변화의 방향은
'노사상생'과 '노사자율'입니다. 회장님 입장에서는 공무원도 금속노조도
모두 회사와 직원을 살리는 데 무익(無益)한 제3자인 것이고,
제3자가 회사 노사자율에 끼어들면 결국 유해(有害)한 존재가 된다는
말씀으로 이해됩니다.

나는 지금도 개별 사업장 노사의 자율적인 결정이 최우선시되어야 한다고 생각합니다. 이것은 기계제조업 공장을 지키고 부도난 회사를 살려본 경영인으로서 내 양심의 판단입니다. 그렇지 않고 현재의 금속노조 방식으로 임단협을 계속하고 투쟁을 계속하면 노사관계는 왜곡되고 생산현장의 안정은 매년 위협받을 수밖에 없습니다. 장기적으로 회사와 조합원 누구에게지도 전혀 도움이 안 됩니다.

2006년 인수 직후 처음으로 임단협이 시작되었는데, 예상대로 '금속노조를 인정하라.' 그리고 '금속노조 중앙교섭과 지부집단교섭에 참석하라.'는 것이 전제조건이었습니다. 금속노조 3단계 체계에 따라서 교섭하지 않으면 사내 노조와는 대화도 교섭도 안 된다는 것이었지요. S&T중공업에서 한 것처럼 계속 부분파업을 이어가자 회사는 직장폐쇄를 할 수밖에 없었습니다. 그해 임단협은 연말이 다 되어서 끝이 났습니다. 인수 첫해를 임단협과 파업사태로 보낸 것이지요. 그리고 2007년은 인수 2년차에 접어들어 노사분규를 하고 있을 시간이 없었습니다. 그런데 임단협이 시작되자 또다시 동일한 요구가 가로막고 있었습니다. 그런 이슈가 2006년과 2007년 인수 직후 회사

경영의 발목을 잡고 있었으니 한심한 일이지요.

그런데 그때 S&T대우와 함께 금속노조의 양대 핵심 사업장이라 할 수 있는 한진중공업은 꼬박꼬박 참석을 했다고 합니다. 그래서 "한진은 하는데 왜 S&T는 참석을 안 하느냐."고 따지는 노조 간부도 있었습니다. 그렇게 외면적으로는 금속노조에 고분고분 따라가 주었던 한진중공업이 2011년에는 대규모 정리해고를 하고 노사 대화조차 안 되는 단절 상황으로 간 것을 보면 아이러니입니다. 금속노조가 보기에는 그야말로 깜짝 반전이었겠지요.

2007년 임단협도 금속노조를 인정하라는 요구 때문에 사내에서는 노사 대화나 교섭도 제대로 이루어지지 않았습니다. 그러던 중에 금속노조가 '중앙교섭 쟁취'를 위해 7월 18일부터 파업을 시작했습니다. 7월 20일에는 금속노조 부산양산지부가 S&T대우 사내에서 중앙교섭 쟁취를 위한 집회를 하겠다고 했습니다. 소속 조합원들에게 총동원령도 내려졌다고 하더군요. 경찰도 매우 긴장했었지요. 그 집회를 불법집회로 규정하고 집회를 막기 위한 경찰병력을 회사정문에 배치했습니다.

그날 회사 정문 앞에 1,000여 명의 금속노조 부산양산지부 조합원들이 모였어요. S&T가 눈엣가시 같았던 금속노조는 많은 군중을 이용해 회사에 진입해서 타격을 주려고 했습니다. 결국 한진중공업, 대우버스와 같은 부산양산지부 소속 강성노조원들이 경찰 저지선을 뚫고 들어와서 회사를 쑥대밭으로 만들고 말았습니다. 술에 취해서 죽창까지 들고 다니면서 이들을 막던 사원들을 사정없이 폭행했지요. 그날 사원들 수십 명이 중경상을 입고 피를 흘리는 사태가 일어났습니다. 눈 뜨고는 못 볼 장면이었어요. 근처 병원 응급실은 사원들로 가득 찼습니다.

2007년에도 그렇게 명분 없고 상식적으로 이해가 안 되는 금속노조의 투쟁방침 때문에 다시 폭력 난동에 희생을 당하는 사건이 일어난 것입니다. 그것 때문에 무수히 많은 노사 충돌이 빚어지고 애꿎은 폭력행위로 피해자들만 늘어나는 꼴이었어요. 회사의 손실은 말할 것도 없었습니다.

도대체 금속노조 중앙교섭이라는 것이 그토록 쟁취해야만 할 일인지 지금도 이해가 안 됩니다. 중앙교섭 자리라는 것이 그해 임단협을 하자는 것인데 천차만별로 사업 종류와 규모가 다른 회사가 있고, 또 그 회사마다 사정이 다 다를 것인데 그 자리에서 임금인상을 정하고 사원복지를 정하는 것이 가능하다는 발상이 오히려 이상한 것이지요. 시골 회사 조합원의 소박한 임금협상을 걸어놓고 서울에서 정치하자는 것으로밖에 볼 수 없었습니다. 내가 절대 받아들일 수 없는 행위이고 내가 인수한 회사의 처지는 그럴 여유도 없었습니다.

몇 차례 해명을 했었던 일인데요, 사실 의도적으로 단식을 한 것이 아니었어요. 그때 건강상의 문제가 있어서 단식을 할 수 있는 상황도 아니었고요. 그러니까 우연히 단식을 하게 되었다는 말입니다.

여름에 그 난리를 치르고도 실질적인 노사 대화나 교섭이 이루어지지 않고 있었지요. 8월 말, 금속노조 지부총회를 S&T대우 사내에서 한다고 해서 다시 한 번 폭력사태를 빚기도 했습니다. 노조는 회사가 금속노조를 인정하지 않는 한 파업을 계속한다고 했습니다. 회사의 직장 폐쇄도 계속될 수밖에 없었지요. 노조 간부들은 직장폐쇄 기간 중인데도 사내 식당에서 불법농성을 했고요. 시간이 흘러서 추석을 며칠 앞둔 시기까지 진전이 없었습니다.

답답한 상황 아닙니까. 특히 7월, 8월 연이어 금속노조가 회사에 난입해서 벌어졌던 사건이 추석 이후에 다시 벌어질지 모르는 상황이었으니까요. 인수 첫해도 파업과 직장폐쇄를 거쳐서 연말이 다 되어서 임단협이 끝났어요. 다음 해에도 계속되는 파업, 반복되는 유혈폭력사태, 그리고 직장폐쇄. 더 이상 어떻게 두고 보겠습니까. 이제 회장이 나서서 어떻게든 문제를 풀어야만 했지요. 어떤 상황에서도 대화는 해야 한다고 생각했습니다. 그래서 아침 9시에 노조 간부들이 농성을 하고 있는 곳으로 찾아갔습니다.

그때 노조는 직장폐쇄로 닫아둔 식당에 문을 따고 들어가서 바닥에 스티로폼을 깐 채 먹고자면서 농성장으로 쓰고 있더군요. 농성장에 있던 노조 간부들에게 다가가서 "추석 휴가 전에 파업을 끝내고 임단협도 끝을 냅시다. 직원들 마음 편하게 고향 가서 추석 보내게 하지요."라고 다시 이야기를 했습니다.

회사 사정도 이야기하고 사업 이야기도 하고 지난여름 폭력사태에 대해서도 이야기하면서 한참 설득했습니다. 노조 간부들은 이해는 하지만 그래도 어쩔 수 없다는 것입니다. 금속노조와 임단협하는 것을 인정하지 않으면 진전시킬 스 없다는 말이었지요.

나는 계속 버티고 앉아 있었습니다. 어떻게든 대화는 계속해야 한다고 생각했습니다. 노조 위원장(지회장)이 식사시간이라고 도시락을 가지고 왔습니다. 밥 먹을 정신이 없었지요. 농성하는 이들도 다 나가고 간부들도 밥을 먹으러 들락날락했어요. 나는 계속 버티고 앉아서 오는 사람들마다 불러서 설득을 했습니다. 4시가 넘으니까 위원장이 이번에는 사발면을 가지고 오더군요. 요기라도 하라면서요. 그 순간 화가 많이 났습니다. 빨리 파업을 끝내고 조합원들이 마음 편히 추석을 지내게 할 생각은 안 하고, 금속노조 중앙교섭만 붙들고 앉아 있으면서 먹을 것은 다 챙겨먹는 한가한 태도의 노조 간부들에게 화가 났던 것입니다. 사발면을 들고 선 위원장을 향해 소리를 질렀습니다.

"지금 이 상황에서 밥이 넘어갑니까?"

화가 나서 제법 소리를 높였던 모양입니다. 그랬더니 쭈뼛거리던 위원장이 사발면을 도로 들고 자리를 피해서 나가더군요. 나는 화를 삼키고 자리에 계속 앉아 있었지요. 그때부터 어떻게 소식이 나갔는지 '최평규 회장 단식'이 기정사실이 되어버렸습니다. 이내 인터넷 신문부터 시작해서 속보가 뜨고 마침내 주요 일간지와 방송이 보도를 하고, 심지어 외신 로이터까지 기사를 올렸습니다.

우연히 시작된 단식이었지만, 해프닝은 아니었습니다. 경영자가 현장에서 어떤 형태로 노조와 만나든지 진정성이 있으면 상황은 조금이라도 진전을 볼 수 있습니다. 그 진정성을 노사가 서로 확인을 하면 극단적인 투쟁으로 가지 않을 수 있슬니다. 단식이 5일까지 이어지면서 평소 앓던 지병이 심해졌던 모양입니다. 정신이 혼미해지더군요. 노조 간부들이 알아차렸는지 의사를 불렀어요. 혈압과 혈당이 많이 떨어져 있어 상황이 많이 나쁘다그 의사가 말했겠지요. 노조 간부들이 나를 들다시피 부축해서 앰뷸런스로 옮겼어요. 다시 병원 신세를 져야 했지만 노사간 격한 대립의 분위기가 많이 완화되었습니다. 다행스럽게 이후 폭력사태는 재발하지 않았습니다. 노사 교섭도 비교적 원만하게 이루어져 한 달 뒤에 임단협을 타결할 수 있었습니다.

경영정상화의 조건

2007년부터 전 계열사가 좋은 실적을 보이기 시작했습니다.

연말 그룹 전체 매출이 1조 3천억 원, 영업이익이 8퍼센트를 넘었지요.

창업기업인 S&TC는 2008년 상반기 최대의 매출과 영업이익을 달성하는 등

여전히 업계 최고 수준의 실적을 보였습니다. S&T중공업도 연속 흑자에

2007년 말 250억 원의 영업이익을 달성했고, 인수 전 1,900퍼센트였던

부채비율이 2007년 말 78퍼센트로 내려갔습니다. 괄목할 만한 변화였지요.

S&T대우도 9퍼센트 영업이익은 물론 GM 신차 300시리즈 수주에

성공했습니다. 2008년 초까지의 자료를 보면 전 계열사가 완전히

턴어라운드에 성공한 것으로 보입니다.

2007년 하반기부터 전 계열사가 많이 안정되었습니다. M&A 이후 경영정상화 노력이 하나 둘 성과를 보기 시작한 것이지요. 2008년 상반기에는 최대의 실적을 보였습니다. 골고루 매출이 늘고 영업이익도 늘었지요. S&T중공업과 S&T대우의 생산성이 개선되었던 것도 큰 몫을 했고, S&TC가 원자재가 변동에 기민한 대응을 해서 계속 업계 최고의 수익성을 유지해준 것도 도움이 되었습니다. 더 중요하게 생각하는 것은 미래 전망이 생기고 있었다는 점입니다. S&T중공업에서 방산부문의 국산화 개발과 관련해서 돌파구를 열었던 것이나 글로벌 경쟁에서 독일 다임러 벤츠 트럭에 부품공급계약을 한 것은 큰 성과였습니다. S&T대우에서는 GM 신차 300시리즈 대부분의 수주에 성공함으로써 2009년 이후의 희망을 찾을 수 있게 되었고, 동시에 유럽 완성차 업체와 국내 현대자동차에도 부품을 공급하기 시작해 고객 다변화의 가능성도 확인했습니다. 2008년 상반기에 M&A 이후 턴어라운드에 성공한 것으로 평가를 했습니다. 경영정상화에 이르렀다고 볼 수도 있지요.

경영정상화의 기대 수준이 너무 높은 것 같습니다.
실적 턴어라운드에 성공하면 정상화가 되었다고 볼 수 있는 것 아닙니까.
M&A를 마친 계열사의 안정성을 확인하고 2008년 지주회사 체제로
전환한 것으로 압니다.

M&A를 하고 나서 여러 가지 부분에서 정상적인 경영이 이루어지려면 시간이 많이 걸립니다. 2007년 이후 실적이 우상향 곡선을 그렸는

데, 이는 큰 것을 이루어낸 것이 맞지요. 앞서 이야기한 대로 생산성 향상이 이익으로 연결되고 이익이 신규투자와 사원들의 리워드로 돌아가서 다시 생산성이 향상되는 선순환이 시작되어야 한다는 것이 경영정상화의 첫째 요건일 것입니다. S&T중공업이 2007년 이후 보여준 실적은 선순환이 이루어진 결과입니다. 다른 계열사에서도 전반적으로 생산성 향상의 성과가 나타났습니다.

다음으로 기존 사업의 생산성 향상 외에 향후 먹을거리를 미리 준비하는 기술개발과 투자가 원활하게 이루어져야 합니다. 회사가 이익이 나야 투자를 할 수 있고, 걱고살 수 있는 신사업을 발굴하고 회사를 이끌어갈 인재가 있어야 투자를 할 수 있습니다. 그래서 미래를 위한 기술개발과 사업구조 변화를 주도해갈 핵심인재가 준비되어야 한다는 것이 경영정상화의 두번째 요건입니다.

그리고 M&A 이후 미래를 이끌어나갈 핵심인재들이 현장경영, 소통경영, 투명경영, 그리고 노사상생과 생각 즉시 행동의 뜻을 제대로 체득하고 합심할 수 있어야 합니다. M&A 이후 그룹의 통합은 내 경영철학과 경영방식이 모든 계열사에 뿌리를 내리고 다시 재생산될 수 있을 때 완성되는 것입니다. 이것이 경영정상화의 세번째 요건입니다.

2008년 들어서 그룹지배구조를 바꾸고 지주회사 체제로 변경한 이유 중 하나는 바로 연이은 M&A 이후 그룹 차원의 경영정상화를 하겠다는 것이었습니다. S&T홀딩스를 설립한 첫번째 목표는 지주회사를 통해서 그룹의 지배구조를 투명하고 간소하게 하겠다는 의지입니다. 사업적으로는 2007년까지 전 계열사가 안정되는 상황을 보면서 단기 실적 턴어라운드뿐만 아니라 중장기 성장을 위한 핵심역량을 강화하겠다는 뜻도 있습니다. 그리고 그룹 정체성을 통합해서 그룹 차원의 경영정상화를 완성하겠다는 것이었지요.

사업하는 사람이 자기 사업 잘했다고 상 받는 것 같아서 그렇게 편하지는 않습니다. 그렇지만 다산경영상은 그 뜻이 높아서 감사하게 받았지요. 기업인이 기업의 성장을 보는 것만으로 큰 보람을 얻는 것인데 상까지 받은 것은 고마운 것이고 사회적인 책임감을 더 크게 느끼는 계기가 됩니다.

그렇습니다. 다산경영상 수상도 그런 뜻이 담겨 있었기 때문에 감사한 일이지요. 더구나 다산경영상 수상자들이 가끔 모이는 자리가 있는데 거기 가서 훌륭한 선후배 기업인들을 만나는 것도 큰 재미가 있습니다. 창업을 하고 기업을 키운 사람들의 서로 다르지만 한편으론 같은 사연을 듣는 것도 좋고요. 그분들이 나라 경제나 세태를 걱정하면서도 희망을 주는 메시지를 듣는 것도 고마운 일입니다.

실제로 2008년 이후에 한동안 가지 않던 서울에 자주 가게 되었습니다. 전경련이나 언론사 주최 세미나, 그리고 경영대학원에서 강연 요청을 많이 합니다. 내가 현장경영을 잘하고 소통경영을 잘하니 어떻게 하는 것인지 이야기해달라는 것입니다. 여유 시간도 없고 강연이 쉽지 않습니다만, 제조업이 어렵고 제대로 기업하는 사람들이 힘든 시기라서 내 경험이 도움이 될 수도 있겠다 싶어 강연을 합니다. 다들 재미있어하니까 다행이지요.

최근에는 대학 강연을 자주 나갑니다. 교수님들이 젊은이들에게 힘이 되는 이야기를 많이 해달라고 하지요. 특히 그런 자리는 가급적 가려고 합니다. 청년들이 내 이야기를 듣고, 패기와 배짱을 가지고

성실하기만 하면 얼마든지 인생을 잘살 수 있다는 것을 알면 좋겠다
는 기대를 가지고 말입니다. 혼란한 시대라서 젊은이들이 방황하고
좌절하기 쉬운데, 세상을 긍정하고 어려운 일에도 도전하도록 도와
주는 올곧은 멘토가 절실합니다.

M&A 성공과 실패

S&T는 'M&A로 성장한 기업'이라고 합니다. 그리고 회장님은 M&A의 귀재라는 말은 적합하지 않다고 말씀하시지만, 증권업계에서는 가장 성공적인 M&A 케이스로 S&T 그룹을 꼽고 있습니다. 그런 보고서가 나올 때마다 언론의 주목을 받기도 했고요.

우선, S&T가 M&A로 성장한 기업이라는 말은 절반은 맞는 말이라고 생각합니다. 기술력이 있지만 경영에 실패한 기업들이 M&A 시장에서 기다리고 있었기 때문에 그 기술력을 살 수 있었던 것이지요. 그렇지만 나는 M&A의 성공이 '기업 인수 거래의 성공'으로 비추어지는 것은 적합하지 않다고 생각합니다. 뿐만 아니라 사회적으로도 기업인의 역할이나 기업 인수의 실상에 대해서 오해가 생길 수 있어서 옳지 않고요. 성공한 M&A 사례가 많지 않은 이유는 M&A가 창업보다 어렵기 때문입니다. 인수계약서에 도장을 찍는 것보다 훨씬 어려운 경영과제가 인수 이후에 기다리고 있지요. 단기간에 여러 회사를 M&A 해서 규모를 키운 기업들 중에는 또 다른 부실을 키우면서 커다란 사회적 부담을 남기고 있는 기업들이 많습니다. M&A한 계열사를 경영한 지 5년 만에 성공적인 턴어라운드를 했습니다. 그 과정에서 다행스러운 것은 그 뒤로는 M&A가 아니라 현장경영, 소통경영을 돌아보고 평가하는 이야기가 많아졌다는 것입니다.

물론 S&T의 M&A가 가장 성공한 M&A 케이스라는 평가는 의미가 있습니다. M&A 이후 S&T그룹 계열사들의 실적과 내실의 바탕을, 거래과정에서 내가 지켰던 원칙과 방법에서 찾는다면 가치있는 일이라고 말할 수 있습니다. 이른바 '승자의 저주'라고 하는 이야기가 나오는 것은 M&A 거래 자체에 문제가 많았다는 말입니다. 철저한 분석뿐만 아니라, 경영자의 신중한 자세와 안목, 그리고 철학이 있어야 한다는 반증이에요. 실제로는 과도한 경영자의 의지와 욕망만으로 이루어지는 M&A가 많다는 말입니다. 그런 실패한 M&A가 인수하는 기업만의 문제가 아니라 수많은 직원들의 고용불안, 기업금융 부실화 같은 많은 사회적 손실을 불러오기 때문에 기업인들에게 경각심을 주고 특히 금융 업계에도 경종을 울려줄 필요가 있습니다.

2010년 증권업계에서 나온 보고서(2010년 2월 10일, HMC 투자증권 발행)를 보면 M&A로 성장한 기업 중 두산, STX와 S&T를 비교한 것이 있습니다.

가장 먼저, 기업인이 자기 업의 본(本)을 바로 세워야 합니다. 공자님 말씀처럼 먼저 본립(本立)하면 도생(道生)하는 것이지요. 나는 기계공업을 하는 사람입니다. 기계공업에 전문성이 있고, 오랜 경험이 있으며, 사명감이 있습니다. 또 거기서 세운 경영철학이 있습니다. 그래서 기계업종으로 연관된 다각화를 했습니다. 구체적으로는 개별 사업마다 시너지효과가 있는 M&A를 했고, 기업은 반드시 축적된 기술력이 있는 기업을 찾았습니다. 기술력만 있으면 이전에 실패한 경영이 남긴 부실이나 과오를 청산하고 정상화시킬 수 있다고 믿었습니다.

다음으로 베이스캠프를 튼튼히 지은 다음 정상정복을 시도했습니다. 바둑에서도 대마(大馬)가 세력으로 커나가려면 두 집 지을 근거는 있어야 하지요. 삼영의 수익성을 바탕으로 만들어진 현금 보유가 있었기 때문에 통일중공업을 인수할 수 있었습니다. 통일중공업의 재무구조가 획기적으로 개선되면서 대우정밀을 인수했고요. 인수한 기업의 부채비율을 줄이기 위해서 내가 노력하는 것은 위기에 대비하는 것이면서 동시에 인수한 기업이 다른 도전을 위한 베이스캠프가 되고 대마의 두 집 근거가 될 수 있기 때문입니다. 내가 무차입 경영을 지향하는 본뜻이 거기에 있는 것입니다.

또한 M&A를 할 때 외부 차입금에 의존하지 않았습니다. 베이스캠프를 튼튼하게 해놓았기 때문에 가능했던 것이고, 최대한 인수한 회사에 부담을 주지 않고 조기에 경영정상화하기 위해서입니다. 그것이 M&A의 목적이니까요. 인수기업의 자산을 레버리지로 삼는 것은 어떠한 이름이든지 배임행위니까 말할 것도 없지요. 그리고 인수 기업에 부담이 되는 차입은 두고두고 경영정상화의 발목을 잡는 일이며 모기업에도 악영향을 주는 일입니다. 통일중공업 인수에는 삼영의 현금이 있었고, 대우정밀을 인수할 때는 부족한 부분을 FI(재무적 투자자)를 통해서 해결했습니다.

그래서 M&A는 극도로 자기 절제가 필요한 일입니다. 아무리 매력적인 기업이라도 자기의 준비상태와 외부 환경을 냉정하게 판단해야 합니다. 과도한 외부 자금 의존을 경계해야 할 뿐만 아니라 철저한 기업가치 분석으로 비싼 가격을 지불해야 하는 기업은 더 지켜보는 인내심도 있어야 합니다. 앞서 이야기했듯이 대우정밀 인수시에는 효성에 비해서 낮은 가격으로 입찰해서 2등이었습니다. 효성이 인수를 포기하는 바람에 더 낮은 가격으로 계약할 수 있었지요.

**2007년 S&T모터스를 인수하신 뒤게 추가 M&A가 없었습니다.
그렇지만 시중에 괜찮은 기업이 매물로 나오면 언제나 S&T가
1순위 후보로 꼽힙니다. 그래서 업계에서도 S&T의 추가 M&A에 대해서
늘 궁금해하고 관심이 많습니다.**

기술력이 있는 기업이고 구체적인 사업에서 시너지 효과가 있는 기업이면 M&A를 할 수 있습니다. 기계업종의 연관 다각화는 계열사의 사업에 활력을 주고 한국 제조업에도 긍정적인 기능을 할 것입니다. 이것은 우리 계열사들이 튼튼한 재무구조를 가지고 있기 때문에 가능한 것이지요. 기업가치와 가격이 조응하는 기업인지 여부도 그 다음으로 중요한 문제입니다.

사람 살리는 M&A

회장님의 M&A를 한마디로 표현하면 '망한 회사를 살리는 M&A'가 적합하겠다는 생각이 듭니다.

틀린 말이 아닙니다. 나는 온전히 사업을 잘하고 있는 기업을 적대적 M&A한 일이 없어요. 대부분 어떤 이유에서건 한 번 망한 회사를 인수한 것입니다. 말하자면 '실패한 오너십'의 교체 선수로 들어간 셈이지요. 경쟁사를 제압해서 시장을 독식하기 위해서 하는 M&A는 큰 보람이 없다고 생각합니다. 사회적으로 의미있는 일도 아니고요. 기업의 오너만 바뀌었지 무엇인가 플러스가 생기는 것이 아니라 마이너스가 되기 십상이기 때문입니다.

**경쟁사를 인수하는 경우는 점령하고 배제하는 방법으로
기업 통합이 일어나는 것이 보통이라서 정리해고가 생기기 쉽다는
말씀이지요. 그런데 망한 회사를 인수한다고
반드시 덧셈의 기업통합이 되는 것은 아니지 않습니까.**

그렇지요. 망한 회사를 인수해도 부실을 털어내야 하기 때문에 대부분 정리해고 방식의 구조조정은 일어납니다. 다만 비슷한 크기의 경쟁사를 M&A하는 경우는 기업의 부실을 정리하기 위해서라기보다는 중첩된 기능의 효율성을 높이기 위해서 구조조정이 이루어지기 때문에 훨씬 큰 수의 마이너스가 있을 수밖에 없습니다. 사회적으로도 아름다운 모양이 아닙니다.

그래서 나는 작은 회사가 큰 회사를 인수하는 M&A의 장점을 자주 이야기합니다. 망한 기업을 M&A하는 경우에도 작은 회사가 큰 회사를 인수하는 것이 좋습니다. 법정관리에 들어간 회사나 오너십이 넋을 놓고 있는 회사에 가보면, 회사가 크건 작건 간에 사람들 얼굴에 짙은 그림자가 있습니다. 미래에 대한 불안감이지요. 임원들은 과거의 과오가 드러나지 않을까 두렵지만 다 회사가 잘되라고 한 것인데 어쩌나 하는 억울함도 있고요. 직원들은 꼬박꼬박 출근하고 시키는 일을 했는데 나도 실패의 책임이 있는 것인가 불안해합니다. 대부분 M&A가 있으면 인수된 회사에서는 정리해고를 포함한 구조조정이 있게 마련이니까요.

큰 회사가 같은 큰 회사를 인수하거나 큰 회사가 더 작은 회사를

인수하는 경우에 보통 많은 인력이 정리해고됩니다. 그렇게 내보낸 자리에 인수한 기업의 인력과 조직을 보냅니다. 인력교체가 일어나는 것이지요. 큰 회사는 인수한 회사를 통해서 여유인력이나 인사체증을 해소할 기회가 되는 것입니다. 실제로 큰 회사에서는 여유인력 해소나 조직의 쇄신은 M&A의 중요한 동기 중에 하나로 삼습니다. 과거 기아자동차 그룹이 IMF 위기를 맞으면서 부도가 나서 현대자동차에 인수되지 않았습니까. 그때 기아차 그룹의 기아기공도 현대차에 들어가면서 현대위아로 이름이 바뀌었고요. 그때 사무직만 500명가량이 일시에 정리해고되었습니다. 그 자리는 현대차에서 온 인력으로 채워졌지요.

**회장님은 통일중공업, 대우정밀, 효성기계 등 회사를 인수할 때마다
조직과 인력을 데리고 가지 않고 혼자 가셨습니다.**

통일중공업을 인수할 때 삼영은 통일중공업보다 규모가 작은 회사였습니다. 혼자만 간 가장 중요한 이유는 삼영이 작은 회사이고, 작은 회사가 큰 회사를 인수했다는 것입니다. 삼영이 큰 회사였다고 해도 물론 같은 선택을 했을 것 같지만 말입니다. 당시에 조건 자체가 삼영에는 큰 회사를 장악할 만큼 여유인력이 없었던 것은 분명하니까요. 혼자 가서 기존 조직과 인력을 그대로 유지하면서 경영하는 방법을 선택할 수밖에 없었습니다.

작은 회사가 큰 회사를 인수하는 경우는 흔하지 않습니다. 그런 경우가 있으면 새우가 고래를 잡아먹었다고 하면서 이야깃거리가 되기도 합니다. 통일중공업 노조에서는 마찌꼬바 출신이라고 비아냥거릴 정도였지 않습니까. 그렇지만 현장 직원들뿐만 아니라 사무직 사원들도 정리해고를 하지 않고 갈 수 있었습니다.

아직 이런 문제의식을 많은 사람들이 갖고 있지는 않은 것 같은데, 분명 작은 회사가 큰 회사를 인수하는 경우는 사회적으로 미덕이 큽니다. 고용이 사회적 문제라면 신규 고용을 창출하는 것만큼 기존 고용을 유지하는 일도 중요하지요. 잘 연구해볼 필요가 있습니다. 뒤에 2006년 대우정밀을 인수할 때는, 물론 작은 회사가 큰 회사를 인수한 경우라고 보기 어렵지요. 그렇지만 나는 같은 방법으로 했습니다. 나 혼자 갔고 통일중공업과 비슷한 경로를 겪었습니다. 효성기계도 마찬가지였고요.

인수를 하면서 기존 인력을 정리한다든지 인수 주체의 인사체증을 해소하는 계기로 삼지 않았다는 말씀이고, 그것이 작은 회사가 큰 회사를 인수한 경험에서 시작되어서 회장님의 M&A 방식으로 굳어진 것이라는 말씀입니다.

그렇지요. 작은 회사가 큰 회사를 인수하는 경우에는 기존인력 정리를 미리 생각하지 않는다는 말입니다.

좋은 지적입니다. 인수한 회사의 부실을 빨리 정리하는 것이 M&A 이후 경영의 성패를 좌우합니다. 그래서 M&A를 하고 나서 정리해고를 할 수밖에 없는 경우도 있습니다. 그렇지만 M&A를 정리해고의 기회로 보는 관점에는 반대한다는 말입니다. 좋은 기회를 놓친다고 생각하는 것은 정리해고가 반드시 필요하다는 전제를 너무 당연시하는 발상입니다. 기업이 정리해고를 하는 것은 최후의 수단입니다. 백약이 무효할 때 독약을 처방한다고 하지 않습니까. 그런 처방으로 생각해야 합니다.

또한 경영자라면 부실의 실체를 직접 대면하고 부딪쳐보아야 합니다. 부실의 실체가 의외로 다른 데에 있는 경우도 있고 부실을 제거하는 다른 방법도 찾다보면 보일 수도 있습니다. 같은 결론이라도 직접 실체와 부딪쳐보고 도달한 결론이 기업 경영인의 결론이라고 생각합니다. 데이터와 케이스에만 의존해서 내린 결론은 현장에서 부딪쳐보기 전까지는 잠정적인 안에 불과한 것으로 보아야 합니다. 통일중공업을 인수할 때 올라온 경영진단 보고서는 300명 정리해고, 대우정밀을 인수할 때 역시 200명의 정리해고가 필요하다는 것이 안팎의 평가였습니다. 그렇지만 나는 M&A를 정리해고의 기회로 삼지 않았습니다.

커다란 부실기업들을 차례로 인수하면서 M&A를 정리해고의 기회로 삼지 않았다는 점에서 '사람 살리는 M&A'로 평가할 수 있습니다. 그 뒤에는 인수 경영을 잘해서 부실기업을 살려냈기 때문에 자연히 '직원 살리는 M&A'가 되는 것이기도 합니다.

'사람을 살린다.'는 표현이 이윤추구를 목표로 하는 기업경영과 어울리지 않는 낭만적 표현일 수도 있습니다. 그래서 맥락을 모르면 나이브한 생각으로 들릴 수도 있지요. 비슷한 이야기를 요즘 '사회적 기업'을 옹호하는 데서도 들을 수 있습니다. 이윤이 목적이 아니라 사람의 일자리를 목적으로 하는 기업이라는 말이지요. 나는 그런 시도 자체가 잘못이라거나 의미가 없다고 생각하지 않지만 모든 기업이 사회적 기업과 같은 취지를 지향할 수 없고 그래도 안 된다고 생각하는 사람입니다. 사회적 기업 자체도 시장의 생태계에서 벗어나기 어렵습니다. 주로 소규모 회사라서, 규모가 큰 대기업에 납품을 하지 않으면 유지하기 어려운 경우가 많습니다. 이미 우리나라가 이

만한 경제력을 유지하는 데는 이윤동기를 바탕으로 하는 기업가의 혁신정신이 필수적인 요소가 되었고, 그런 기업이 규모를 키워서 글로벌 경쟁을 하면서 만들어내는 부가가치가 사회적 기업으로도 흘러들어가는 것이기 때문입니다.

내가 말하는 '사람을 살린다'는 것은 회사가 위기에 처했든지, M&A를 한다든지 경영자가 사업에서 어떤 도전적인 과제를 앞에 두었을 때 손쉬운 방법으로 정리해고를 택하는 것을 경계해야 한다는 의미입니다. 마지막에 정리해고를 해야 한다는 결론에 이르더라도 그 과정이 어떤지 돌아보자는 것이지요. 현장의 문제와 부딪쳐보고 만약 구성원들의 양보나 헌신적인 노력으로 극복할 방법이 있다면 정리해고가 아닌 그 길로 가야지요. 구성원들의 반발을 사거나 욕을 먹더라도, 설득하고 호소해서 그 길로 가려고 노력하는 과정을 거쳐야 합니다. 그리고 그런 과정을 거쳤다면 부득이 정리해고를 한다고 해도 회사와 회사에 남은 사람들에게 물질적·정신적 손실을 최소화할 수 있는 것입니다.

지난 2009년 쌍용자동차 정리해고 과정이나 2011년 한진중공업의 경우를 보면서 많은 사람들이 아쉬워했던 것은 바로 '사람을 살린다'는 경영자의 노력 부재였습니다. 물론 결과로서 정리해고가 불가피했을 수도 있겠지요. 그렇지만 결론만 경영이 아니고 과정도 경영입니다. 과정이 다르면 결론은 같아도 '결과와 여파'는 달라질 수 있습니다. 두 사건은 정리해고라는 결론에 따르는 후과가 회사와 회사에 남은 사람들뿐만 아니라 사회적으로도 너무 많은 손실을 남겼으니까요. 법적으로 흠결이 없고, 회사를 살리기 위한 최선의 선택이어서 도덕적으로 비난하기 어렵다고 하더라도, 경영인이 현장에서 사람들과 부딪치며 답을 찾는 수고까지 다한 것인지는 돌아보아야 합니다.

S&T 창업 33년
는 안된다!
소통하고 혁신하라!"

4장

위기 속에 성장하는 기업

모든 기업은 망한다

그렇습니다. 기업이 언젠가는 망한다는 말이 하늘 아래 영원무궁한 것은 없다고 하는 막연한 이야기도 아니고요. 또 하루도 위기가 아닌 적이 없었다는 말도 과장된 말이 아닙니다. 어쩌면 위기는 기업의 존재형식이라고 보아도 무방합니다. 기업에 게 시간은 곧 위기 그 자체라는 말이지요.

내가 지금까지 33년 동안 기업을 경영해온 것도 그렇고 나와 동시대에 같이 기업을 경영한 많은 사람의 경우를 보아도 그렇습니다. 모두 다 망했습니다. 시간문제인 것이지요. 세계로 눈을 돌리면 이보다

심하면 심했지 덜하지 않습니다. 약육강식과 적자생존, 자연도태가 지속적으로 일어나면서 적응하는 기업만 살아남는 것입니다.

말하자면 기업은 정글과 같은 생태계에 놓여 있다는 말씀이군요. 그만큼 경쟁이 치열하다는 뜻이지요

눈에 보이는 경쟁기업과의 경쟁도 중요하고요. 그렇지만 더 중요한 것은 경영환경의 변화입니다. 과거 1970년대 중동정세가 불안할 때 오일쇼크가 몇 번 있었지요. 그때 전세계적으로 많은 기업이 무너졌습니다. 최근에 1997년 외환위기와 2008년 금융위기를 거치면서 또 얼마나 많은 기업이 문을 닫았습니까. 마치 태풍이나 쓰나미가 덮치는 꼴입니다. 또 산업의 패러다임이 변하는 것도 기업의 체질 변화를 요구하는 요인입니다. 패러다임의 변화는 신기술의 등장이나 사회문화적 변화와 함께 진행되기 때문에 기업으로서는 매우 어려운 변화를 겪어야 합니다.

좀더 구체적으로 말씀해주시겠습니까.

연전에 믿을 만한 자료를 본 적이 있습니다. 1965년에 매출액 기준으로 선정한 우리나라 100대 기업 중에서 2009년까지 남아있는 기업은

12개에 불과하다고 하더군요. 50년도 안 되어서 무려 88퍼센트의 기업이 사라졌다는 말입니다. 살아남은 12개도 온전히 본래의 모습은 아니라고 합니다. 우여곡절을 거쳐서 소유든 경영이든 사업이든 본래와는 다른 모습이라는 것이지요. 특히 최근인 1997년 외환위기를 전후해서 한국의 30대 재벌 기업 중에서 14개가 사실상 부도상태에 빠졌고, 12개가 망했습니다.

내가 1979년부터 사업을 하면서 많은 기업을 보지 않았겠습니까. 그 중에는 내가 납품을 하던 회사도 있고 우리 회사에 납품을 하던 회사도 있었습니다. 그런데 지금 거의 대부분의 회사가 망해서 사라졌습니다.

우리나라에서 중소기업이 한 세대를 지나는 동안에도 망하지 않을 가능성은 거의 희박하다는 말입니다. 이른바 기업 생존율이라는 것이 있는데요, 자료에 의하면 중소기업은 대기업에 비해서 생존율이 훨씬 낮습니다. 재벌 계열기업들의 5년 생존율은 86퍼센트인데, 개별 중소기업의 경우는 72퍼센트 정도에 그치고 있습니다. 10년 생존율은 계열기업이 70퍼센트대, 개별 중소기업이 40퍼센트대로 뚝 떨어지고, 비교하면 차이가 더 크게 벌어지지요. 중소기업이 10년 가기가 어렵다는 말입니다. 물론 그나마 이렇게 분석의 대상이 되는 기업은 통계로 잡힐 만큼 어느 정도 매출 규모나 경쟁력이 있는 기업입니다. 그런데 이런 정도가 안 되는 개인 기업이나 자영업의 경우는 5년 생존율이 뚝 떨어집니다. 동네 식당을 보면 잘 알 수 있지 않습니까. 어떻습니까. 의미있는 연구지요.

기업인의 숙명이지요. 특히 오너 경영인이 짊어지고 가야 하는 숙명과 같은 짐입니다. 숲속에 추운 겨울이 오면 동물들은 저마다의 방법으로 겨울을 지낼 준비를 하지요. 겨울 동안 먹을거리를 모아두기도 하고 또 일부는 미리 먹어서 몸속에 지방을 축적해놓고 동면에 들어가버리기도 합니다. 그렇게 해놓지 않으면 겨울 동안 살아남을 수가 없어요. '개미와 베짱이' 동화도 그런 얘기지요. 동물의 생존본능은 계절의 변화뿐만 아니라 지진이나 쓰나미 같은 자연재해도 미리 느끼고 대비한다고 합니다. 그런데 기업의 세계에서는 계절의 변화 같은 환경변화야 예견 가능하지딴, 어느날 갑자기 덮치는 쓰나미와 같은 변화는 대응하기 어렵다는 것이 현실이고, 그것이 바로 문제입니다. 그래서 기업인들은 늘 변화에 예민합니다. 언제 변할 줄 모르는 환경이기 때문에 조그만 변화의 단초라도 보이면 파고들어 연구합니다. 최소한 변화를 모르는 채르 맞지는 않으려는 것입니다. 기업의 생존본능은 기업인의 예민한 촉수에서 시작되게 마련입니다.

그런데 거기에서 기업인의 의로운 숙명이 시작되는 것입니다. 분명히 겨울이 다가오는데 현재는 봄바람이 불고 있는 것 같거든요. '겨울이 오고 있다.' '준비해야 한다.' 아무리 이야기하고 외쳐도 믿지 않는 경우도 많습니다. 마치 광야에 선 외로운 선지자가 된 심정이 들기도 합니다. 옛말에 '천석꾼은 천 가지 걱정, 만석꾼은 만 가지 걱정'이라는 말이 있지요. 다른 산업이 없던 옛날에 천석이나 만석의 농사를 가진 사람은 지역 경제의 책임자였습니다. 요샛말로 지역에서 생산과 고용을 유지하고 나라에 세금을 내야 했지요. 얼마나 고민과 걱정이 많았겠습니까. 흔히 이 말이 가난한 사람들의 무소유를 위로하는 말로 쓰이지만, 생각해보면 오늘날 이 말은 기업인의 사회적 책임감을 말하는 것이라고 해석해야 합니다. 기업이 클수록 더 고민을 많이 해야지요. 기업인은 늘 조마조마하고 조심하면서 살피고 돌아보아야 합니다. 절대 망하지 않을 것처럼 생각하고 행동하는 순간, 망하는 날은 더 빨리 다가옵니다.

그러면 이렇게 일상적인 위기 상황에서 회장님은 위기관리를 어떻게 하십니까.

기업은 우선 언젠가는 망한다고 하는 '기업의 운명'과 그런 기업을 존속시키기 위해서 짊어지고 가야 할 '기업인의 숙명'을 냉정하게 보고 받아들이는 것이 필요합니다. 기업의 운명을 깊이 인정하면 할수록 기업인의 숙명은 더 또렷해지는 법입니다. 궁극까지 기업의 운명을 받아들이면 거기서부터 기업인에게는 기업의 운명에 대한 무한 책임감만 남습니다. 기업인이 하나하나의 위기 상황을 정면으로 대면할 수 있게 된다는 말입니다. 그리고 문제 상황 속에 담대하고 솔직하게 뛰어들게 된다는 말입니다. 그렇게 되면 기업인의 생각과 행동의 결과에서 사익과 공익의 구분이 없어지게 됩니다. 그래서 솔선수범하고 자기 희생하는 기업인이 있으면 기업은 쉽게 망하지 않습니다. 이런 기업인의 의식이 위기관리경영의 알파이고 오메가입니다.

그런데 이것은 누가 가르쳐주는 것이 아닙니다. 나는 평생 먹을 욕을 통일중공업 인수할 때 노조로부터 다 먹었습니다. 멱살을 잡히고 폭행을 당하기도 했고요. 대우정밀 노조와 만나면서 단식도 했습니다. 일이 터질 때마다 언론의 주목을 받는 바람에 지인들의 전화도 많이 받았습니다. 그때마다 사람들은 이제 좀 참으라고 그럽니다. 노조와 직접 부딪치지 말라고 하는 말입니다. 통일중공업 노조나 대우정밀 노조, 금속노조가 어떻다는 것은 다 알고 있으니까 내 나이나 건강을 생각해주는 것이라 고맙지요. 그렇지만 경영인이 직접 나서지 않고 해결할 수 있는 방법이 있는지, 솔루션이 과연 무엇인지는 아무도 조언을 못합니다. 국내외에 많은 MBA(경영대학원) 프로그램이 있지만, 한국 제조업이 생산 현장에서 노조와 겪는 문제에 대한 케이스 스터디를 한다는 이야기는 못 들어봤습니다.

천석꾼은 천 가지 걱정, 만석꾼은 만 가지 걱정을 해야 한다고 말하지 않았습니까. 그것이 기업의 사회적 책임이라고요. 기업인의 숙명은 바로 단 하루라도 기업을 오래 존속시키는 것입니다. 하루라도 늦게 망하게 해야 한다는 것이지요. 이것이 곧 기업이 부담하는 사회적 책임의 본령입니다. 생산현장이든 영업의 현장이든 간에 현장에서 매일 발생하는 위기의 징후를 파악해야 합니다. 그러기 위해서는 문제가 있는 현장에 기업인이 가 있어야 하고요. 그리고 정직하게 문제와 직면해야 합니다. 사실 매우 용기가 필요한 일입니다. '현장'에서 '소통'하면서 문제를 직면하고, 문제 해결을 위해 '생각 즉시 행동'하기란 말처럼 쉽지 않습니다. 쉽지 않지만 반드시 해야 하는 일, 그것을 '기업인의 숙명'이라고 부르는 것입니다. 나는 '업보'라고도 생각하는데, 그렇게 이야기를 시작하면 너무 어려워져요. 아무튼 현장에서 발생하는 문제 속에 위기의 징후가 있습니다. 기업인이 현장에서 그것을 바로 해결하면 위기에 대처할 수 있지요. 어려운 말로 선제적인 위기경영이라고 하는데, 곧 나의 위기경영 방식입니다.

기업은 망한다고 하는 기업의 운명을 받아들이면
오히려 쉽게 망하지 않는다는 말씀이군요. '현장경영' '소통경영' 그리고
'생각 즉시 행동'이 오랜 기업 경영을 통해서 나온 회장님의 경영철학이라는
것이 이해가 될 것 같습니다. 그렇지만 기업경영은 이해하고
시험지에 답을 적는 것이 아니라, 하루하루 실천하는 것이라고 말씀하셨듯이
사실은 매우 어려운 일이라는 것도 짐작이 됩니다.
그것을 기업인 개인으로 보면 '업보'라고 말할 수도 있겠습니다.

한 개인의 입장에서 보면 또 하나의 팩트가 있지 않습니까. 자연인인 한 개인의 인생은 유한하다는 것. 빈손으로 와서 빈손으로 가는 것이 인생인데, 기업인 이전에 자연인인 그 개인은 왜 기업을 오래 존속시켜야 하는지, 그러기 위해서 왜 현장에서 자기희생을 하면서 하루하

루 위기경영을 실천해야 하는지, 때로 욕을 먹기도 하고, 멱살을 잡히고 얻어맞기도 하면서 말입니다. 더구나 나이도 들고 호의호식하면서 여생을 보낼 만큼 돈도 벌어두었다면 말이지요. 왜 그래야만 할까요. 이 질문은 오히려 젊은이들에게 남겨두고 싶습니다.

잿더미 속에서 건져 올린 희망

그러면 회장님께서 겪으신 위기 중에서 사업이 존폐의 기로에 설 만큼
컸던 위기와 그것을 극복한 사례를 몇 가지만 들려주시기 바랍니다.
자료를 보면 사업 초기, 공장에 큰 화재가 났던 일이 있습니다.

비행기가 이륙할 때 제일 힘들 듯이 사업 초기에는 어려운 일이 참
많았습니다. 잘 몰라서 생기는 시행착오는 빨리 고치고 더 열심히 하
면 되었지만, 화재가 나서 사업의 모든 것이 날아가버린 때는 좌절할
수밖에 없더군요.

1982년 12월 한겨울 어느날이었습니다. 그날도 밤늦게 집에 와서
쓰러져 잠이 들었는데 새벽 4시가 조금 넘어서 전화를 받았어요. 야
간작업을 하던 직원이 건 전화였는데, 기계에 불이 났다는 것입니다.
잠이 깨면서 상황이 어떤지 물었습니다. 전화기 너머로 답이 오기까

지 그 짧은 순간에 온갖 생각이 다 지나가더군요. 기계 전체가 다 타고 있어서 손을 쓸 수가 없다는 말이었습니다. 말을 다 듣기도 전에 나는 주섬주섬 어떻게 옷을 입었는지 모르게 채비를 하고 대문을 향해 달려 나가고 있었습니다. 겨우 택시를 잡아타고 기사를 재촉해가면서 공장에 도착했습니다. 소방차가 와서 불을 껐다고 하는데 벌써 기계는 다 타버린 뒤였습니다. 까맣게 타버린 기계가 덩그러니 남아 있었습니다.

스물일곱 살 인생의 모든 것을 걸고 미국에서 도입한 기계였고, 내 사업의 모든 것이 걸려 있던 기계였지요. 불에 까맣게 타버린 기계를 바라보는 상실감은 말할 수 없이 컸습니다. 허망하게 주저앉아서 담배만 연신 피워댔지요. 기계를 도입할 때 차입한 돈도 마저 다 갚지 못했고 당장 납품도 문제였습니다.

정신없이 기계를 둘러보며 만져보고 있는데, 소방관이 1차 화재원인을 조사하고 다시 경찰이 조사를 하는데 야근 직원 3명이 다들 책임을 질까봐 안절부절 못하더군요. 어쨌든 방화는 아니니까 사장이 실화 책임을 지겠다고 하고 조사를 마쳤습니다. 검찰로 넘기더군요. 명목은 산업안전이나 방재 관련 법 위반인 것으로 기억합니다. 곧바로 인천지검으로 가서 조사를 받았어요. 그때 조사를 시작하면서 검사가 한 이야기가 기억에 남습니다.

"그 기계가 얼마짜리입니까. 비싼 달러를 주고 사온 기계고, 그것은 당신 것이 아닌 국가의 재산이에요. 함부로 관리할 물건이 아니지 않습니까?"

1982년 기계와 달러에 대한 국민 정서가 그랬습니다. 아직 국민들은 국가의 산업화를 위해서 저축도 많이 해야 했고, 달러를 아껴야 했습니다. 함부로 해외여행을 다니는 것은 상상도 할 수 없는 매국 행위였던 때입니다. 처음 도입가가 11만 7,000달러, 뒤에 몇 가지 추가 부속장비를 도입해서 총 14만 달러가 들어간 기계였어요. 비싼 수입기계를 태웠다는 사실 때문에 그날 야근한 직원들도 큰 죄책감을 느꼈을 뿐만 아니라 사장인 나도, 경찰도, 검사도 모두 그랬습니다. 그때는 어디서나 그런 애국자를 만날 수 있었지요.

회장님이 자주 말씀하시듯이 우리 국민들이 참 순수한 시절이었고
공동체를 위해서 개인의 자유도 희생하는 시절이었습니다.
지금은 돌아보면서 전체주의, 개발독재라고 평가하는 시기지만 말입니다.

우리 세대는 근검절약과 내핍이 몸에 익숙한 세대지요. 전체적으로 삶이 궁핍했기 때문에 어쩔 수 없는 선택이었다고 할 수도 있지만 다른 제3세계 나라들과 비교해보면 반드시 그런 것은 아닙니다. 공동체를 위한 우리 국민들의 자기희생은 자발적이었다고 생각해요. 애국심이라고 부를 수 있지요. 그것은 굉장히 높은 수준에서 일체감이 있어야지 가능한 일입니다. 아시아 국가들 중에서 우리나라와 과거 일본에서만 볼 수 있는 일입니다. 다시 말해서 우리나라가 가난을 벗어나기 위해서는 국내 자본을 축적하고 산업의 기반을 만들어야 한다는 점, 그래서 외화가 필요하고 절약해서 저축을 많이 해야 한다는 점에 대해서 동의하고 동참한 것이지요. 그것이 일종의 사회적인 규범이 된 것입니다.

1970년대와 1980년대 초까지만 하더라도, 공식적인 주 수출품은 합판이나 섬유였습니다. 청계천에서 시작해서 구로공단, 마산 수출자유지역에 이르기까지 청소년 노동이 만들어낸 눈물겨운 사연도 많았고요. 비공식적인 외화 수입원은 관광이었는데 주로 기생관광이었기 때문에 말은 않지만 적지 않은 비중의 외화를 벌었어요. 군대 갔다 휴가 나온 아들 잘 먹이려고 머리카락을 싹둑 잘라서 판 어머니들 사연도 많았지요. 그것으로 가발을 만들어 수출해서 또 달러를 벌어왔어요.

우리 세대는 이런 집단적인 경험을 가지고 있습니다. 나는 외국 출장을 가면 국내보다 더 절약하게 됩니다. 달러를 쓴다는 것에 대한 거부감이 잠재의식 속에 강하게 남아있어서 그래요. 1982년 겨울에 불에 타버린 기계가 내 재산임에도 불구하고 나와 직원들은 물론이고 소방관, 경찰, 검사까지도 모두 아까워하는 그런 공동체적 감정은 순수한 것이고 그것을 애국심이라고 불러도 좋다고 생각하는 것이지요.

그 상황을 어떻게 수습하셨습니까.

며칠 동안 여기저기서 조사를 받고 나서 회사로 오니까 직원들이 풀이 죽어서 공장 밖에 쪼그리고 앉아 있더군요. 답답했습니다. 그런데 나는 답답하면 무엇인가를 합니다. 가만히 있지를 못해요. 답이 있든 없든, 말이 되든 안 되든 간에 무엇인가를 찾고 다니는 것이 내 성격입니다. 그래서 직원들을 불러놓고 이야기했지요.

"나도 참 답답합니다. 앞으로의 일은 잘 모르겠지만 기왕 이렇게 된 것이니 기계라도 한번 뜯어보지요. 고치든 고철로 팔든 일단 한번 해봅시다."

그것은 나도 설명이 안 되는 내 성격입니다. 지금도 그렇지만 나는 평소에도 가만히 있는 것을 잘 못합니다. 항상 일을 만들지요. 그때는 젊었으니까 더 했고요. 그 상황에서 그것이라도 하지 않으면 뭘 했겠습니까. 기계를 뜯어서 어떻게 하겠다는 확실한 생각이 있었던 것도 아니었고, 일단 그렇게라도 해보자는 생각이었을 겁니다.

젊은 직원들에게 가끔 이야기하지 않습니까. 일이 잘 안 풀리고 어떤 문제에 답이 안 보일 때는 생각만 하지 말고 움직이고 행동을 해보라고요. 사람들과 하는 일이라면 만나서 이런저런 이야기라도 계속 나누고, 기계나 제품에 관한 것이라면 계속 만지면서 이것저것 두드려보고 만들어보는 것입니다. 도저히 아무것도 할 것이 없으면 앉아서 그 고민이나 일에 대해서 노트에 기록이라도 하세요. 그러다가 힘들면 맥주잔에 소주 가득 부어서 한 잔 마시고 일찍 자면 됩니다. 내일은 다시 내일의 태양이 떠오르는 것이니까요.

그렇게 해서 기계를 다 분해했습니까.

그랬지요. 공장 밖 마당에 신문지를 쫙 깔아놓고 기계를 하나하나 뜯어서 나열했습니다. 직원들과 같이 붙어서 기계를 뜯어내는데 그것을 보는 것 또한 마음이 아프더군요. 그렇지만 부품들 하나하나를 보면서 차츰 마음이 평온해지더니 곧 다시 엔지니어의 자세를 다잡을 수 있었습니다.

마당에 다 펼쳐놓고 불에 많이 탄 부분과 조금이라도 성한 부분을 가려내었지요. CNC 컨트롤 박스는 아예 전소되어서 손을 쓸 수 없었고요. 기계 메인바디 쪽은 주로 동력전달 부분이 많이 탔습니다. 원래 그 부분은 윤활유가 많이 들어간 부분이라서 발화가 된 지점이면서 가장 많이 탄 부분인 것 같았습니다. 마당에 엎드려서 펼쳐놓은 부품들을 살펴보았는데 생각보다 어려운 기계가 아니었습니다. 미국에서 특허를 받은 기술이 있고 당시 첨단 기계여서 매우 어렵고 복잡할 줄 알았는데 그게 아니더군요. 그래서 웬만하면 고칠 수 있겠다는 생각이 들었습니다. 그때부터 다시 내 눈이 빛나기 시작했어요. 실낱같은 희망이 보인 것이지요. 그래서 마음을 다잡았습니다.

'그래 내가 어떻게 시작한 사업인데 여기서 끝낼 수는 없지. 방법을 찾자. 무슨 수를 써서라도 기계를 고치자.'

그렇게 마음은 먹었지만, 객관적으로 봤을 때 기계 세부 설계도도 없고 기능부위의 사양도 모르는 상태에서 분해하고 다시 조립한다고 해서 기계가 제대로 돌아갈지 의구심이 들었습니다. 직원들 생각도 그랬을 거고요. 나 역시 그런 생각이 없지는 않았지만 스스로 자기확신을 주면서 매달렸습니다.

간단한 것은 가공할 수 있지만 웬만한 것은 부품을 사야 했습니다. 당시에는 베어링도 국산 제품은 없었거든요. 모두 외제 수입품을 썼는데 그것도 정품을 구하기는 어려웠지요. 아침에 회사에 나와서 기계 부품들 닦다가 낮에는 청계천, 구로동 같은 곳을 구석구석 누비고 다니면서 기계 부품을 구했습니다. 그때 청계천에는 순정품은 없었지만 고철에서 골라낸 중고품이 있었습니다. 그런 것들 중에서 맞는 부품을 골라내기란 여간 어려운 것이 아닙니다. 눈에 불을 켜고 찾아다녔지요. 그렇게 몇 개를 골라서 회사로 돌아와 다시 밤늦도록 깎고 닦고 칠하면서 조금씩 기계를 다시 조립하기 시작했습니다.

CNC 컨트롤러는 한국에서 달리 구할 방법이 없었습니다. 그래서 미국 맥얼로이에 문의를 했습니다. 제품을 만들어서 보내주는 데 3~4개월이 걸린다는 답신이 왔습니다. 납품일정을 맞춰서 생산을 할 수 없으니 제대로 된 해결책이 아니었지요. 그래서 자동연결 라인을 끊고 기계 부분을 조립해서 매뉴얼로 돌려볼 생각을 한 것입니다. 밤낮없이 부품 만들고 발품을 팔면서 부속품들을 끌어모아서 고생한 결과, 기계를 다시 조립할 수 있었습니다. 한 20일 정도 주야로 작업한 결과였지요.

사실 나는 기계가 반쯤 조립될 무렵에는 확신이 들었습니다. 직접 조립을 해보니까 별로 어려운 기계가 아니라는 생각이 맞아들었습니다. 충분히 만들 수 있는 것이었어요. CNC 컨트롤러 부분만 빼고 나머지는 다 만들어냈기 때문에 수동으로 돌리면 된다고 생각한 것이지요. 그런데 직원들은 조립한 기계가 실제로 가동하면서 성능이 나올지 미심쩍었던 모양입니다. 드디어 떨리는 마음으로 시운전을 했습니다. 시운전 결과 성공적이었지요. 다만 수동으로 하기 때문에 생산성은 60퍼센트 수준밖에 안 나왔습니다. 그렇지만 품질은 100퍼센트 그대로 나왔어요. 어느 정도 기대는 했지만 예상 밖으로 결과가 좋았던 것이지요. 그래서 다시 생산을 재개할 수 있었습니다. 큰 고비를 넘겼지요.

생산을 재개하고 보니 역시 생산성이 문제였습니다. 원래 두 사람이 하던 일을 네 사람이 하면서도 물량은 적게 나오니까요. 그동안 밀린 납품 맞추면서 다시 방법을 고민했지요. 역시 기계가 더 필요했습니다. 다시 기계를 도입하던가 아니면 자체로 만들어야 했습니다. 기계 도입은 당시 상황에서는 엄두를 못 냈습니다. 처음 시작할 때만큼 빚을 더 얻어야 했고, 무엇보다 당장 생산량 맞추는 것이 급했으니까 시간이 없었던 것입니다. 그래서 결론은 '다시 만들어보자.' 였습니다.

그것이 문제였습니다. 어쨌든 역설계를 끝까지 해보았으니까 기계를 만들어내는 것은 할 수 있었습니다. 기계가 미국에서 특허를 받은 제품이라는 것과 미국 특허청에 등록한 특허번호도 알고 있었지만, 정확히 어떤 부분의 어떤 기술이 특허를 받은 것인지는 몰랐습니다. 메인바디의 어떤 부분이겠거니 생각을 했습니다. 실제로 일하는 데 제일 중요부분이었으니까요. 특허받은 기계를 무단으로 만들 수는 없지만, 특허받은 기능을 피해서 만들 수는 있겠다는 생각이 들었습니다. 일단 직원들에게는 기계 제작에 착수하라고 지시해놓았습니다. 그리고 메인바디의 어떤 작동과 기능이 특허를 받은 것인지 알아보고 싶어서 미국 특허청에 편지를 보냈습니다. 미국 특허청에서는 수수료를 보내주면 특허기술 내용을 알려준다는 답을 보내왔습니다. 그래서 돈을 보내고 2주쯤 지나서 답신을 받았지요. 내 생각과 달랐습니다. 내가 지목한 메인바디가 아니고. 파이프 피딩(pipe feeding)을 도와주는 이송장치가 특허를 받았던 겁니다. 그건 정말 아무것도 아니었지요.

본격적으로 기계 제작에 들어가게 되었습니다. 메인바디도 원래 모양 그대로 다시 만들었지요. 다시 밤낮을 잊고 열심히 기계 제작에 매달려서 2호 기계를 완성했습니다. 제품의 성능도 80퍼센트까지 올라갔지요. 새로 만든 부품으로 두번째 만드니까 성능도 개선이 된 것입니다. 이제 기계 두 대로 캐퍼가 오히려 늘어난 것이지요. 그리고 그 무렵 삼성전자의 제습기 사업에도 참여하게 됩니다. 삼성전자에서는 삼영의 캐퍼를 걱정했습니다. 그래서 다시 3호와 4호 기계를 만들었지요. 기계는 만들 때마다 계속 성능이 개선되었습니다. 그렇게 모두 4대의 기계를 보유하게 되었고 삼성전자 제습기에 들어가는 콘덴서를 연간 8만 개 이상 만들어낼 수 있었습니다. 불과 몇 달 사이에 지옥과 천당을 오간 것이지요.

사업 초기에 유일한 생산 장비인 고가의 수입 기계가 불탄 것은 거의 재앙에 가까운 일이었습니다. 웬만하면 모두 포기하고 술로 세월을 보냈을 겁니다. 그렇지만 의지를 가지고 계속 방법을 찾으니 분명 무슨 수가 나오더란 말입니다. '하늘이 무너져도 솟아날 구멍은 있다.'는 말이 빈말이 아니었습니다. 나는 지금도 그때 불탄 기계를 하나하나 뜯어내던 시간들이 모두 기억납니다. 공장 마당에 엎드려서 전개해놓은 기계부품을 만지고 닦던 기억이나 청계천, 구로동을 다니면서 부속품을 찾았던 기억도 고스란히 남아있습니다. 내 사업의 첫번째 위기를 극복해나가던 장면의 기억이지요. 그 기억이 오래갑니다. 1982년 겨울, 그때 내가 가졌던 의지와 부지런한 노력을 내 머리와 몸이 기억하고 있었기 때문에 이후 더 큰 위기도 극복할 수 있었습니다.

그때 화재가 나지 않았다면 어땠을까요. 사업이 잘되고 있었으니까 순탄하게 갈 수 있었겠지요. 그러나 내가 수입기계와 똑같은 기계를 3년 만에 만들어내는 건 불가능했을 겁니다. 불이 났기 때문에 나는 뜻하지 않게 볼트 너트 하나까지 역설계를 할 수 있었습니다. 핀

튜브 사업을 하는 사람 중에서 사업 초기에 핀튜브 기계를 속속들이
보고 만들어본 사람이 얼마나 있었을까요. 전화위복이 이런 경우일
것입니다.

부지런하면 위기도 기회다

갑자기 한국중공업에서 공문을 보내왔습니다. 거래 중단을 통보한 것입니다. 내 사업으로서는 두번째 큰 위기였습니다. 한국중공업은 1995년경부터 핀튜브 자체 생산 준비를 해왔습니다. 나는 모르고 있었지요. 한국중공업 엔지니어들이 미국 켄튜브를 오고가면서 준비를 모두 마쳐놓고 마지막에 공문을 보내서 거래중단을 통보한 것입니다. 삼영으로서는 청천벽력 같은 이야기였지요.

아닙니다. 한국중공업은 그때 켄튜브의 고주파 핀튜브 기계를 도입
해서 켄튜브의 기술로 핀튜브를 만들겠다는 것이었습니다. 아마도
당시 한국중공업은 기계 값만 대당 110만 달러를 주고 두 대의 핀튜
브 기계를 수입한 것으로 기억합니다. 그리고 미국 켄튜브에 엔지니
어들을 보내 핀튜브 기술을 배우게 해서 만들었습니다.

사실 당시 삼영도 켄튜브와 기술제휴를 하고 있었습니다. 마지못
해 기술제휴를 했습니다. 국산화 개발을 다 해놓고도 미국 GE의 요
구대로 미국에 가서 켄튜브와 기술제휴를 해야만 했습니다. 기술 후
진국의 중소기업이라서 겪은 억울한 일이었지요.

한국전력공사(한전)가 서인천복합화력발전소를 건설할 때 발전설비
의 종합엔지니어링을 미국 GE에 맡겼습니다. 발전설비 생산은 한국
중공업이 맡았지만 설계기술이 없었던 것이지요. 한국중공업의 발전
설비는 GE의 설계와 품질관리 아래 생산되었습니다. 그래서 삼영이
한국중공업에 납품하던 핀튜브도 GE가 품질보증을 하도록 되어 있

었던 것입니다.

발전설비 분야에서 국내 대기업의 설계기술이 부족했다는 것이군요.

그렇지요. 설계는 모두 GE가 했습니다. 지금도 국내 대기업이 설계
와 종합 엔지니어링을 못하고 있습니다. 이런 부분이 선진 기술의 힘
이고 선진국 국부의 진짜 원천이지요. 발전소는 설계와 엔지니어링
기술에서 모든 것이 결정됩니다. 그 기술이 없으면 실제로 안전성이
있는지, 효율적인지, 비용이 적절한지 알 수가 없지요. 그리고 나중
에 오퍼레이션에 적합성이 있는지 여부도 알 수가 없고요.

그렇다면 한전이나 한국중공업이 GE의 요구를 거절하기는 어려웠겠습니다.

당시에 세계 발전설비 업계에서 한전 복합화력발전소 사업에 관심이
많았는데, 한국 기업인 삼영에서 개발한 국산 고주파 핀튜브가 들어
간다는 소식에 놀랐습니다. 국내로 보면 수입대체 효과가 큰 것이지
만 기존 업계를 주름잡던 미국이나 일본, 유럽 업체들 입장에서는 중
요한 시장을 뺏긴 것입니다.

그런데 GE가 품질보증 문제를 들고 나와서 다시 미국 업체를 끌고
들어오려 했습니다. GE의 이야기는 삼영이 납품한 핀튜브의 오퍼레

이션 이력이 없다는 것입니다. GE가 만든 룰은 모든 제품은 최소 5년의 발전설비 오퍼레이션 경험이 있어야 한다는 것이었습니다. 그런데 그것은 선진국 업체들이 자신의 이익을 유지하기 위해서 만든 일종의 진입장벽이었습니다. 5년간 오퍼레이션 룰을 적용하면 우리나라 개도국 업체들은 도저히 진입할 수가 없는 것입니다.

그때 한전이 분명한 입장을 취했습니다 한전은 "삼영의 기술력을 인정하고 품질을 한전이 보증한다."고 하면서 "삼영이 국산화한 핀튜브를 쓴다."고 못을 박았지요. 그래도 GE는 쉽게 물러서지 않았습니다. 그때 GE가 제시한 절충안이 미국 켄튜브와 기술제휴를 하라는 것이었습니다. 하는 수 없이 미국으로 건너가 켄튜브와 기술제휴를 하고 5퍼센트의 로열티를 지급하게 되었지요. 기술개발을 한 나로서는 굴욕적인 일이었습니다. 실제로 켄튜브는 아무런 하는 일 없이 로열티만 받아갔습니다.

느닷없이 통보를 받았기 때문에 몹시 당황했습니다. 사업을 오래 한 사람으로서 한국중공업이 핀튜브를 독자 개발 생산하겠다고 마음먹는 것을 왜 이해하지 못하겠습니까. 그리고 그동안 연구원들이 고주

파 핀튜브 기술을 개발하기 의해서 무엇인가 노력하고 있다는 것도
알 수 있었습니다. 충분히 이해할 수 있는 일입니다. 모든 사업관계
는 영원히 갈 수 있는 것은 아니니까요. 하지만 그렇게 갑자기 거래
중단을 통보할 줄은 미처 생각을 못했지요. 상식적으로나 도의적으
로나 맞지 않는 일이라서 충격이었고 몹시 화가 났습니다.

대기업과 중소기업의 관계라고 하더라도 거래를 중단하려면 미리
협의를 하고 양사가 서로 소프트 랜딩을 할 수 있도록 돕는 것이 상도
의입니다. 그 사이 한국중공업은 수입대체효과만으로도 큰 이익을 보
았고 더불어 삼영의 원가절감 노력으로 상당한 이익을 볼 수 있었습
니다. 삼영은 원가절감으로 7년 동안 한국중공업 납품가를 무려 50퍼
센트나 내려주었지요. 또한 삼경은 한국중공업 엔지니어들과 삼영의
기술과 노하우를 공유했습니다. 한국중공업으로서는 전혀 손해 보는
장사가 아니었는데 무슨 이유에서인지 사실상 삼영은 미국 켄튜브에
밀려서 쫓겨나게 된 것입니다.

10년의 기술개발 끝에 고주파 핀튜브 기술을 개발해 국산화하고
발전시켜왔지 않습니까. 기술 하나만 바라보고 사업하던 중소기업이
었지요. 그런데 갑자기 모든 것을 다 빼앗긴 것이나 다름없었습니다.
중소기업인의 비애를 느꼈지요. 그때 한국중공업이 삼영과 거래를
중단하는 일이나, 미국에서 핀튜브 기계를 수입하는 일은 지역 업계
에서 큰 이슈였습니다. 그래서 매일경제 기자가 취재를 왔습니다.

"미국 GE의 압력으로 켄튜브에 5퍼센트의 로열티를 지급해야 할
때 제대로 막아주지도 못했던 한국중공업이 무슨 이유에서인지 켄튜

브의 고가 장비를 수입하고 국내 중소기업을 막다른 골목으로 내몰고 있습니다. 현재 삼영의 매출 60퍼센트 이상이 한국중공업에 공급하는 핀튜브지요. 국산화 기술개발에 전념해온 중소기업이 이렇게 쫓겨나도 되는 것인가요."라고 내 고민을 토로했습니다.

이후로 계속 취재를 해오던 기자가 1998년 봄엔가 기사를 쓰기도 했습니다.

한국중공업의 행위가 이만저만 부당한 것이 아닌데도 특별히 법적 조치를 구해볼 여력이 없었습니다. 당장 회사가 먹고살 방법을 찾는 것이 급했습니다. 상공부에 중소기업 애로사항에 대한 진정서를 내는 정도에 그쳤지요. 상공부의 결정은 이것입니다. '한국중공업은 중소기업인 삼영이 자생력을 갖도록 최대한 협조하라.' 그 와중에 그나마 내게 위안을 주는 결정이었습니다. 주위에서는 그 결정을 가지고 손해배상 소송을 하라고 했지만 당장 회사를 살리는 것이 급해서 그럴 여력이 없었습니다.

또 기억나는 것은 1998년 봄에 매일경제 기사가 나오고 나서 국회 박근혜 의원실에서 전화가 왔었던 일입니다. 그때 박 의원이 막 초선의원이 되었던 첫해였고 국회 산자위원회 활동을 했을 겁니다. 전화로 비서관이 전해준 말이 그때는 정말 위로가 되더군요.

"기사 잘 보았습니다. 박 의원이 국산화 개발을 한 중소기업이 그런 대접을 받는 것에 대해서 심각하게 생각하고 있습니다. 곧 국정감사에서 이 문제를 따질 테니, 자료가 있으면 더 보내주세요."

그때 자료를 보내거나 달리 무언가를 한 것 같지는 않아요. 하지만 기억에 오래 남는 일이었습니다. 정치인이 국민과 소통하는 것이란 그런 것이겠지요.

조금 거시적으로 보면 1990년대 중반을 지나면서 우리나라가 글로벌 시장에 발을 깊이 들여놓기 시작했습니다. 자유무역 전성시대가 시작된 것이지요. 북미에서 NAFTA가 시작되고, 우루과이 라운드(UR)가 진행되면서 시장개방이라는 말이 하루도 언론에서 나오지 않는 날이 없었습니다. 우리나라도 1994년 만들어진 WTO에 가입합니다. 본격적으로 글로벌 경쟁이 시작된 것이고 다른 말로는 선진국 자본 앞에 한국 기업이 무방비로 노출이 되는 때였습니다. 그런데 한국의 발전설비 시장은 대표적인 정부 조달시장이었습니다. 규모도 크고요. 당연히 시장개방 압력의 표적이 되었습니다. 결국 그 불똥에 삼영은 직격탄을 맞은 것이죠.

좀 거창한 말이지만, 루이 파스퇴르가 이런 말을 했다고 하지요.

"과학에는 국경이 없지만 과학자에게는 조국이 있다."

명언입니다. 파스퇴르가 말한 뜻과 조금 다르긴 하지만, 과학뿐만이 아니라 기술이나 자본, 기업에도 적용할 수 있는 말입니다. 기술의 국산화, 국내 자본의 축적과 한국 기업의 성장은 매우 중요합니다. 여전히 국력이라는 것이 사람들의 삶의 질을 정하게 마련이니까요.

'기술보국(技術保國)'이라는 말이 시대에 뒤떨어진 구식 생각으로 치부되고 있는 것이 사실입니다. 그렇지간, 경제가 글로벌화될수록 오히려 더 강조되어야 할 덕목입니다. 기술이 있는 기업이 국가의 부를 만들고 국가의 부가 더 강한 기업을 만들 수 있는 것입니다. 내가 보고 겪은 경험입니다. 기술보국은 기계공업을 하는 기업인이나 엔지니어들이 반드시 가져야 할 마음가짐이지요. 결코 진부하지 않은 가치입니다. 그렇지만 동시에 나라의 산업생태계가 기술 축적이 가능하도록 시스템과 정책이 뒷받침되어야 하고 나라의 산업생태계가 바뀌어야 합니다. 지금도 세계시장에서 통하는 기술을 국산화 개발하는 중소기업이 더러 있습니다. 이런 중소기업은 세계시장에 나가서 치열하게 경쟁하는 노력도 해야 하지만 국가와 대기업이 나서서 보호해주는 정책도 필요합니다. 단지 국내에서 하도급 공정화 정책으로 중소기업을 보호한다는 수준 이상으로 말이지요.

당시에도 그랬습니다. 이미 삼영은 그동안 GE가 문제 삼던 오퍼레이션 경험도 갖고 있었고, 독자적으로 개발한 기계도 있었고 기술과 노하우도 있었습니다. 만약 한국중공업이 거래중단을 통보한 진짜 이유가 핀튜브를 자체 생산하겠다는 것이라면, 삼영의 국산화된 기계와 삼영의 독자 개발 기술을 받으면 됩니다. 미국 켄튜브에 의존할 이유가 없었습니다. 그렇지만 한국중공업은 수입과 해외업체 기술제휴를 선택한 것입니다. 한국중공업이 켄튜브에서 원화로 치면 대당

11억 원을 주고 들여온 기계는 삼영에서는 2억 원에 만들어 공급할 수 있었습니다. 삼영이 기술을 제공하면 값비싼 달러로 로열티를 주지 않아도 되었지요.

회사를 망하게 할 수는 없으니까요. 회사 규모도 커진데다가 10년 동안 기술개발에 매달려온 직원들이 내 얼굴만 쳐다보고 있는데 사업을 접을 수도 없지 않습니까. 사업을 계속하기 위해서 방법을 찾아야 했지요. 그때는 국내뿐만 아니라 세계적으로 발전설비 시장은 호황이었습니다. 특히 북미와 아시아 쪽이 발전수요가 늘면서 발전소 건설이 많았습니다. 세계 발전설비 시장의 메이저들이 모여 있는 곳이 미국입니다. 그래서 무작정 가방을 들고 미국으로 갔습니다. 나는 갑갑한 상황이 되면 일단 움직입니다. 기술 문제든 영업의 문제든 일단 무슨 일이든 시작하고 보는 것이지요. 그때도 언제나 그렇듯이 부지런을 떨었습니다.

미국 동부지역을 돌면서 발전설비 업체들의 문을 두드렸습니다. 루터 에릭슨, 올 보그, ABB-CE, 보거트, 델택 같은 미국의 대표적인 발전설비 업체들을 찾아가서, 말하자면 영업을 시작한 것이지요. 그렇지만 프레젠테이션 기회를 갖는 것조차 어려웠습니다. 물론 그들 대부분이 한국의 삼영이라는 회사를 모르니 귀담아 듣지 않았겠지요.

그중 ABB-CE(CE)는 서인천복합화력발전소 사업의 보일러 부분을 맡아 참여하고 있었습니다. 폐열회수장치(HRSG)를 한국중공업을 통해서 공급받고 있었던 것이죠. 그런데 그들은 폐열회수장치에 들어가는 고주파 핀튜브를 한국중공업이 개발한 것으로 알고 있었습니다.

그래서 제일 먼저 프레젠테이션 기회를 얻은 곳이 CE였습니다. 중요한 기회였지요. 나는 CE가 있는 코네티컷 주 윈저에 캠프를 차리고 준비했습니다. 삼영의 고주파 핀튜브 기술을 소개하고 그동안 한국에서 발전설비 사업을 한 이력도 설명했습니다. CE에서는 한국중공업에서 공급받는 핀튜브를 삼영이 개발해서 생산하는 것이라는 사실을 그때 알았던 것입니다. 우리가 말하자면 한국중공업의 사내 하청이었으니까 그렇게 알고 있을 수도 있었습니다. 그래서 내가 직접 개발한 것이고 나는 한국중공업이 아니고 삼영이라고 설명하고 같이 사업을 해보자고 제안을 한 것입니다. CE도 한국에 알아보고는 내 말이 사실인 것을 확인했습니다. 그 뒤로 이야기가 급진전되었습니다. 그들 기준으로 봐도 7년의 오퍼레이션 이력이 있고, 또 경쟁력이 있었거든요.

CE는 먼저 품질 엔지니어 2명과 구매담당 1명을 삼영으로 보내서 실사를 했습니다. 삼영의 핀튜브 기계는 한국중공업에 있던 3대를 이천 공장으로 옮겨두었고, 삼성중공업에서 생산하고 있던 기계가 2대 있 었고, 그리고 원래 이천공장에 2대가 있었습니다. CE 직원들은 이천 공장 기계를 둘러보고 생산공정과 제품을 확인하고는 대단히 만족했 지요. 1997년 6월에 수주를 했는데, 놀랍게도 삼영이 견적낸 금액 그 대로 오더를 받았습니다. 한 푼도 깍지 않았습니다. 처음 800만 달러 오더를 받았지요. 한국중공업에 납품해서 받던 것보다 20퍼센트를 더 받은 것입니다. 그때 원달러 환율이 800원 내외였고요. 절박한 심 정으로 미국에 가서 이 회사 저 회사 기웃거리고 때론 문전박대도 받 으면서 고생한 보람이 있었습니다. 아무튼 회사가 문을 닫지는 않겠 다는 안도의 한숨을 쉴 수 있게 되었습니다. 마침내 미국에서 활로를 찾은 것이지요.

처음 오더받은 물량은 1997년 10월, 11월에 선적을 했습니다. 그 러는 동안 한국과 아시아 경제가 무너지는 소리가 들리고 있었지요. 연초 한보철강이 부도가 나더니 삼미그룹, 진로그룹, 대농그룹, 쌍방 울그룹, 그리고 기아차까지 법정관리에 들어갔습니다. 환율도 치솟 기 시작했고요. 미국 증권회사 모건스탠리가 '아시아를 떠나라.' 라는 보고서를 쓰고 뒷북친다는 이야기를 들을 정도로 이미 외화가 급격 히 빠져나간 것입니다. 국가적 위기였습니다. 이내 IMF가 연일 뉴스 를 가득 채웠습니다.

IMF 외환위기가 터진 것입니다. 환율은 순식간에 천정부지로 뛰었 습니다. 달러유출이 심각해서 외환시장은 개장과 동시에 문을 닫아야 하는 일도 많았습니다. 1997년 연말 CE로부터 800만 달러를 받아놓았는데, 6월에 800원이던 원달러 환율이 12월에 1,600원을 넘었습니다. 한때는 1,800원까지 가더군요. 원화르 두 배가 된 것입니다. 64억 원 정도로 예상했는데 120억 원이 넘었으니까요.

1997년 연말 나는 CE로 보내는 물량 선적을 마쳐놓고 다시 미국 델택과 협상을 시작했습니다. 이때부터 2000년까지 삼영은 델택과 장기공급계약을 체결하고 초대형 프로젝트를 하나씩 해나갑니다. 엄청나게 큰 홈런을 친 것이지요. 경기도 이천공장에서 생산한 핀튜브를 부산항에서 선적했는데, 이천공장도 좁아졌고 국내 물류도 번거로운 일이 많아서 창원으로 내려오게 되었습니다. 창원에 공장을 짓고 다시 늘리고 하면서 창원의 대공장 시다가 시작된 것입니다.

삼영이 세계적인 발전설비 업체와 거래를 한다는 것은 생각을 못했었지요. 항상 한국중공업, 삼성중공업 같은 국내 대기업의 뒤에 숨어 있었습니다. 한국중공업이나 삼성중공업의 해외사업에 참여하면서도 삼영이 직접 해보지는 못했습니다. 돌아보면 국내 시장에 만족한 채 한두 해를 보내면서 우물 안 개구리의 모습으로 안주하진 않았는지 반성도 해보게 됩니다. 우물물이 말라서 도저히 더 버티지 못할 때가 되어서야 뛰쳐나오게 되었으니까요. 우물 밖의 넓은 세상을 보고 도약할 수 있었습니다. 분명히 도약이었습니다.

CE, 델텍과 거래를 성사시키면서 나는 그때로부터 20년 전, 직장생활을 접고 미국 이민을 가던 생각이 났습니다. 내가 막연하게 큰 사업을 할 수 있겠다는 꿈을 안고 갔던 미국이었지요. 그렇지만 다시 이민을 포기하고 한국에 돌아왔습니다. 당시 미국을 통해서 상상할 수 있었던 것은 선진 기술과 넓은 시장이었습니다. 돌고 돌아서 20년 후에 내가 상상했던 것을 경험하게 된 것입니다. 미국 발전설비 업체들은 글로벌 플레이어들이었습니다. 전세계 시장을 좌지우지하는 힘과 규모를 가지고 있었지요. 20년 전에는 빈손으로 이민가방만 달랑 들고 가서 꿈꾸고 상상했던 일이었지만 20년 후에는 기술이 있었고 한국에서 성공한 경험이 있었습니다. 그리고 위기에 처한 회사를 살려야 한다는 기업인으로서 의지가 있었지요. 절박한 상황이었지만 내가 만든 핀튜브가 있는 한 당당할 수 있었습니다. 세계적인 발전설비 업체들과 비즈니스를 하고 있는 내가 20년의 세월을 돌아왔지만 그 시간을 허비하면서 살아오지는 않았구나 생각했지요.

미국업체와 거래를 성사시키고 달러가 들어오기 시작할 무렵

외환위기가 터져서 환율이 급등했습니다.

한국중공업에서 거래중단을 통보받은 순간부터 미국에서 큰 거래처를 발굴한 것, 그리고 납품을 하고 달러가 들어오자 환율이 급등한 것까지 드라마틱한 과정이었지요.

그렇다고 혼자 웃고 다닐 만한 상황은 아니었어요. 중소기업들은 말할 것도 없고 쟁쟁한 재벌기업들도 차례로 쓰러지는 상황이었으니까요. 정도의 차이는 있었지만 기업들이 사업을 유지하기 어려운 때였습니다. 특히 내수시장만 바라보던 기저업종은 연달아 쓰러져갔고요. 수입 원자재 가격 역시 두 배로 오른 셈이라서 웬만한 수출기업도 어려웠습니다. 삼영은 포스코 자재를 썼기 때문에 원자재 수입 부담에서도 벗어나 있었습니다. 오히려 국산 자재는 수요가 없으니까 가격이 떨어지고 있었지요. 대부분의 기업들이 그 모양이니 실업자도 넘쳐났습니다. '고통분담'이라는 말이 유행했습니다. 사업은 대박이라 할 만큼 잘되었지만 내색하기는 어려운 분위기였습니다.

미국 업체들과 한창 거래를 늘려나갈 때인 1998년 하반기부터 환율이 조금씩 안정되기는 했지만, 2000년까지는 고환율이 유지되었습니다. 1997년, 1998년에는 들어온 달러를 언제 환전할 것인지도 행복한 고민이었습니다. 그때는 온 나라가 달러 모으기에 나서 있을 때여서 국민들이 돌 반지까지 들고 나와 금을 모으고, 심지어 박찬호와 박세리가 벌어들이는 달러도 국민들이 자기 일인 것처럼 같이 좋아

해주던 때였습니다. 달러 자체가 의미있는 목표였지요. 삼영이 거기에 기여한 것은 맞습니다. 가슴 뿌듯한 일이지요. 과거에는 삼영이 국산화 개발을 한 수입대체효과로 기여했지만 1997년부터는 수출로 기여한 것입니다.

개인적으로 보면 위기가 기회와 행운을 가져다준 것이어서 이 역시 전화위복이 된 경우입니다. 나의 경험으로도 위기는 분명히 새로운 기회가 됩니다. 그런데 위기가 그냥 기회가 되는 것은 아닙니다. 사람이 몸을 움직여서 만들어야 하는 것이지요. 일을 해야 한다는 말입니다. 나는 위기를 이기는 저력을 특별한 달란트에서 찾지 않습니다. 근면. 바로 부지런함입니다. 위기 이전에 계속 쌓아온 부지런함이 있어야 하고, 또 막상 위기를 맞이했을 때도 꺾이지 않고 계속 몸을 움직일 수 있는 부지런함이 있어야 합니다. 부지런하면 됩니다.

'대부운재천(大富運在天), 소부운재근(小富運在勤)'이라는 말이 있습니다. 큰 부는 하늘에 달려 있고, 작은 부는 부지런히 일하는 데서 온다는 말이죠. 큰 부는 행운이 있어야 하고 작은 부는 부지런히 노력만 하면 된다는 말도 됩니다. 그런데 행운도 부지런하면 만들어진다고 생각합니다. 그래서 우리말에 '지성(至誠)이면 감천(感天)'이라는 말도 있는 것이겠지요. 하늘을 움직이는 것은 오로지 궁극까지 성실한 것 말고는 없다는 말입니다.

아무도 하지 않으면 내가 한다

2003년 인수한 S&T중공업의 경영정상화 과정은 극적이라는 표현이
어울릴 것 같습니다. 만성적자, 부채비율 1,900퍼센트, 임금체불 1,700퍼센트,
창원 최다 파업사업장 등, 아무런 희망이 없던 회사에서 지금은 보란 듯이
견실한 기업으로 계속 성장하고 있습니다. S&T중공업 경영에서
가장 큰 위기는 인수직후 노조의 파업과 정문봉쇄가 장기화되어서
생산과 납품이 모두 정지된 시기였던 것 같습니다.
인수 후 6개월 만에 통일중공업을 떠나야겠다는 생각도 하셨으니까요.

그렇습니다. 그때까지 25년 사업하면서 많은 위기를 겪어왔지만, 통일중공업 노조와 부딪치면서 좌절한 순간이 가장 생생하게 기억에 남습니다. 내가 책임지겠다고 마음먹고 시작한 일 중에서 중도에 후회를 제일 많이 했고, 사업을 그만하고 싶다고 말한 경우는 그때가

유일할 것입니다. 나를 포함한 통일중공업 구성원 모두의 위기였습니다.

정확히 말하면, 1998년 통일중공업이 부도 처리될 때의 위기가 법정관리 중에 그대로 묻혀 있다가 내가 인수하고 나서 다시 그대로 살아나왔던 것이지요. 나는 그렇게 느꼈습니다. 1990년대로 돌아가서 과거와 싸우고 있다는 느낌이었습니다. 그래서 내가 통일중공업 인수를 두고 '시대의 잘못된 유산'을 상속받았다고 표현하는 것입니다.

세상사가 다 그렇듯, 기업도 앞에서 남긴 숙제를 그냥 두고 다음 단계로 갈 수가 없습니다. 정직한 인과(因果)의 법칙인 것이지요. 내가 그 인과의 법칙과 인연(因緣)을 맺었으니, 받아들이든지 아니면 인연을 끊든지 둘 중 하나였습니다. 그때 내가 그 인연을 끊겠다고까지 생각한 것은 내 개인의 위기였습니다. 반면, 회사와 직원들은 과거에 있었던 일의 결과를 피할 수 없음이 명백했으니까 위기였고요. 어떤 다른 인연으로 다시 시작한다면 더 큰 결과를 받아들여야 했다는 말입니다.

인생이나 사업에 있어 퀀텀점프가 불가능하지는 않을 것입니다. 그런데 어떤 도약으로 보이는 변화의 곡선들을 미분(微分)해서 보면 그 안에 충실한 변화의 이유가 빼곡히 있습니다. 만약 그런 변화의 이유를 찾기 어렵다면 문제지요. 인과의 법칙은 그냥 넘어가지 않으니까요. 나중에라도 그것을 다 채워 넣지 않으면 다시 내려와야 하는 것입니다.

회사도 갑자기 잘될 리는 없습니다. 매출이 늘고 수익이 느는 것도 다 이유가 있어야 하고 직원들의 연봉이 늘어나는 것도 다 이유가 있어야 합니다. 적자 회사에서 이유 없이 월급만 올려 받으면 나중에 돌려주어야 할 것이 더 많아집니다. 나와 통일중공업이 겪은 고통은 그런 과정이었지요.

내가 노조에 약속한 것은 한마디로 '회사의 경영을 정상화시키겠다.'는 것입니다. 그리고 내가 요구한 것은 '생산현장에서 기본질서를 지키자.' 그리고 '생산성을 남들 하는 만큼만 올리자.' 이 두 가지였지요. 지금 생각해보면 지극히 상식적인 이야기입니다. 이런 상식적인 이야기가 통하지 않는 답답함이 아마 제일 컸던 것 같습니다.

회사의 경영정상화는 내가 제시한 변화의 비전이었습니다. 지극히 상식적인 비전이지요. 내가 제시한 변화의 방향은 현장의 안정과 생산성 향상이었습니다. 이 역시 너무도 상식적인 방향입니다. 이런 상식적인 경영이 좌절될 때의 심정을 달리 표현할 길이 없어서 답답하다고 한 것입니다. 무엇이 상식을 상식으로 받아들이지 못하게 막는 장벽일까 밤마다 고민했습니다. 밤새 고민한 것을 들고 다음날이면 다시 만나서 이야기하고 설득하고 때론 화도 내고 소리도 질렀지요.

그리고 다시 밤새 고민하고요.

그후 2005년 2월에 인수 이후 3년 간의 기록을 책으로 발간한 일이 있습니다. 노사관계에서 회사와 노조가 주고받은 이야기와 사실관계를 거의 모아놓았습니다. 내가 고민했던 현장의 모습 그대로를 공개한 것이지요. 그 책은 예상 외로 반향이 컸습니다. 언론에서도 크게 소개했고, 기업인들이 읽어보고 나에게 강연 요청을 해오기도 했지요.

그렇습니다. 회사에서 비매품으로 만들어 지역의 기업인들에게 드렸는데 나중에는 전국에서 책을 보내달라는 요청을 많이 받았습니다. 그런데 그 책의 부제목이 바로 '실사구시'입니다. 실사구시에는 다른 어려운 뜻도 담겨 있지만 '상식으로 보고 상식적으로 살자.'는 말을 고차원적으로 한 것이지요. 그단큼 상식이 통하지 않는 답답함이 컸으니까요.

불신과 폭력입니다. 어떤 말도 믿을 준비가 되어 있지 않았습니다.

조금 심하게 말하면 회사의 새로운 오너와 경영자를 받아들일 마음이 없었습니다. 회사가 너무 오래, 너무 힘든 시절을 보냈다는 것이 문제였지요. 그 어려운 시절을 노조에만 맡겨두었다는 것도 문제였고요. 회사를 살려보겠다는 경영자의 리더십이 없었기 때문입니다. 기업의 리더십은 인기투표가 아닙니다. 단기적으로는 오히려 반대일 경우도 많습니다. 힘든 일을 하지 않는 리더십은 회사를 살릴 수 없고, 책임지지 않으니까 리더십이 아니지요. 노조의 경영자에 대한 불신은 그렇게 생기는 것입니다. 노조에 잘해주지 않는다든지 임금이 높지 않다든지 하는 것이 불신을 만드는 것이 아니라, 회사를 살리기 위해서 할 일을 하지 않는 것 때문에 불신이 생기는 겁니다.

또 하나는 일상화된 폭력이었습니다. 통일중공업 노조의 가장 치명적인 결점이었지요. 사람이 자라는 동안 학교에서부터 폭력이 나쁜 것이라고 가르치고 사회에서도 폭력은 법으로 금지하고 벌을 줍니다. 이유가 있지요. 근대 이후에 국가에서 유일하게 인정하는 폭력은 국가 공권력밖에는 없습니다. 그 사회에서 가장 권위 있는 국가만이 공권력이라는 이름으로 폭력을 쓸 수 있게 한 것입니다. 공권력 중에 가장 강한 폭력은 군대가 가지고 있지요. 그것은 적과 싸워서 죽여야 하기 때문입니다. 국가 공권력 외에는 사람이든 조직이든 폭력을 쓸 수 없게 한 것입니다. 그 이유는 폭력은 야만이기 때문입니다. 인간 사회가 인간성의 가치에 대해서 오랜 세월 동안 경험한 끝에 자각하고 내린 결론입니다. 사람들에게 남아있는 야만성을 충족시키기 위해서 만들어낸 것이 스포츠입니다. 스포츠에서만 힘으로 상대를 제압할 수 있도록 한 것이지요.

폭력이 야만인 이유는 인간성을 파괴하기 때문입니다. 어떤 명분에서라도 폭력은 인간성에 상처를 주게 마련입니다. 상대의 몸에 상처를 내거나 신체적인 아픔을 주는 것보다 더 심각한 것은 폭력을 쓰는 사람이나 상대방이나 양쪽 모두의 인간성이 무너진다는 것입니다. 물리적인 폭력이든 말로 하는 욕설이든 마찬가지입니다. 부모가 아이들에게 폭력을 쓰지 말라고 하는 이유가 치료비 물어줄 것이 겁나서가 아니듯이 말입니다.

국가와 이 사회를 인정할 수 없어서 폭력으로 맞서 싸우겠다면 그것은 노사문제와는 별개의 문제입니다. 그것은 회사에 출근해서 할 일도 아니고요. 기업은 정직한 경영자와 성실한 근로자가 하루하루 열심히 일하고 시민으로서 국가나 사회에 의무를 다하기 위해서 존재합니다. 그 테두리가 노사관계의 한계입니다. 아무리 노사가 대립을 한다고 하더라도 그 테두리를 벗어나면 안 되는 것이지요.

일상화된 폭력이 존재하는 사회의 표본이 뉴스에서 보는 아시아, 아프리카, 남미의 후진국들이지요. 우리가 뉴스를 볼 때마다 측은하게 혀를 차지 않습니까. 가까이 일상화된 폭력으로 조직을 유지하는 곳이 조폭입니다. 어느 것이나 정상적인 기업이나 시민의 모습은 아닙니다.

아무튼 당시에는 불신의 벽이 너무 높고 강고했어요. 또 일상화된 폭력성이 회사 전체를 무겁게 누르고 있었습니다. 상식적인 대화가 안 되는 상황이었으니까요. 어느 누구도 행복할 수 없는 회사였지요.

특별히 드라마틱한 계기는 없었습니다. 다만 내 인생을 돌아보고 양심의 명령을 따르려고 노력했을 뿐입니다. 경영자로서의 내가 아니라 인간으로서의 명예를 걸었던 겁니다. 결과적으로는 내가 최고경영자이고 결국 내 판단과 결심이 중요했기 때문에 나의 십자가였지요. 그래서 직접 불신의 벽을 부수겠다는 결심을 했고, 불법과 폭력에는 내가 직접 현장에서 맞서겠다는 결심을 했습니다. 어떻게 보면 경영 이전에 황폐해진 인간성을 회복하겠다는 생각이었습니다.

이슈는 사내에서 노사간 합의한 사항을 금속노조가 거부할 수 있는가 하는 문제였습니다. 결국 법정까지 갔습니다. 대법원에 가서도 회사가 승소했습니다. 이 문제로 2005년 초에 장기 출근거부를 해서 끝내 징계해고된 조합원 대부분은 그해 복직했고요. 복직을 거부한 20명은 고등법원 판결을 기다렸던 것 같습니다. 회사가 승소했지만 회사에 선처를 요청한 8명은 배려를 해주었습니다. 회사에 납품하는 사업을 할 수 있도록 창업을 지원했습니다. 당시 인수한 화승AMT 사내에 공장을 임대해주고 기계도 무상으로 임대해주어 협력업체로 사업할 수 있도록 도왔지요. 모두 격렬하게 노조활동을 한 사람들이지요. 과거 노조위원장을 한 사람도 포함되어 있습니다. 지금은 자기 사업으로 회사 경영을 하니까 정말 결심히 일하고 있습니다. 크든지 작든지 간에 사업을 하면서 생산과 고용을 책임지면 생활이 바뀌고 인생관이 바뀌게 됩니다. 이제는 그들을 보는 것도 보람입니다.

최근에 사람들은 "지금의 S&T중공업은 과거의 통일중공업과 전혀 다른 회사가 되었다."고 합니다.

언론에서는 통일중공업의 과거 인수 당시 상황과 지금의 상황을 비교하면서 상전벽해라는 말을 썼습니다. (2011. 4. 15. 〈조선일보〉)

상전벽해 격입니다. 회사를 방문하는 인사들도 여기가 과거의 통일중공업이 맞느냐고 물어보면서 감탄합니다. 먼저 생산현장이 많이 정돈되었지요. 생산현장다운 질서가 잡힌 겁니다. 분위기를 바꾸기 위해서 화분도 갖다 놓고 조합원들이 먼저 나서서 청소나 환경미화 작업을 합니다. 공장을 둘러보고 작업환경에서부터 변화를 실감하는 것이지요. 다음으로. 생산량이 많이 늘었습니다. 노사분규가 사라지니까 생산량도 더 늘어난 거지요. 그래서 공장이 열심히 일하는 분위기로 후끈거립니다. 오랜만에 보는 이들은 놀랄 수밖에 없지요.

노사관계도 계속 변하겠지요. 일반적으로 계속 변화하는 관계를 평가하는 방법은 두 가지입니다. 하나는 어느 한 시점을 정해서 그때 상태를 평가하는 것이고, 다른 하나는 일정한 시간 구간을 정해서 그동안의 흐름을 평가하는 방법입니다. 2003년 이후 지금까지의 변화의 흐름을 보면 확실히 노사관계는 좋아지고 있습니다. 노사상생의 방향으로 가고 있는 것이죠. 그렇지만 그동안 크고 작은 분규가 많이 있었고, 자칫 잘못하면 다시 큰 위기를 맞을 수 있는 상황도 많았죠. 노사관계는 앞으로도 좋아지는 추세로 갈 것으로 봅니다. 하지만 노사간 갈등이 분규로 발전할 소지를 없애고 갈등의 상황에서는 또 끊임없는 소통을 해야겠지요.

희망사항이야 유치해도 되지요. 노사간에 갈등이 없기를 바라는 것은 무리가 있습니다. 차라리 상생하는 길로 가면서 갈등이 해결되기를 바라는 것이 순리지요. 정상적인 기업이라면 갈등이 순리로 해결되면서 오히려 회사 구성원의 단합을 유도하고 조직에 생동감을 줄 수도 있습니다.

대체로 경영자는 좀더 먼 미래를 걱정하고 대비합니다. 당연한 것이지요. 반면 종업원은 단기간의 성취감을 더 기대합니다. 차분하게 보면 이 차이가 많은 갈등을 설명해줍니다. 단도직입적으로 말하면, 나는 당장의 욕망 충족을 지연시키면서 나중에 더 큰 보상을 기대하는 것이 옳다고 봅니다. 우리 세대에는 내핍과 절제가 미덕인 정도가 아니라, 아예 보이지 않는 사회의 규범이었습니다. 안 지키면 손가락질을 받았습니다. '잘 살아보자.'라는 말도 몇 년 후가 될지 기약을 하고 한 말이 아니었지요. 그렇게 해서 자식세대, 청년세대가 비교적 풍요로움을 누리고 살아가는 것입니다.

나는 S&T가 일류기업이라고 생각하지 않습니다. 그렇다고 삼류도 아니지요. 그렇다면 어감이 좋지는 않지만 '이류'입니다. 나는 건강한 이류기업이 많아야 일류기업도 잘될 수 있다고 생각하고, 한국의 일류기업이 글로벌 초일류기업이 되어야 우리나라가 잘살 수 있다고 봅니다. 반면, 우리나라에서 이류기업이 살아남기가 너무 어렵다는 것도 잘 압니다. 지금까지 사업을 오래 해오면서 내 주위의 이류기업들은 모두 다 망했으니까요. 그만큼 이류기업을 잘 지켜내는 것이 어렵고, 살아남고자 한다면 일류기업이 되기 위해서 사력을 다해야 한다는 것도 잘 알고 있습니다. 그래서 나는 항상 지금보다는 미래에 살고, 우리세대보다는 미래세대를 생각하면서 살아야 한다고 말합니다. 그래서 기업을 지키는 것이지요. '미래경영'은 그렇게 소박하지만 절실한 나의 바람입니다.

노사 갈등의 원인을 이념적인 계급 갈등으로 보는 것은 학문적으로야 의미가 있겠지만, 지나치게 추상적인 이론은 현실과 맞지 않는 경우가 더 많습니다. 노사간에 생기는 갈등을 구체적으로 잘 보고 분석하는 일은 비단 기업 노사만의 일이 아니고 정부나 언론의 중요한 일이 되어야 합니다. 왜냐하면 노사간의 갈등은 성급하게 일반화해서 보면, 필연적인 적대적 대립으로 보여서 별로 할 것이 없습니다. 그렇지만 구체적인 사안마다 성실하게 분석해보면 그다지 적대적인 대립이 필요 없는 경우가 많습니다. 정책이나 사회여론이 막연한 근거로 반기업 정서를 부추기면 오히려 갈등이 커지는 일도 많고요. 정책은 개별 기업의 구체적인 상황을 충분히 조사하고 분석해서 수립하는 것이 맞습니다. 언론도 선입견 없는 르포 정신이 필요합니다. 조사나 분석이 아직 끝나지 않았다면 정책도 미루어야 하고, 보도도 결론을 열어두고 해야 합니다. 브여주기식 행정이나 선정적인 보도가 노사관계를 더 악화시키니까요.

노사상생이라는 말은 이제 누구나 하는 말입니다. 이제 공생이라는 말도 나왔지요. 그런데 이것이 정책이 되기 위해서는 많은 조사와 분석이 필요합니다. 한 기업 안에서도 노사상생을 하는 목표와 방법은 그때마다 다 다를 수 있습니다. 회사가 좀더 양보하기도 하고 노조가 물러서기도 하지요. 그런데 어느 것은 노사상생이고 어느 것은 아니라고 쉽게 말할 수 있습니까. 지금 필요한 노사상생 정책은 개별 기업의 자율적인 노사합의와 이행을 지켜주는 방향이어야 합니다.

전혀 다른 차원의 위기

2007년을 지나면서 전 계열사가 턴어라운드에 성공했다고 평가했었고

2008년 상반기는 최대의 실적을 내면서 다시 한 번 저력을 과시했습니다.

그때 다시 위기가 시작되었습니다. 리먼브라더스 파산이

미국의 전 금융권으로 번지고 다시 실물로 옮겨오면서

가장 먼저 타격을 입은 것이 GM이었지요.

그룹의 주력사업 중 하나가 자동차부품 사업이었으니 타격이 컸겠습니다.

2007년 가을에 미국 캘리포니아 지역으로 출장을 갔을 때 이미 미국의 위기를 감지할 수 있었습니다. 미국에서는 2007년에 접어들면서 부동산 거품이 꺼지기 시작했습니다. 캘리포니아에 잠깐 머무는 동안 주택가를 지나다보면 한 집 건너 하나씩 '집 팝니다(for sale).' 표지를 붙여놓고 있었습니다. 매물이 넘쳐나는데 팔리지 않았던 것이

지요. '서브프라임 모기지론(subprime mortgage loan)'의 문제는 이미 심각했던 겁니다.

한국에 들어와서 곧바로 그룹 임원들을 불러놓고 위기를 강조했습니다. 그때 한국에서는 아직 위기가 어떻게 오고 있는지 실감을 못했었지요. 나는 미국에서 진행되는 부동산 시장의 폭락과 자동차 시장을 이렇게 표현했습니다.

'지금 미국에서는 사람들이 집 산다고 빌린 돈의 이자를 못 갚고 있다. 그런데 집을 팔려고 해도 집이 안 팔린다. 집값이 폭락하고 있다. 빚을 지고 집을 산 사람들은 은행 빚을 못 갚으면 집이 은행에 넘어가는 것이다. 중산층 대부분이 집 지키려고 은행 빚 갚기 바쁘다.'

'집이 날아가는데 차를 사겠나.'

2008년 2분기가 지나면서 그대로 현실화되기 시작하더군요. 자동차 부품사업 전체가 무너지기 시작한 겁니다. 완성차 업체들은 차가 안 팔리니까 당연히 재고부담부터 줄이려고 발주를 안 냈습니다. 수출물량부터 시작해서 고객사의 자동차부품 주문량은 떨어지기 시작했지요. 2008년 하반기가 되자 연초 계획 대비 절반이 줄어들었고, 유가도 16퍼센트씩 뛰었습니다. 큰일이 난 것이지요.

2007년 10월부터 미리 경제위기를 감지하고 2008년 초부터
전 계열사에서 위기경영을 시작했습니다. 2008년 상반기까지
사실 아무도 위기 이야기를 본격적으로 하지 않았는데 말입니다.

다른 회사들에 비해서 빨리 대비를 한 셈입니다. 미국에서 크고 작은 모기지 회사들이 부도가 날 때부터 금융권에 큰 문제가 생길 것이라고 보았지요. 그것이 뒤에 리먼브라더스에서 시작되어서 금융권 전체가 무너지는 금융위기로 진행될 줄은 몰랐지만 말입니다. 그렇지만 금융권에서 문제가 생기면 바로 실물도 옮겨올 것이라고 예상할 수는 있었습니다. 시간 문제였지요.

그렇지요. 정부 발표는 항상 '경제의 펀더멘털이 튼튼하니 문제가 없다.'는 식이었습니다. 2008년 8월까지 그랬습니다. 경제 상황을 바라보는 정부나 국민들의 인식이 안이했지요. 10년 전 IMF 외환위기를 겪었을 때도 그랬지만 안이한 상황인식과 정책부재는 고질병입니다.

어떤 위기 상황에서도 기본은 기업이 내실을 기하는 것입니다. 가장 먼저 재무구조를 튼튼하게 챙겨두어야 합니다. 앞서 이야기했지만 부채비율을 줄이는 노력을 계속해왔기 때문에 2007년 연말에는 계열사의 재무구조는 큰 문제가 안 되었습니다. 그리고 현금 보유도 늘려두어야 합니다. 그래서 자재발주관리와 재고관리를 철저히 해야 하지요. 또한 장기간 미처리된 채권을 점검해야 합니다. 고객사의 상황에 따라 때로는 과감한 결단을 해야 하고요. 이런 일들이 일상적인 오퍼레이션에서 해야 하는 위기 대응의 기본이지요.

다음으로는 투자에 더 신중을 기해야 합니다. 투자가 계획되어 있다고 하더라도 대체로 불요불급한 투자는 더 지켜보고 판단해야 합니다. 당시 S&T대우에서는 GM 300시리즈 신차 프로그램을 놓고 한창 개발이 진행중이었고 해외공장 투자가 계획되어 있었습니다. 아시아에서는 중국과 인도 그리고 남미의 멕시코와 유럽의 폴란드에 생산공장을 지을 준비를 하고 있었고, 500억 원 이상 투자를 해야 할 시점이었습니다.

2008년 하반기에 접어들면서 더 바짝 긴장해서 주시하고 있는데 9월에 리먼 사태가 터진 것이지요. 그리고 전세계 주요 완성차 업체의 3분기 실적이 나왔습니다. 차를 전혀 못 팔았습니다. GM, 포드, 크라이슬러 등 미국 빅3 자동차 업체뿐만 아니라, 일본 토요타나 혼다, 유럽의 폭스바겐, 르노 같은 회사들도 거의 15퍼센트에서 30퍼센트까지 매출이 줄어들었지요. 2008년 8월부터 이미 미국에서는 'GM에 돈이 말랐다. 추가 자금지원이 없으면 심각한 상황이다. 눈치 빠른

직원들은 지금 GM을 떠나고 있다. 지금 상황이 계속되면 신차 300
시리즈가 진행될지 미지수다.' 라는 정보를 코내오고 있었습니다.

그러나 미국 GM 본사나 한국의 GM대우도 공식적으로는 아무런
이야기가 없었습니다. 심지어 물량이 계속 떨어지고 있는데도 매달
나오는 생산 계획도 큰 변화가 없었고요. 주로 2~3일 앞두고 계획이
변경되었다고 취소하거나 훨씬 적은 양을 납품받는 식이었지요. 부
품사들은 자재관리와 생산관리, 재고관리가 보통 어려운 일이 아닙
니다. 투자 문제는 더 하지요. 우리가 해외공장을 지으려는 것은 GM
의 글로벌 소싱 계획에 대응하는 것이었습니다. GM은 전세계 생산
거점에 부품 공장을 두는 것을 전제로 글로벌 소싱을 하겠다는 계획
이었고, S&T대우가 신차 300시리즈를 수즈하자 해외공장 투자를 빨
리 하라고 계속 재촉하고 있었습니다.

그래서 딜레마였습니다. 자동차 산업은 다규모 장치산업이기 때문에
완성차 업체가 신차를 론칭하거나 생산 거점을 바꾸는 경우에 대규
모 투자가 들어가야 합니다. 완성차 업체가 일정을 제시하고 투자를
하자고 하는데 부품업체가 그 일정에 맞추어 투자를 하지 않고 부품
생산 준비를 하지 않는다는 것은 상상하기 어려운 일이었지요. 그렇

지만 그때는 상황이 달랐습니다. 한국이 자동차 산업에 들어간 이후에 한 번도 겪어보지 못한 상황이었습니다.

나는 GM은 어떤 형태로든 망한다고 보았습니다. GM은 이미 수년 전부터 수익이 악화되어 있었습니다. UAW(전미자동차노조)라는 강력한 노조 때문에 정상화가 어렵다는 진단도 있었고요. 거기에 금융위기가 닥친 상황이었지요. 단기간에 금융위기가 해소될 것 같지 않았고, 그러면 자동차 판매가 개선되지 않을 것이라고 보았습니다. 더구나 GM의 방만한 경영실상과 GM 내부가 흔들리고 있다는 정보를 계속 보고받고 분석하고 있었으니까요. 그렇지만 그때까지도 국내 업계에서는 자동차의 대명사이고 100년 기업인 GM이 설마 망하겠느냐고 생각했습니다. 이전 같으면 상상하기 어려운 일이 실제로 벌어지고 있었던 것입니다.

결국 2008년도 해외공장 대규모 투자가 중도에 보류되었군요.
나중에 GM도 300시리즈 신차 양산을 1년 이상 연기할 수밖에 없었습니다.

그때 전면 보류는 아니었고, 상대적으로 시장상황이 나은 중국은 계속 투자를 진행해 쿤샨(곤산)에 생산 공장을 지었고, 나머지 모든 해외공장은 그 상태에서 중지시킨 것입니다. 뒤이어 벌어진 상황을 보면 해외공장 투자 보류는 천만다행이었습니다.

10월에 접어들자 미국에서는 GM을 어떻게 할 것인지 의회에서 논의를 시작했습니다. 결국 자동차 차르라는 법정관리인을 정해서 구조조정을 전제로 한 재정지원으로 몇 달 더 연명하다가, 2009년 6월 파산보호 절차인 '챕터 11'에 들어가게 됩니다. 그리고 7월에 뉴 GM으로 회생합니다. 미국 오바마 정부가 구조조정 과정을 거쳐서 빠르게 GM을 회생시킨 것은 칭찬할 만합니다. 아무튼 금융위기 와중에 GM이 겪은 파산과 회생은 상징적인 사건이었습니다. 당시 전세계 자동차 업계는 쑥대밭이 되었지요. 완성차 업체들뿐만 아니라 전세계 부품 공급 체인이 무너졌습니다. S&T대우 역시 매출이 절반 아래로 떨어지면서 최대의 위기에 몰렸지요.

해외공장 투자를 보류한 덕분에 S&T대우는 금융위기 속에서 겨우 버틸 수 있는 여력이 생긴 것입니다. 그럼에도 불구하고 2008년 겨울부터 2009년 봄까지는 숨 막히는 일들을 겪어야 했습니다. S&T대우는 그야말로 풍전등화의 처지였어요. 한치 앞을 내다보기 어려운 상황이었습니다. 도대체 어디가 바닥인지 알 수 없을 만큼 끝없이 추락하는 느낌이었지요.

회장님 말씀처럼 S&T대우로선 2008년 11월부터 2009년 상반기까지는 참 길고 어두운 터널이었습니다. 물량이 없어서 공장을 세워야 했지요.

우리가 외환위기와 금융위기를 10년 간격으로 두 번 겪었잖아요. 세기의 전환기라는 말도 있는 만큼 세상이 전혀 달라지고 있다는 느낌이었습니다. 지금도 나는 세계경제가 돌아가는 모양이 불안하기 짝이 없습니다. 앞으로는 글로벌 위기가 닥치면 거대한 쓰나미처럼 큰 것 작은 것 가리지 않고 쓸어갈 겁니다. 속수무책인 것이지요.

우리나라 경제도 어느새 훌쩍 자라 세계 경제의 흐름에 완전히 들어가서 같이 요동을 치는 형국이 된 것입니다. 글로벌 경제에 편입되고 글로벌 경쟁에서 살아남을 수밖에 없는 상황인 것은 분명한데, 그럼에도 불구하고 우리나라 처지에 맞는 우리들만의 경쟁방법이나 싸움의 방식에 대해서 깊이 연구해야 된다는 생각을 했습니다. 세계 거대자본의 횡포에 우리나라가 휘둘리고 있어요. 이대로 가면 눈뜨고 코 베이는 꼴이 될지 모릅니다. 다시 위기가 와도 손 쓸 겨를도 없이 당할 수밖에 없다는 말입니다.

2008년 겨울, 기계를 멈췄습니다. 생산할 물량이 없었어요. 공장에서 기계 돌아가는 소리가 끊어지는 것을 차마 보기 힘들었습니다. 기계도 있고 사람도 있는데 일거리가 없다는 것이 얼마나 견디기 어려운 일인지 기업인이 아니면 이해하기 힘들지 모릅니다. 그것도 세계적인 차원의 불황이었으니 해결할 방법이 없었습니다.

2008년 연말에는 직원들이 회사가 망하는 것 아닌가 하는 생각을 한번쯤은 했을 것 같습니다. 회장님은 그때 무슨 생각을 주로 하셨습니까.

쓰나미가 덮쳐서 모든 것이 물에 다 잠겼는데 달리 방도가 없었지요.

그나마 미리 대비한 돈이 있었으니까 버티기는 하는데 언제까지 갈 수 있을지 아무도 장담을 못했으니까요. 기업인에게 가장 어려운 때는 앞이 안보일 때입니다. 2008년 말부터는 누구도 전망을 내놓지 못했고 예측이라는 것을 누구도 믿지 않았습니다.

11월부터 물량이 없는 생산 라인부터 휴동에 들어갔습니다. 12월에는 회사가 조용했습니다. 조용한 회사 집무실에 앉아서 망할 수 있다는 생각도 했지요. 모든 가능성을 다 검토해야 했으니까 망하는 것도 그중 하나의 시나리오일 수 있습니다. 그렇지만, 자동차 부품사들 중에서는 제일 늦게 망할 것이라고 생각했어요. 왜냐하면 나는 끝까지 포기하지 않는 사람이니까요. 실제로 그런 상황에서 경영자가 정신없이 가다보면 회사도 망하고 수많은 직원들이 직장을 잃을 수도 있습니다. 하루라도 늦게 망하려면 경영자가 중심을 잡고 나서서 어려운 일을 해결해나가야 합니다.

그때 휴동이 길어지면서 직원들의 희망퇴직을 받았습니다.

그리고 2009년 3월부터 무급휴직을 두 달씩 실시했고요.

회사 상황이 워낙 어렵기도 했지만 노조와 협의가 쉽지는 않았을 텐데요.

휴동을 하면서 노조와 함께 '고용대책협의회'를 만들었습니다. 회사 상황을 낱낱이 공개했기 때문에 노조와도 진지한 협의가 가능했지요. 결국 고육지책으로 희망퇴직을 선택했습니다. 정년이 얼마 남지 않은 직원들을 대상으로 희망퇴직을 받았습니다. 200명 가까이 신청을 받았습니다.

2009년 초에도 상황이 개선되지 않았고 회사는 막다른 골목에 이르렀다는 생각을 했습니다. 노조와는 끊임없이 협의를 하고 있었지만 정리해고를 포함한 특단의 조치가 필요했습니다. 그때 노조가 무급휴가를 제안한 것입니다. 받아들였습니다. 무급휴가라는 방법을 쓰면서 상황을 좀더 지켜보자그 했습니다. 전 직원이 교대로 2개월씩 무급휴가를 가는 것으로 합의를 할 수 있었지요. 돌이켜보아도 그때 노조와 솔직한 대화를 하고 중요한 합의를 할 수 있었던 것은 참으로 다행이란 생각이 듭니다.

2009년 초에는 임원들이 연봉 30퍼센트 삭감, 직원들의 경우는 직급별로 20퍼센트에서 10퍼센트까지 연봉 삭감을 자발적으로 결정했습니다. 물론 2009년 말에 물량이 회복되면서 다시 모두 지급했고요.

이 대목에서는 용어 선택을 분명하게 했으면 합니다. 내가 통일중공업에서 월급을 받지 않거나 법인카드를 쓰지 않는 것은 자발적인 노력이라고 할 수 있습니다. 배당금을 포기하고 사내 유보하거나 직원들을 위해서 출연하는 일도 자발적이라 할 수 있습니다. 그렇지만 사원들이 희망퇴직을 해야 하고, 무급휴가를 가야 하는 것, 그리고 임직원들이 연봉을 반납한다는데 순전히 자발적으로 한다는 것은 가능

소통하라. 혁신
우리는 S&T의

하지 않습니다. 그런 경우는 '어쩔 수 없이' 한 것이라고 해야지요.

회사가 한치 앞을 못 보는 상황으로 가고 있으니 방법이 없었던 것입니다. 경영진이 고민 끝에 내놓은 안을 노조와 직원들이 동의를 해주었으니까 할 수 있었던 일이지요. 회장으로서는 그저 미안하고 또 한편 고마운 마음입니다. 특별히 노조와 희망퇴직, 무급휴가를 협의하는 과정은 매우 어려웠습니다만, 다행히 노조가 어려운 결정을 내려주어서 위기를 넘길 수 있었습니다.

나는 기업인이 직원들의 자발적인 희생을 기대하기는 어렵다고 봅니다. 다만 회사가 어려우면 어려운 사정을 구체적으로 내놓고 이야기하고 회사가 살아갈 방법을 같이 고민하는 것이 중요하다고 생각합니다. 같이 끊임없이 대화한 결과 다른 방법이 없어서 '어쩔 수 없는 결정'을 하게 되는 경우가 있습니다. 경영자가 먼저 할 수도 있고 노조가 먼저 할 수도 있지만 서로 상생하자는 목표를 가지고 대화하는 과정이 있으면 그 결정을 존중하게 되고 서로의 존재를 인정하게 됩니다. 이것이 소통경영의 진면목이지요.

대화와 소통이 그렇게 중요합니다. 덮어놓고 밀어붙이고 밀고 나가는 것은 노조도 할 수 있고 경영자도 할 수 있습니다. 하지만 그렇게 해서 남는 것은 별로 없습니다. 어려운 상황에서도 대화를 계속하면 어떤 결정이든지 일방적인 승패로 판가름나지 않습니다. 회사의 주장이 받아들여지든지 노조의 주장이 수용되든지 간에 그 결정은 대화의 결과이고 상생의 방법이지 누가 이기고 누가 지는 결론이 아니라는 말이지요. 이것이 노사상생의 본 모습입니다.

흔히 경영자가 회사를 위해서 해야 할 일을 결정하는 것이라고 합니다. 그러나 결정하는 과정을 이끌고 결정한 이후에 회사 구성원 어느 누구도 뒤처지거나 일방적인 패자로 남지 않도록 끊임없이 대화하고 조정하는 역할도 경영자의 몫입니다. 회사의 구성원이라 하면 임원과 직원, 노동조합 그리고 소액주주까지 포함하는 것입니다.

글로벌 위기는 현재진행형

세계경제가 예상보다는 빨리 바닥을 치고 올라왔습니다.

물론 금융위기가 끝났다고 평가하기는 어렵고

끊임없이 더블딥 논란이 있었지만,

자동차 시장은 2009년 연말에 거의 회복이 되었습니다.

다행입니다. 만약 2009년 연말까지 회복이 안 되었으면 더 큰일이 났겠지요. 그런데 미국이 GM사태를 해결하는 것이나 월가의 금융회사를 회생시키는 것을 봐도 알겠지만 막대한 재정투입으로 위기를 넘긴 것입니다. 헬리콥터 머니라는 말도 있더군요. 정부가 경기를 살리려고 가계에 돈을 뿌려주는 산타클로스 역할을 한 것입니다. 글쎄요, 과연 그것이 위기를 극복한 것이라 할 수 있을까요.

금융위기의 시작은 유동성 과잉이었습니다. 미국의 저금리 정책으로 민간에 돈이 너무 많이 풀렸고, 금융권에서는 돈을 부동산으로 몰았습니다. 신용이 낮은 사람한테까지 돈을 빌려줘서 집을 사게 하고 다시 그 채권을 증권화해서 돌린 것이지요. 저신용자들이 빚을 못 갚고 부동산 가격은 더 이상 오르지 않자 모기지 채권부터 차례로 부실화되면서 결국 금융권 전체가 차례로 내려앉았고 실물부문도 같이 불황을 맞은 것입니다. 그 결과가 금융위기입니다.

2010년부터 유럽의 재정위기가 심각한 상황이 되지 않았습니까. 최근에는 중대한 고비를 여러 차례 넘기고 있지만 그리스 같은 나라는 사실상 디폴트 상태가 된 지 오래되었습니다. 재정위기와 금융위기는 동전의 앞뒷면과 같습니다. 미국은 금융위기 이전에도 막대한 재정적자가 문제였는데 금융위기 대응과정에서 또다시 천문학적인 재정지출을 했습니다. 유럽에서 상대적으로 처지는 나라들에서 재정위기가 터졌지만, 사실상 미국과 유럽의 재정위기라고 보는 것이 맞겠지요. 민간부문이나 아니면 국가 재정이냐의 차이점은 있겠지만 결국 모두 부채 문제입니다. 회사든 가계든 국가든 간에 빚이 많으면 운신하기 어렵게 됩니다. 조그만 경기변동이나 환경변화에도 쉽게 흔들리게 됩니다. 경기가 조금만 나빠져도 큰 불황에 빠진다는 말입니다.

위기의 근본 원인은 어디에 있다고 보십니까.

위기의 본질은 금융권의 '모럴 헤저드'입니다. 금융위기가 오자 제일 먼저 지탄의 대상이 된 곳이 미국 월스트리트였습니다. 정확히 지적한 것입니다. 머리 좋은 친구들이 모여서 투기와 도박에 가까운 게임의 룰을 만들어 돈놀이를 한 겁니다. 그건 투자가 아니지요. 그 와중에 서브프라임 모기지 사태도 생긴 것이고, 수많은 PF 대출 부실문제도 생겼지요. 중산층이 몰락하고 서민들이 상대적 박탈감을 넘어 분노를 키운 겁니다. 월스트리트의 금융인들은 단지 미국만이 아니라 전세계 금융인들의 도덕적 한계를 무너뜨리는 데 영향을 준 것 같습니다. 선진국과 우리나라 금융인들도 월스트리트 금융인들을 흉내내 왔지요.

과거 미국에서는 수학 천재들이 대학이나 각종 과학기술 연구소와 나사(NASA) 같은 곳에서 과학과 기술에 전념했습니다. 세계의 기술 혁신을 선도했지요. 그러나 지금은 그런 천재들이 월스트리트에서 복잡한 파생상품을 기획하고 수익률을 계산하고 있다고 합니다. 로터리(복권)사업자가 되어버린 것입니다. 우리나라 인재들은 비싼 유학비용을 들여 미국 MBA 학위를 가지고 오지만, 월스트리트에서 만든 새로운 금융상품을 국내에서 써먹는 데 자기 정열을 쓰고 있습니다. 카이스트에 간 수학영재들에게도 금융공학이 제일 인기라고 합니다.

구체적으로 기계공업 분야에서는 어떤 영향을 주고 있습니까.

세계의 유수 다국적 기업들은 물론이고 과거 기술 혁신을 주도하던 기업들도 글로벌 시장으로 나오면서 주인이 금융자본으로 바뀌는 경우가 허다합니다. 어떻게 보면 글로벌화라는 것은 사실 금융이 주도하는 것이죠. M&A 시장에서도 재무적 투자자들이 우위에 있습니다. 거칠게 말하면 금융이 산업을 지배하고 있지요.

금융이 산업 위에 군림하면 더 이상 기술혁신이 어렵게 됩니다. 전후방 기업 사이의 호혜적인 상생관계도 기대하기 어렵고요. 국내에서 기술과 자본을 축적해가는 건전한 산업생태계를 만들 수도 없습니다. 금융의 속성상 가능한 빠른 시간 안에 가능한 높은 수익을 얻어야 하고 그것이 주가와 배당을 통해서 실현되어야 하기 때문입니다. 국내외에서 펀드나 은행 같은 재무적 투자자들이 직접 경영에 간섭하고 가담하면서 덤핑과 가격조작, 무차별적인 경쟁사 죽이기, 그리고 적대적 M&A로 시장이 황폐해지고 있습니다. 이런 추세에서 특히 기계업종, 그 중에서도 기술이 있는 중소기업은 더더욱 살아남기 어렵게 됩니다.

작년부터 문제된 저축은행 사태는 빙산의 일각입니다. 저축은행 사태는 금융권을 비롯한 한국 사회의 총체적인 위기를 나타내는 상징적인 사건입니다. 언론이 정확히 지적하듯이 저축은행 사태는 금융권의 도덕적 해이, 그리고 금융감독의 부실이 원인입니다.

그런데 문제는 금융권의 도덕성 문제가 단지 일부 저축은행만의 문제가 아니고 금융권 전반에 만연해 있다는 것입니다. 지금 건설, 기계, 조선 할 것 없이 우리나라 주요산업을 움직이는 기업들 중에서 재무상태가 도저히 이해되지 않는 기업들이 많습니다. 상상을 초월할 정도로 부실한 것입니다. 자기 자본을 완전히 잠식한 상태에서 다시 금융부채가 수천억 원에 이르는 곳도 있습니다. 매년 영업이익으로 이자를 못 갚는 부실기업이지요. 그런데도 막대한 금융지원을 여전히 멈추지 않고 있습니다. 정상적으로 기업을 경영하는 사람들은 가슴이 떨려서 보고 있을 수가 없는 지경입니다. 언제 터질지 모르는 부실 덩어리를 계속 지원하면서 키우는 것은 폭발력만 더 키우는 꼴이 됩니다. 나중에 국민들에게 도 어떤 부담을 지우려고 그러는지 이해할 수 없어요.

내가 제대로 금융업종에 들어가려고 했다면 작은 신용금고를 인수하지는 않았겠지요. S&T저축은행도 전문 금융인이 경영을 하는 것이고 단지 나는 처음 경우상호신용금고를 인수할 때 어떤 마음으로 한 것인지 가끔 이야기해주고 그 취지를 벗어나지 않도록 하는 역할만 합니다. 나는 금융쪽 전문가가 아닙니다.

원래 경우상호신용금고는 지역의 상공인들이 모여서 만들었는데 운영이 잘 안되었던 모양입니다. 창원에 내려온 지 얼마 되지 않은 때였는데 나한테 인수하라고 제안을 했습니다. 그것도 통일중공업의 경우와 비슷해요. 그 상황에서 내가 인수를 하겠습니까. 안한다고 했습니다. 그런데 마땅한 대안이 없었던지 자꾸 나한테 인수하라는 거예요. 하는 수 없이 어떤 곳인가 보았는데, 은행이 아니고 신용금고라서 정말 시내 소상인들에게 소액대출해주는 역할을 하더군요. 아마 제대로 큰 은행이었으면 그때 인수를 안했을 겁니다. 금융업을 할 생각이 없었으니까요. 지역에 소상인들 어려울 때 도와주는 금고하나 운영한다고 생각하고 해보기로 한 것입니다. 처음부터 지금까지 나는 저축은행은 서민금융 역할만 하라고 항상 강조합니다. 이것이 내가 S&T저축은행에 관여하는 전부입니다.

'매일 시장에 나와서 장사하는 아주머니들한테는 담보 없이 빌려줘도 좋다. 그렇지만 PF 대출 같은 것은 절대 하지 마라.'

이것이 내가 S&T저축은행 직원들에게 내 방식으로 설명한 저축은행 본연의 역할입니다.

사실 좌판이라도 매일 시장에 나와서 성실하게 일하는 사람은 큰 돈을 빌리지도 않을뿐더러 빌려가도 반드시 갚습니다. 떼일 염려가 거의 없어요. 문제는 PF 대출 같은 데서 생깁니다. 일확천금의 유혹 때문이지요. 최근의 저축은행 사태에서도 보듯이 금융인이 그 유혹을 이기지 못하고 벌거벗은 욕망을 추구하다가 자기 자신만이 아니라 많은 서민들을 피눈물 흘리게 한 것입니다. 서민금융을 한다는 데서 어떻게 자산이 9조 원을 넘고 부실이 7조 원이 넘을 수가 있는지 황당한 일입니다.

다시 업의 본을 말씀하시는 것입니까.

예를 들어, 200만 원씩 대출을 해서 20억 원을 만들려면 1,000명의 소액고객을 만나야 합니다. 그런데 PF 대출은 한 건에 20억 원은 예사지요. 한 번에 20억 원 대출하고 고객 한명만 관리하면 됩니다. 이자도 더 많고 돈이 되지요. 보통이라면 어느 쪽을 선택하겠습니까. 당연히 PF 대출을 하겠지요. 그러면 서민금융은 왜 필요할까요. 시장 소상인한테 돌아갈 대출이 대체 어디 있겠습니까.

서민금융이라는 업의 본(本)은 다수의 소액고객에게 소액금융 서비스를 제공하는 것입니다. 그러니까 시장에 나가서 많은 사람을 상대하는 것이 업의 방법입니다. 부지런히 다니면서 서비스해야 되는 일입니다. 그러니까 피곤하고 귀찮지요. 큰돈도 안 되고. 그래서 PF 대출같이 한방에 몇 십억을 해결하고 싶은 욕심이 나는 것입니다. 그렇지만 그것은 정도가 아닙니다. 그렇게 하려면 저축은행을 안 해야지요. 저축은행은 제대로 규제되고 잘 경영하면 서민을 위한 대안적인 금융이 될 수 있습니다. 서민금융 본연의 역할을 하면 되는 것입니다.

금융위기의 원인이 극복된 것이 아님을 누구나 알고 있습니다. 원래 자본주의 경제에서 위기는 '극복' 하는 것이 아니라 '관리' 하는 것이라고 말하는 이들도 있습니다. 그렇지만 나라 밖에서는 이미 금융위기가 재정위기로 이어지고 있습니다. 국내에서는 금융이 부실기업의 부실을 더 키우고, 다시 부실기업이 금융을 부실금융으로 만드는 악순환이 계속되고 있고요. 가계부채가 900조 원이 넘어가면서 언제 터질지 모르는 위기의 폭발력을 계속 키우고 있는 상황입니다. 그런데도 내 눈에는 금융이 반성하고 위기를 대비하는 것으로 보이지 않습니다. 그래서 나는 글로벌 경제위기가 여전히 현재진행형이라고 말합니다.

금융자본의 도덕성을 강화하고 금융이 자율과 자제로 산업자본의 건강한 생태계를 교란하지 않도록 규제하는 일, 그리고 가계부채와 부동산 거품을 줄여서 위험요소를 관리하는 일은 한시가 급한 일입니다. 이제 우리나라 경제는 글로벌 위기가 곧 국내 경제의 위기가 될 만큼 세계경제에 깊숙이 들어가 있습니다. 만약 계속되는 국내외 위기가 겹쳐서 터진다면 그 후과는 상상을 넘는 수준일 것입니다.

S&T
技術報国

5장

기술보국을 돌에 새기다

뿌린 대로 거둔다

스물일곱 살의 나이에, 무슨 생각으로 사업을 시작했는지 돌아보면 명료하게 한마디로 말하기는 쉽지 않습니다. 물론 돈을 많이 벌고 싶다고 생각했겠지요. 그렇지만 그 나이에 내가 생각하는 많은 돈의 액수가 얼마였을까요. 내가 본 부자는 그저 중소기업 사장 정도였습니다. 그마저도 생활의 실상을 다 알기 어려웠으니까, 아마도 얼마 되지 않는 액수였을 겁니다. 그러니 돈이 사업을 시작한 전부는 아니었을 겁니다. 그보다는 사업을 크게 한번 해보고 싶다는 욕심이 있었습니다. 큰 사업에 대한 욕심은 아마도 돈뿐만 아니라 어떤 명예 같은 것이었겠지요. 사업을 시작할 때는 꿈을 갖고 시작하고, 그 꿈이란 것은 창업 당시의 상황에 따라 여러 가지가 될 수 있으니 딱 부러지게 뭐라고 말하기 어려운 경우가 많을 것입니다.

창업 초기에 사업의 쓴맛을 보고나서는 빚만 다 갚으면 때려치우겠다고 생각한 적도 있었습니다. 그때는 사업 시작할 때 얻은 빚을 빨리 갚아야 한다는 압박감이 컸습니다. 그래서 빚을 다 갚았을 때는 작지만 보람을 느꼈지요. 그리고 한창 사업이 본궤도에 올랐을 때는 크고 작은 고비를 맞으면 자칫하다가 회사를 망하게 할 수도 있겠다는 생각에 늘 쫓겼습니다. 그래서 회사가 큰 고비를 넘겼을 때 보람을 느끼곤 했지요. 그후 회사가 성장가도에 있을 때는 경쟁업체를 이기고 싶고, 더 큰 규모의 일을 하고 싶어서 노심초사했습니다. 그러기 위해서 당연히 돈이든 기술이든 회사의 재산을 늘리려고 애를 썼어요. 특히 나는 기술이 큰 재산이라고 생각해서 기술개발에 노력을 많이 했습니다. 그렇게 회사가 한 단계씩 업그레이드될 때에도 작지 않은 보람을 느꼈답니다. 그런 과정을 거쳐 33년의 세월 동안 망하지 않았고, 사업을 키울 수가 있었습니다. 뒤돌아보면 보람을 느낀 일들이 참 많았습니다. 그렇지만 지금 다시 생각해보면 그 긴 시간을 관통하면서 나에게 더 큰 보람을 주는 것이 하나 있었습니다.

나는 사업을 하면서 세상을 배웠고, 사업을 통해서 인생의 희로애락을 알았습니다. 그리고 벌써 예순 살이 되었습니다. 사람은 누구나 이 나이가 되면 거칠고 모난 돌덩어리에서 매끈한 물가의 조약돌로 변해 있습니다. 물살에 깎이고 다른 돌에 브딪히면서 변하는 것이지요. 저마다 자신만의 방법으로 먹고사는 동안 그렇게 변하게 됩니다. 나에게는 그 방법이 바로 사업이었습니다.

내 나이의 사람들이 인생을 돌아보면 실패한 일도 성공한 일도 있겠지만, 결국은 한 인간으로서 얼마나 가치있는 인생을 살았는지를 생각하게 됩니다. 자기 직업이나 학문이나 생활에서 겪은 크고 작은 성패가 아니라 살아온 방향과 가치를 생각하면서 보람을 찾고 또 후회도 하게 된다는 말입니다. 열심히 세상을 살아온 사람들은 회갑 무렵이 되면 지금 자기가 하는 일이나 생각이 어느새 자기 인생살이의 방향과 가치 위에 머물고 있음을 알게 됩니다. 생각과 행동이 부지불식간에 그렇게 되어 있는 것을 발견하고 스스로도 놀라지요. 그래서 60갑자의 회갑(回甲)을 정해놓고 세상 이치에 통해서 귀가 순해진다고 이순(耳順)이라 이름 지은 옛사람들의 지혜와 통찰이 놀라울 따름입니다.

내가 사업을 하는 것은 물고기가 물속에 있는 것입니다. 사업은 지금 여기에 있는 나를 만들어준 재료이고, 내가 끊임없이 묻고 답하는 대상입니다. 또한 내 정신과 영혼을 닦는 도량(道場)이며 조물주가 정해준 내 존재 그 자체입니다. 그래서 사업을 업으로 해온 내 인생의 보람은 내 인생이 수렴해가려 하는 가치에서 찾아야 합니다.

주위 사람들은 나를 보고 일벌레라고 부릅니다. 이제 좀 골프도 치고 여유 있게 살라고 그럽니다. 적당히 하라는 이야기지요. 또 가끔 젊은 직원들은 자기가 그 정도 돈을 벌어두었다면 그냥 여행이나 다니면서 즐기지 절대 나같이 머리 싸매고 힘들게 사업하지 않겠다고 합니다. 그런 이야기를 하게 될 때마다 나는 조만간 지리산에 들어갈 거라고 말하죠. 무슨 말인지 모르는 사람은 같이 들어가자고도 합니다.

'뿌린 대로 거둔다'는 말은 누구나 다 아는 이야기지만, 참으로 냉정한 우주의 섭리이고 정의의 원츠입니다. 종교적으로는 인과응보(因果應報)의 법칙이지요. 나는 뿌린 대로 거둔다는 섭리가 내 인생을 가치 있게 해주었다고 믿습니다. 전생이나 내세, 영겁의 세월은 알 수가 없으니 접어두고, 현실에서 내가 맞닥뜨리는 뿌린 대로 거두는 섭리가 내 인생을 이끌고 있다는 말입니다. 그 섭리는 내가 인생을 통해서 확인한 실체일 수도 있고, 어떻게 보면 내가 스스로 그 섭리를 간증하려 애쓰면서 살아온 것이 나의 인생인지도 모르겠습니다. 자칫 그 섭리가 내 눈 앞에서 어긋날까봐 노심초사하면서 스스로 일벌레가 되고 유별나게 굴었는지도 모릅니다. '뿌린 대로 거두는' 것은 다른 어떤 복잡한 이론이나 원리보다 명쾌한 정의의 원칙입니다.

뿌린 대로 거두는 것이 세상의 섭리이기도 하지만

현실에서 이루어져야 할 정의의 원칙이기 때문에 그렇게 매달린다는 말씀으로

이해됩니다. 그런데 현세에서 인과응보가 다 실현되는 것은 아니라고

하는 것이 종교적인 섭리가 아닐까요.

종교적으로 보면 내 말은 틀린 것일 수도 있습니다. 그렇지만 사업하는 사람이 상인(商人)의 안목을 버리고 전생과 내세의 섭리에 심취할 수야 없는 노릇이지요. 경영인으로서 나는 '뿌린 대로 거둔다'는 섭리야말로 가장 확실한 '보이지 않는 손'이고, 구체적인 경영현실에서 최적화를 실현할 수 있는 정의라고 말하고 싶습니다.

근래 하버드대학교 정치학과 교수인 마이클 샌델이 《JUSTICE》라는 책을 써서 밀리언셀러가 되었습니다. 정의에 목마른 불공정한 시대라는 말입니다. 우리나라에서는 《정의란 무엇인가》라는 의문문의 강렬한 제목으로 출간되었지요. 철학자들의 깊은 뜻을 잘 이해하기는 어렵지만, 학문으로서의 정의는 우리 사회의 지식인들에게 이 사회를 어떤 사회로 만들어야 좋을 것인지 생각의 기준을 줄 수 있을 것입니다. 그래서 샌델의 책도 정의론은 개인이 빠질 수 있는 도덕적 딜레마에서 어떤 선택을 해야 하는지 묻지만, 결국 정의로운 국가, 정의가 있는 사회 시스템을 어떻게 만들어야 하는가 묻는 것으로 귀결됩니다.

나는 그렇게 크고 복잡한 관계에서의 정의를 말하는 것은 아닙니다. 다만 개인의 인생에서 스스로 실천할 정의는 무엇인지 자주 생각

합니다. 기업경영에 필요한 상인의 안목에서 구할 수 있는 정의를 말하는 것이죠. 경영이라는 것은 곰곰이 생각해보면 사람들 사이에 일을 나누고, 이익이나 손해를 분배하고, 때론 고통을 분담하는 일이기도 합니다. 어떤 상황에서든 그런 것을 잘하는 것이 경영을 잘하는 것입니다. 회사 밖의 거래관계이든 아니면 조직 내부의 일이든, 비용과 편익, 투자와 수익, 일과 보상을 배분하는 가장 합리적이고 설득력 있는 기준을 찾고 판단하는 것이 경영자가 매일 하는 일이지요. 합리적이고 설득력 있는 기준은 정의입니다. 내가 보기에는 '뿌린 대로 거둔다'는 기준만큼 아름다운 정의의 원리가 없습니다.

또한 뿌린 대로 거둔다는 섭리는 과도한 욕망 앞에서 나를 절제시키고 균형을 잡아줍니다. 행운과 불운 앞에서 부지런함을 잃지 않게 해주는 이유도 되고요. 나의 내면의 균형추는 부지런함입니다. 섭리의 무거운 무게만큼 내 부지런함도 충분히 무거워야 균형이 유지될 수 있다는 말이지요. 행운이라고 생각될 정도로 일이 잘 풀릴 때는 자만하지 않고 오히려 과정을 돌아보고 성심을 다하지 않은 부분을 찾아서 성실히 보완합니다. 반면 불운 때문에 실패한 것으로 보일 때에도 운명이라 좌절하거나 절망하지 않고 오히려 그 자리에서 더 부지런하게 일어설 준비를 합니다.

나는 사람들이 나를 성공한 사람이라고 부르는 것을 애써 사양하지 않습니다. 셰익스피어의 희곡처럼 '끝이 좋으면 다 좋다.'는 말이 틀린 말은 아니니까요. 그렇지만 여주인공 헬레나가 끝내 사랑을 이루기까지는 역경 속에서도 포기하지 않는 그녀의 부지런한 사랑이 있었습니다. 나도 사업에서 성공한 사람으로 불리지만, 지금까지 사업을 해오면서 좌충우돌한 적도 많았고 수많은 시행착오와 실패를 겪었습니다. 그러나 그만큼 많이 실패를 딛고 일어섰고 큰 위기를 더 큰 기회로 바꾸어놓기도 했습니다. 나는 실패와 성공이 피할 수 없이 무거운 섭리라 생각하면서 언제나 다른 한편에서 부지런함으로 그 무게를 감당함으로써 균형을 잡아왔습니다.

내가 경험한 부지런함의 미덕은 이루 말할 수 없이 많습니다. 사람이 항상 올바르게 판단하고 언제나 적합하게 행동할 수는 없습니다. 오히려 실수와 잘못된 판단을 더 많이 합니다. 뿌리기를 잘못 뿌리면 거둘 것이 없지요. 그렇지만 뿌리고 나서 거두기까지 실수와 잘못을 바로 잡을 기회가 있습니다. 그 기회를 살릴 수 있는 것은 오로지 부지런함뿐입니다. 선택의 갈림길에서 최선을 택할 수 있었음에도 실수로 차선이나 차차선을 택할 수도 있습니다. 그렇지만 실수로 차선의 길을 가더라도 더 부지런하고 성실하게 가면 곧 최선의 길을 다시 만나게 되는 것이지요. 절망과 좌절의 길은 골짜기에 던져지더라도 그 골짜기에서 논밭을 일구어내는 부지런함만 있다면 끝도 좋고 다 좋을 수도 있는 것입니다.

부지런함은 인간의 본성입니다. 그것은 오직 영혼이 있는 인간만이 가질 수 있는 자기절제와 의지의 표현이기 때문이고, 뿌린 대로 거두고 지성이면 감천이라는 우주의 섭리에 연결되어 있기 때문입니다. 사람들이 모여서 같이 일하는 곳이 기업입니다. 많은 가치가 창조되고 그것이 돈이나 물건으로 흐르는 곳이 기업이지요. 하지만 거기서 사람들이 만들어내고 향유하는 것이 비단 눈에 보이는 물질에만 국한되는 것은 아닐 테지요. 기업을 이윤의 표상으로 보는 것은 사람의 본성을 제대로 평가한 것이 아닙니다. 기업인은 자기 기업을 근면의 표상으로 만들어야 합니다. 기업 현장에서 수많은 인간사를 겪게 되지만 그 속에서 하루하루 부지런히 살면 내 영혼과 우주가 교감하는 느낌을 받습니다. 나로서는 인생 최고의 보람입니다.

현장에서 소통하라

회장님은 현장경영과 소통경영으로 M&A 이후 경영정상화를 이루어내었다는

평가를 받습니다. 현장경영이라는 말은 톰 피더스가

《초우량 기업의 조건 *In search of excellence*》이타는 책에

처음 소개한 것이라고 합니다. 또 도요타는 자기들만의 관리방법과

생산방식을 만들어서 '도요타식 경영'이라고 하는데

본질은 현장경영이라고 하지요. 회장님께 현장경영은 무엇인가요.

나는 엔지니어이지 경영학을 공부한 사람은 아닙니다. 내가 오랫동안 해오던 것을 언제부터인가 현장경영이라고 불렀는데 그것이 경영학에서 어떤 족보가 있는 것인지 잘 모릅니다. 구태어 알 필요도 없었고요. 나는 처음부터 현장에서 소통하면서 회사를 경영해왔을 뿐입니다. 그리고 그렇게 경영하는 것이 맞다고 믿고 있고요. 경영하는 사람

이 현장에 있지 않으면 어디에 있어야 하는지 궁금할 따름입니다.

현장경영은 말 그대로 경영자가 현장에서 경영을 한다는 것입니다. 바꾸어 말하면 경영자가 책상에 앉아서 데이터와 보고서만 가지고 경영하지 않는다는 것이지요. 본질은 경영자가 현장에서 직접 자기 눈으로 문제를 보고 몸으로 부딪쳐본다는 것입니다.

사업의 모든 영역이 현장입니다. 연구개발, 자재구매, 생산관리, 생산, 물류, 영업, 그리고 재무와 인사, 시설관리까지 사업의 모든 영역을 말합니다. 보통 현장이라는 말이 생산 공장 또는 생산 라인을 가리키는 말로 쓰이는데 현장경영의 현장은 거기에 한정되는 것은 아닙니다.

또 현장이라는 말은 경영활동의 대상이 있는 곳을 말합니다. 경영자가 보고를 받고 결재를 하는 과정의 역순으로 맨 처음 일이 시작되는 단계까지 모두 현장경영의 대상입니다. 상위 책임자일수록 더 많은 현장을 책임지기 때문에 더 바쁘게 움직여야 하지요. 현장이라는 말은 사업의 모든 영역이고 모든 경영활동의 대상이 있는 곳을 말합니다.

물론 현장에서 문제를 해결하는 사람은 그 일을 담당하는 직원입니다. 현장경영은 경영자가 현장에 가서 문제를 해결해주는 것이 아닙니다. 그건 불가능한 것이고요. 일은 현장에서 일하는 사람이 하는 것이 당연합니다. 그렇다고 경영자가 가까이 가서 현장을 관리한다는 뜻도 아닙니다. 그러면 왜 경영자는 현장에 가서 문제를 직접 보고 몸으로 부딪쳐야 하는가.

첫째, 현장에서 일하는 사람과 경영자가 문제에 대해서 함께 이야기할 수 있는 공감대를 만들 수 있기 때문입니다. 데이터로 정리되기 힘든 부분도 있고 보고하는 과정에서 걸러지거나 보태지는 경우도 있어서 경영자가 문제의 실상을 직접 보는 것이 가장 좋지요. 그래야 현장에서 일하는 직원과 공감할 수 있는 것입니다.

둘째, 경영자와 현장 직원의 공감대를 경영자가 먼저 나서서 만든다는 것입니다. 현장에서 일하는 사람이 문서작업과 보고서를 통해서 공감해줄 것을 요청하는 것이 아니라 경영자가 직접 가서 부딪치면서 공감대를 만들어내는 것이죠. 경영자가 먼저 가서 보고 문제를 공감한다는 것이 중요한 점입니다.

셋째, 현장경영은 문제를 더 빨리 더 적극적으로 해결할 수 있습니다. 경영자와 담당직원이 서로의 공감대 안에서 문제를 정의하고, 아이디어나 해법을 제시하고, 실행할 수 있기 때문에 의사결정도 신속히 할 수 있습니다.

마지막으로, 기존의 현장 업무 관행이 아니라 경영자의 혁신적인 관점으로 문제를 바라보게 됩니다. 현장경영자는 담당직원이 문제를 혁신적인 관점에서 보고 적극적으로 해결하도록 만들 수 있습니다. 결국 효율적이고 혁신적인 결과를 바라는 방법입니다.

한마디로 문제를 향해서 같이 서 있는 겁니다. 일하는 사람이 문제를 보고 다시 돌아서서 경영자를 가주보는 것이 아니고, 동시에 함께 문제를 바라보고 서는 것이죠. 문제를 상대로 같은 편이 되는 겁니다. 즉, 같은 편끼리 느끼는 공감대를 말하지요. 현장경영을 하는 사람들은 느끼겠지만 나중에는 문제 자체보다는 공감대가 중요함을 알게 됩니다. 현장경영은 경영자와 일하는 사람의 공감대, 나아가서 일체감을 만드는 것이라고 할 수 있습니다.

특히, 혁신적인 경영자는 공감대를 만드는 과정에서 직원들이 혁신적인 과제에 더 적극적으로 도전할 수 있도록 만들어줍니다. 그래서 경영자가 현장에서 주도적으로 먼저 공감대를 만드는 것이 중요한 것입니다. 공감대를 만드는 과정이 경영자가 현장의 관행에 익숙해지는 것이 아니라 오히려 직원들의 눈높이를 혁신과제에 맞게 적극적으로 높이는 과정이 되어야 한다는 말입니다. 이것이 현장경영의 목표입니다.

그렇습니다. 사실 이전에는 현장경영이라고 하면 당연히 소통경영을 포함하는 말이었습니다. 그런데 최근에는 소통경영이 강조되고 있는 것 같아요. 경영학을 연구하는 사람들이야 원래 개념 만들기를 해야지 장사가 되니까 이상한 개념을 많이 만들어냅니다만, 소통경영은 새롭게 강조할 필요가 충분히 있는 말입니다.

'불통의 시대'라고 하다가 최근에는 '먹통'이라는 말도 나오고 있습니다. 사회적으로 소통이 안 된다고 난리 아닙니까. 그런데 과연 우리 사회가 과거보다 소통을 안 하고 있는가. 곰곰이 생각해보면 사실 그렇지는 않아요. 과거보다 훨씬 빨리, 그리고 많은 정보를 주고받고 이야기도 많이 합니다. 그런데도 소통이 안 되니까 문제라고 합니다.

모든 사회적·정치적 문제가 소통문제라고 합니다.

내가 보기에는 인간이 지금처럼 소통을 열심히 하면서 살던 때는 없었습니다. 그렇지만 역시나 지금처럼 불통이 큰 문제였던 적도 없습니다. 재미있지요. 이것은 기술의 변화가 사회의 패러다임을 완전히 바꾸었기 때문입니다. 기술의 변화와 사회의 변화가 사람들의 소통욕구를 더 키운 것입니다. 사람들의 소통욕구가 커지는 것을 인간성의 자연스러운 발현이라고 본다면, 그런 변화를 받아들여야 하지요. 사람들의 소통욕구가 높아진 만큼 더 소통해야 합니다. 상업적으로 억지로 만들어낸 유행이 아니라면 인정해야지, 별다른 뾰족한 방법이 없습니다.

특히 앞서 나는 '미래경영'을 이야기하면서 현재보다는 미래를 위해서, 지금 세대보다는 미래 세대를 위해서 기업을 경영해야 한다고 했습니다. 소통경영이야말로 미래경영을 위해서 반드시 강조되어야 합니다. 기업 안에서도 세대간의 소통은 앞으로 더욱 중요해질 것입니다. 갈수록 세대간의 생각 차이가 커지는 것은 기업의 입장에서도 심각한 문제이지요. 기업의 신진대사는 일어나는데 새로운 세대가 기업의 DNA를 거부하거나 받아들이지 못하면 기업이 영속할 의미를 다시 묻지 않을 수 없습니다. 사회적으로 세대간의 단절이 문제되는 것과 또 다른 의미로 기업 안에서 세대간의 소통 문제도 돌아보아야 할 때입니다.

기업에서 최근에 SNS를 활발히 한다든지 일부 기업에서
최고경영자가 트위터를 하는 현상도 같은 이유로 볼 수 있습니까.
요새는 정치인들도 젊은 세대와 트위트하거나 팔로윙을 안하면
선거에 출마를 못할 정도가 되었는데요.

그 말은 절반은 맞지만, 절반은 오해입니다. 앞서 기술의 변화가 사회의 패러다임을 변화시켜 사람들의 소통욕구를 증폭시켰다고 말하지 않았습니까. 그렇지만 그 말을 역으로 해석해서 사람들의 소통욕구가 새로운 디지털 기술에 의존해서만 충족될 수 있다고 생각하면 안 된다는 말입니다. 소통욕구는 자연스러운 인간성입니다. 그것이 기술의 변화가 유도한 사회적인 분위기 변화를 계기로 더 커진 것일 뿐이죠.

정치인들이 정책을 연구하고, 지역민들과 지역현안을 의논할 시간에 무작위 대중들에게 트위트를 날리고 있는 모양은 마치 개화기에 양복저고리에 갓 쓴 선비 꼴입니다. 시대 변화에 정신을 못차리는 희극이지요. 정치인들이 젊은 세대와 소통이 안 되는 이유를 정말 모르고 있는 것인지, 알고도 모른 체하고 딴 짓하는 것인지, 나라로 봐서는 비극이고요.

일부 기업인들도 고객과 직접 트위터로 소통한다고 점수를 많이 따기도 했습니다. 그런 경우는 해볼 만한 일일 겁니다. 그렇지만 기업에서도 미래세대와 소통을 잘해야 한다는 내 말은, 최신 기계를 써서 소통해야 한다는 말이 아닙니다. 자주 불러서 이야기를 듣고 때론

가르쳐야 되는 것입니다. 요즘은 정말 소통은 과잉인데 제대로 된 소통이 없어서 불통인 시대입니다.

그렇다면 우리 사회가 가지고 있는 소통 문제의 핵심은 무엇일까요.

소통은 기교나 방식의 문제가 아닙니다. 디지털 방식의 소통이니, 아날로그 방식의 소통이니 하는 구분이 의미가 없는 것은 아니겠지만 구체적인 맥락이 없으면 실익이 없는 이야기입니다.

소통은 소통이 필요한 사람들 사이의 '관계 문제'로 접근해야 하지 않을까요. 그것을 떠난 소통이 무슨 효과가 있겠습니까. 쉽게 생각할 수 있는 것이지요. 친구들 사이의 우정에 문제가 생기면 누구라도 먼저 말을 걸고 이야기를 꺼내야지요. 말이 잘 안 통하면 문제가 뭔지 다시 생각하고, 다르게 이야기를 해보지 않습니까. 그렇게 말이 통할 때까지, 문제가 드러나서 풀릴 때까지 부지런히 대화하는 것이 친구관계입니다. 그것이 안 되면 친구관계가 맞는지 다시 생각해야 하고요.

경영자와 직원, 정치인과 젊은 세대도 마찬가지입니다. 그들 사이의 문제가 과연 무엇인지 찾는 것이 중요하지요. 소통은 그 과정으로서 필요한 것입니다. 그래서 소통이란 '관계의 진실이 무엇인지 찾아가는 과정'이라고 말할 수 있습니다. 정치인들이 자기 이야기만 하려고 스마트폰을 붙들고 앉아 있어봐야 무슨 소용이 있겠습니까. 젊은 세대들도 아버지 세대가 스마트폰이 익숙하지 않은 것을 탓하며, 그를 두고 소통부재라고 말하는 것은 잘못된 태도입니다. 기계나 기술로 소통을 이야기하면 본질을 두고 변죽만 울리는 꼴이지요.

기업에서 소통경영도 마찬가지로 보아야 하겠습니다.

그렇지요. 그래서 기업에서 소통경영은 현장경영과 함께 접근해야 의미가 있습니다.

젊은 세대의 취향을 마케팅하는 기업에서 최고경영자가 스마트폰으로 젊은 고객과 직접 소통하는 것은 도움이 될 테지요. 그렇지만 최고경영자가 직원들이 할 일을 직접 한다면, 그건 다시 생각해봐야 합니다. 최고경영자라면 일거리를 앞에 두고 직원과 나란히 서서 직원과 공감대를 만드는 일을 먼저 해야 하지요. 우선 현장경영을 해야 합니다. 고객과 직접 만난다는 것은 그냥 마케팅의 일환일 뿐입니다. 최고경영자 스스로 브랜드가 되고 마케팅의 툴이 될 만큼 브랜드 가치가 있다면 얼마든지 할 수 있는 일이지요. 그런 경영자는 부지런히 경영을 하는 것일 수 있습니다. 나쁘다고 할 수 없지요. 그렇지만 그건 그냥 마케팅에 뛰어든 것이지 그것을 소통경영이라고 할 수는 없다는 말입니다.

물론 경영자들이 직원들과도 트위트하고 직원들과 팔로윙도 할 것입니다. 하지만 그 대목에서도 나는 우려를 합니다. 경영자는 직원들과 현장에서 만나야 한다고 생각하기 때문이에요. 구식인지 모르겠지만 나는 아이콘택트(eye contact)를 해야지 이야기가 제대로 되는 법이라고 봅니다. 직원들과 만나서 차 한잔, 술 한잔 하면서 이야기하기 어려워서 트위트하는 경영자라면, 너무 바쁘거나 아니면 너무 게으르거나 둘 중 하나지요. 그리고 둘 다 경영을 제대로 하는 것은 아닙니다.

약주 좀 하는 분들 집에서는 오래된 논쟁이 있습니다. 남편이 "내가 술을 먹고 싶어서 먹나, 일하다보니 먹는 것이지." 그러면 아내가 "술 먹을 일 없어도 매일 만들어서 먹잖아." 그렇게 따지지 않습니까. 나도 내가 직원들과 소통하려고 마시는지 술이 좋아서 마시는지 가끔 모호할 때도 있습니다.

직원들과의 저녁 약속은 전 부서를 돌아가면서 골고루 하도록 그루핑에 신경을 많이 씁니다. 또 현안이 많은 부서나 신입사원의 경우, 반드시 다 만나보려고 합니다. 그런 면에서는 일이지요. 분명히 술이 좋아서 마시는 것은 아닙니다. 직원들과 한두잔 마시고 이야기하다보면 많이 듣고 보게 됩니다. 현장의 문제가 머리 아프기는 하지만 같이 잘 풀어보자고 다짐하면서 건배하고 눈을 마주칠 때 참 행복해집니

다. 그렇게 소통하는 것이 좋으니까 술도 좋아하는 것입니다. 해보니까 10명 이내로 모이는 게 좋더군요. 더 많이도 모아봤고 적게도 해봤는데 술을 한 잔씩 하면서 이야기하기로는 10명 정도가 적당합니다. 그렇게 계열사마다 다 돌아가야 하니까 주5일로는 부족하더군요.

창업하면서부터 내 방식의 현장경영을 했습니다. 물론 지금 하고 있는 경영과 같을 수는 없습니다. 그때는 기름칠한 작업복에 기계 붙들고 하루 종일 일할 때니까요. 그렇지만 그때부터 계속 현장에서 직원들과 같이 기름밥 먹고, 같이 공감하며 문제를 해결하고 사업을 키워왔습니다. 그 점이 중요합니다.

'콩 심은 데 콩 나고 팥 심은 데 팥 난다'는 말이 있습니다. 콩은 어디에 갖다 심어도 콩이 나오고 팥은 또 어디에 심든지 팥이 나옵니다. 기업에서도 씨앗이 중요합니다. 기업이 커지고 계열사가 많아져도 어디든 올바른 씨앗을 심으면 올바른 열매를 맺습니다. 기업의 '인재경영'이라는 것이 어려운 것이 아닙니다. 기업은 계속 성장해야 하기 때문에 항상 올바른 씨앗을 준비해야 합니다. 앞서 경영정상화를 이야기할 때 S&T의 경영철학과 방법을 체화한 핵심인재가 준비되는 것을 마지막 경영정상화의 조건이라고 했습니다. 기업의 정신을 익힌 핵심인재가 있어야 기업의 영속과 성장이 제 의미를 찾습니다.

　기업인의 보람 중 또 하나는, 자신이 만든 기업과 기업의 정신을 젊은 세대가 이어가고 더 발전시켜가는 것입니다. 기업이 커지고 계열사가 많아지면 젊은 세대들이 국내든 국외든 도처에서 현장경영을 하고 소통경영을 하면 됩니다. 올바른 씨앗을 준비하는 일은 걱정거리가 될 수 있겠지만, 기업이 커지고 계열사가 많아진다고 해서 현장경영을 못할 거란 걱정을 할 필요는 없지요.

노사문제도 기업 경영의 문제인데 별다른 수가 없지 않습니까. 현장경영도 하고 소통경영도 해야 합니다. 통일중공업과 대우정밀을 인수한 S&T의 경우가 아니라고 하더라도, 노사관계 경영은 그 자체가 어려운 것은 사실이니까요. 어떻게 보면 국가가 할 일이나 사회적으로 풀어야 할 문제가 고스란히 기업에 전가되어서 생기는 문제가 많습니다. 또 막연한 논리로 기업에 대한 반감을 부추기는 여론이나 현실을 잘 모르는 정책이 회사 노사관계에 곧바로 악영향을 미치기도 합니다. 회사는 노조의 집단적 감성까지 조심스럽게 배려하면서 노사상생의 방향으로 가야 합니다. 그렇기 때문에 오히려 현장경영과 소통경영이 더 필요한 것입니다.

회사의 경영과제를 앞에 두고 노조와 경영자가 나란히 서서 공감대를 넓힌다는 관점으로 보면, 노사관계 경영은 현장경영일 수밖에 없습니다. 경영자가 생각하는 혁신적인 관점으로 노조와 공감대를 갖는 것이 어렵기 때문에 문제인 것이고, 과정에서 돌출되는 불법과 폭력이라는 변수도 자주 문제가 됩니다. 그렇지만 경영과제가 어렵고 혁신적인 공감대를 만들기 어려울수록 경영자는 더 열심히 현장경영과 소통경영을 해야 합니다.

원칙과 솔선수범이 리더십이다

회장님과 관련된 언론 보도를 쭉 훑어보면

가장 많이 나오는 두 가지 단어가 있습니다.

하나는 '원칙과 뚝심', 다른 하나는 '파격'입니다.

위기를 극복한 원동력을 회장님의 원칙을 지키는 리더십에서 찾고,

그러면서도 파격경영 행보라는 이야기도 많이 합니다.

원칙과 파격. 말뜻으로는 서로 상반되고 조화되기 어려워보이는데요.

파격이라고 하더라도 모두 원칙을 지키기 위한 파격이지, 파격을 위한 파격은 없었습니다. 원칙을 위한 파격이란 말입니다. 원칙을 지키면 빠질 수밖에 없는 딜레마가 있어요. 그때 내가 선택한 방법을 주로 파격이라고 부르더군요.

예를 들어, 2004년 S&T중공업에서 내가 사재로 직원들 설날 떡값

을 지급한 경우입니다. 오랜 적자로 회사가 어려운데, 직원들에게 상여금을 지급해도 되는 것인가. 명목이 설날 떡값이든 추석 귀성비든 간에 적자회사에서 상여금을 지급하는 것이 과연 가능한가. 이런 질문을 적자회사 경영진들은 매번 하고 있을 겁니다. 만약 이런 질문과 고민을 하지 않는다면 그 회사는 적자를 벗어나기 어렵거나, 아니면 공기업일 가능성이 많습니다.

회사는 지급하자니 적자가 걱정이고 명절에 빈손으로 보내자니 또 직원이 걱정인 것이죠. 그런 상황에서 회사가 아닌 내가 사재(私財)를 내서 직원들 설 떡값을 지급한 것이라면 원칙을 지키기 위해 선택한 파격이라고 볼 수 있을 겁니다. 내가 사재를 내었다는 말에 '오너는 돈이 많으니까 그래도 된다'고 생각한 직원들은 없었을 거예요. 오히려 '새로 온 경영자는 무너진 원칙을 다시 세우기 위해 보통 작정을 한 것이 아닌 것 같다.'라고 생각하겠지요.

원칙을 지키기 어려운 것은 피치 못할 예외적 상황이 많아보이기 때문입니다. 기업에서는 그때 경영자가 어떤 방법으로 원칙을 지키는지 중요한 순간이 되는 것입니다. 경영자가 쉽게 원칙을 양보하면 조직 전체가 쉽게 타협하게 됩니다. 그렇다고 해서 직원들을 마냥 섭섭하게 만드는 것도 원칙을 핑계 삼은 무성의함일 수 있습니다. 원칙을 지키기 위해서 누군가 기여를 하고 때론 희생할 필요가 있다면 그때 경영자가 먼저 희생하고 원칙을 지켜야 합니다. 그것이 원칙 있는 리더십이 강화되는 방법입니다. 리더가 솔선수범할 때 리더십이 제시한 원칙이 비로소 직원들 내면에서 강화됩니다. 옛날 말로 영(令)이 서는 것이지요.

2007년 한승수 전 총리와 인연을 가질 수 있었습니다. 평소 들은 바로 존경스러운 분이었고, 당시 주위에서 소개를 해서 그해 3월에 S&T모터스의 사외이사로 모셨습니다. 그때 S&T모터스는 예상보다 실적이 안 나와서 고민을 많이 하고 있었습니다. 그해 4월과 5월 연이어 적자를 보고 있었지요.

그러던 중에 회사에서 보고가 왔습니다. '한승수 사외이사께서 임원보수를 거절하셨다.'는 겁니다. 내가 놀라서 무슨 일인가 알아봤더니, 이분이 "회사가 계속 적자가 나고 있는데 내가 보수를 받는 것은 적절하지 않은 것 같다. 내가 회사 경영에 더 도움을 못주고 있으니 보수를 보내지 말라."고 하시며 회사가 드리려 한 임원보수를 처음부터 거절하셨다는 겁니다.

반듯한 원칙주의자였습니다. 학계와 관가에서 두루 존경받는 이유가 있었지요. 뜻이 단호해서 달리 방법은 없고 빨리 회사를 흑자로 전환시키는 수밖에 없었습니다. 마침내 2008년 초에 S&T모터스가 흑자로 전환했는데, 그해 2월에 국무총리로 다시 재조(在朝)의 길을 가셨습니다. 더 이상 사외이사로 모실 수가 없었지요. 아쉬웠습니다. 그리고 그때 일이 계속 마음에 짐으로 남아있습니다.

원칙을 한마디의 말로 정의하는 것은 쉽지 않습니다. 기업이 사회에서 존재감이 있으려면 착한 기업이 되든지 강한 기업이 되든지 해야 합니다. 사람들은 세상에 착한 기업이 많으면 좋겠다고 생각하지요. 반면 시장에서 경쟁을 하다보면 강한 기업이 살아남는다는 것도 인정합니다.

그래서 〈100분 토론〉 같은 프로그램을 보면 경제문제를 토론하면서 사람들이 치열한 논쟁을 하지요. 요컨대 살아남아야 착한 기업도 될 수 있으니 강한 기업이 되어야 한다고 주장하기도 하고, 반대로 착한 기업이 결국 살아남는 강한 기업이 될 거라는 주장도 있습니다. 내가 보기에는 그다지 영양가 있는 토론은 아닙니다. 어차피 기업은 착한 기업도 되어야 하고 강한 기업도 되어야 합니다. 어느 하나만 강조할 수는 없는 일입니다.

그러니까 기업에는 착한 기업이 되기 위한 원칙과 강한 기업이 되기 위한 원칙이 모두 필요합니다. 착한 가치, 즉 사회적으로 인정되는 가치를 원칙으로 삼아서 기업경영이 그 원칙을 벗어나지 않도록 하는 것도 필요하고, 강한 기업이 되기 위해서 끊임없이 혁신하는 기업혁신의 원칙도 세워서 지켜나가야 합니다.

원칙을 지키는 리더십이라는 갈은 기업을 더 착하게 하는 원칙과 기업을 더 강하게 하는 원칙을 경영과정에서 실현하는 것입니다. 이 2개의 원칙이 서로 부조화스럽게 보일 수도 있는데, 실제로는 그렇지 않습니다. 완전히 다른 이야기도 아니고요. 사회적인 가치에 기업이 대답하는 '정도경영'의 원칙. 그리고 기업을 혁신하기 위한 경영자의 '혁신경영'의 원칙. 이렇게 구분해서 부를 수는 있겠습니다.

너무 어렵게 생각하지 않아도 됩니다. 세상에 정도(正道)가 무엇인지 모르는 사람은 드무니까요. 그래서 정도경영을 구현하는 데는 오히려 리더십의 솔선수범이 상대적으로 더 중요하지요.

예를 들어 창업기업인 S&TC는 말할 것도 없고, S&T중공업이나 S&T대우에서도 수많은 세무조사를 받았지만 문제된 적이 없었습니다. 한 번도 탈세 추징을 당하지 않았고요. 정도가 아닌 길로 가는 것은 의도적일 수도 있지만 직원들의 실수로 그렇게 될 수도 있습니다. 그래서 최고경영자부터 회사 돈을 함부르 쓰지 않고, 원칙을 벗어난 회계 처리를 용납하지 않는 철저한 리더십이 필요합니다. S&T 계열사 재무팀 직원들은 혹시 탈세로 의심될 수 있는 소지까지 미리 막으려고 노력합니다.

불법과 폭력에 타협하지 않는 리더십도 정도경영의 리더십입니다. 불법과 폭력은 사회적으로도 용인되기 어려운 것인데 기업이라고 해서 쉽게 타협하면 안 되는 것입니다. 노조와 만나면서 불법과 폭력의 관행을 바꾸려고 노력했습니다. 쉽지는 않지요. 그렇지만 원칙을 지키는 리더십은 결국 현장을 바꿀 수 있습니다.

계열사 인터넷 홈페이지에도 나오지만 나는 ‘정도경영’을 직원들이나 주주들에게 이야기하기 위해서 ‘경영을 통해서 세상을 이롭게 하는 기업’이라고 표현했습니다. 기업 경영을 하면서 기업이 사회에 부담을 주는 것이 아니라 오히려 사회를 이롭게 해야 한다는 말을 강조합니다.

계열사의 경영진들도 기업의 부채를 줄이고 재무구조를 튼튼히 하려고 노력합니다. 돈이 된다고 해서 아무 사업이나 하려고 마음먹지도 않습니다. 시너지가 있는 기계업종의 연관다각화가 아니면 M&A 대상으로 쳐다보지 않습니다. 법적으로 문제의 소지가 있는 일은 물론이고 사회적 지탄을 받을 만한 일도 꾸미지 않습니다. 정도경영의 리더십은 사회를 이롭게 하고 다시 기업도 이롭게 합니다.

정도경영의 원칙과 달리 혁신경영의 원칙은
어느 정도 상대적인 기준일 경우가 많을 것입니다.
혁신경영의 원칙을 지키는 리더십은 어떻게 만들어집니까.

혁신경영의 원칙이라고 부를 수 있는 것은 기업이 처한 상황에 맞는 혁신의 기준입니다. 기업 혁신의 과정에서 경영자가 내세운 원칙이기 때문에 비교적 장기간 지속적으로 밀고 나가야 할 것입니다. 정도경영의 원칙과 달리 절대적으로 맞다고 하기 어려운 경우도 있습니다. '법을 지키자.'고 하는 말과 '품질혁신을 위해서 매일 아침 8시에 품질회의를 하자.'는 말은 차원이 좀 다른 이야기입니다. 대부분 혁신은 실무적으로는 조직을 변경한다든지, 업무 분장이나 프로세스가 바뀐다든지, 인사발령이 난다든지 하는 형식으로 시작됩니다. 그래서 경영자는 기존 관행에 따르지 않고 혁신하기 위한 원칙이라는 것을 조직 내부에 설득시키는 일도 해야 합니다. 혁신의 원칙을 세운 리더는 그래서 현장경영과 소통경영을 할 수밖에 없지요. 구체적인 상황에서 원칙을 어떻게 설명하고 직원들이 모두 따르게 할 것인지 깊이 연구해야 합니다. 리더십을 만들어가는 과정이지요.

현장에서 소통하면서 구축한 리더십은 그 기업 리더십의 원형(原形)이 됩니다. 리더십 또한 원형이 튼튼해야 오래 가면서 풍부해질 수 있고, 또 원형을 닮은 많은 중간 단계 리더십을 만들 수 있습니다. 또 너무 많은 예외는 원칙을 무색하게 하고, 반면에 원칙만 강조하고 마는 것 또한 리더십을 껍데기로 만들 수 있습니다. 그 어려운 경계를 가로지르는 다리가 바로 솔선수범입니다. 원칙을 지키는 리더십이 생동감 있는 리더십이 되기 위해서는 리더의 솔선수범이 필요하다는 말입니다. 리더가 솔선수범해서 혁신을 위한 원칙을 지키면 기업 혁신의 성공은 시간문제일 것입니다.

기업 경영은 다양한 재능을 종합하는 오케스트라와 같습니다. 경영진을 구성할 때도 다양성 리더십이 필요하지요. 그런데 그런 다양한 리더십은 원칙을 지키는 리더십이라는 큰 우산 아래에 있어야 합니다.

사업을 하다보면 옳고 그름의 경계가 모호해지는 경우가 간혹 있지만, 도덕선생님의 잣대로 기업을 보지 않는 한 혁신의 원칙이 정도경영의 원칙과 충돌하지는 않습니다. 정도경영을 개인적인 도덕률로 판단하는 것은 어불성설입니다. 거래처가 부도가 났는데 부도낸 사장이 불쌍해서 채권회수를 못하고 돌아온 직원과, 경쟁사를 압도할 정도로 영업을 잘해서 결과적으로 경쟁사를 부도에 이르게 한 직원을 놓고 기업이 적용하는 신상필벌의 원칙은 명약관화합니다.

혁신경영의 리더십은 구체적인 거래에서 때론 재기발랄하고 때로는 사생결단인 상행위를 요구할 수 있습니다. 이런 혁신경영의 원칙이 있기 때문에 오히려 정도경영의 원칙도 의미가 있는 것입니다. 기업에서 이루어지는 모든 상행위를 하나하나 도덕적으로 평가하고 교정하는 것이 정도경영이 아닙니다. 혁신경영의 총합이 사회적으로 인정되는 가치의 테두리를 벗어나지 않도록 궤도를 정해주는 것이 정도경영의 원칙입니다.

현대그룹 창업자인 고 정주영 회장이 조선소 모래사장만 보여주고 배를 수주한 이야기는 재미있는 일화입니다. 전 대우자동차 김태구 회장은 최근 S&T의 초청강연에서 당시 대우그룹이 만들지도 않은 시멘트를 필리핀에 수출하게 된 이야기를 드라마같은 스토리로 들려주시기도 했습니다. 사기와 창조적인 마케팅의 경계는 개별행위 자체로는 정하기 어려운 경우가 많지 않겠습니까. 결과적으로 그리고 총체적으로 사업이 사술(詐術)이 되지 않도록 하는 것이 중요합니다.

기술보국을 돌에 새기다

계열사마다 가장 요처에 큰 바위를 세워두고

기술보국(技術報國)이라고 새겨 넣었습니다. 특별한 이유가 있었습니까.

엔지니어는 직장을 다니든 창업을 하든지 간에 기술개발이 평생의 업입니다. 내가 공대에 입학한 스무 살 무렵부터 생각했던 겁니다. 그때 가난한 우리나라의 공학도들은 '우리나라는 계속 뒤처져 있을 것인가, 언제쯤 선진 기술 국가가 될 수 있을까.' 그런 고민을 하면서 학창시절을 보냈지요. 그 고민이 자기의 사명감이 되기 쉬웠습니다. 기술보국은 공학도와 엔지니어들에게는 당연한 사명감이었고, 어떤 분야에서 어떻게 할 것인지가 문제였을 뿐이지요. 그렇게 내 창업정신이 된 것인데, 기계공업 분야에서 오래 사업을 해오면서 한층 더 기술보국의 절실함을 느끼게 된 것입니다.

'기술보국'은 직역하면 기술을 발전시켜 국가에 보답한다는 말이지만, 현대적으로 풀면 기술과 기술자가 국가 발전에 더 열심히 기여한다는 뜻으로 새겨들을 수 있는 말입니다. 나는 지금도 엔지니어, 기술자들이 가슴에 새겨두어야 할 가치라고 생각합니다. 그래서 돌에다 새겨두었습니다. 변하지 말라고요.

요즘 엔지니어들이 애국심, 기술보국 같은 말을 부정하지는 않지만 글로벌 시대에 어울리지 않는 좀 진부한 가치로 생각하지는 않을지 궁금하기도 합니다.

루이 파스퇴르의 말을 다시 써먹지 않더라도, 기술과 자본은 국가 단위로, 국부(國富)의 형태로 존재할 수밖에 없습니다. 국부가 세계 시장에서 헤게모니가 되는 것 아닙니까. 그리고 헤게모니가 다시 자국 자본과 기술에 새로운 가능성을 열어주는 것이고요. 바로 부(富)의 역사입니다.

과학과 기술의 혁신이 제너레이터였습니다. 산업혁명도 있었고, 에너지혁명도 있었고, 또 무기혁명도 있었지요 처음에는 과학과 기술의 혁신이 있었습니다. 혁신적인 기술이 자본을 키우고, 큰 자본이 국가의 산업과 국부를 키웠습니다. 이렇게 선순환을 만들면서 선진국이 된 나라와 처음부터 기회를 잃어서 악순환을 거듭하는 후진국이 선명하게 구분되는 것이 현실입니다. 정확하게 말하면 강대국과 약소국이라고 불러야 합니다. 후진국 엔지니어들은 쉽게 좌절할 수밖에 없는 환경에 놓여 있어요. 이제는 후진국이 선진국을 따라가기에는 거의 불가능하다는 것이 증명되었다고 봐야 합니다. 선진기술에 진입하기에는 장벽이 너무 높은 것입니다.

그렇지요. 기적적으로 극복해낸 몇 안 되는 나라 중 하나가 우리나라입니다. 이제는 많은 부분에서 선진국의 문턱까지 왔습니다. 이렇게 오기까지 젊은 세대가 상상하기 어려운 많은 일들이 있었지요. 내가 겪은 기술개발의 경험은 지극히 작은 분야에 속하지만 우리나라 기술 수준을 보여주는 일들이었습니다.

기계가 불타서 주저앉았다가 까맣게 타버린 기계를 다 뜯어보지 않았습니까. 그리고 다시 조립했고요. 그리고 석대의 기계를 더 만들 수 있었습니다. 그것이 1980년대 초반 우리나라 기계공업의 수준 그 자체였습니다. 리버스 엔지니어링 세대지요. 역설계가 우리나라 기술의 출발이었습니다. 그렇게 해서라도 공장을 돌리고 생산을 하면서 기술과 자본을 축적해가야만 했습니다.

젊은이들이 보기엔 부끄러운 역사지만 한때는 우리나라도 짝퉁 천국이었습니다. 그렇지만 거기에 안주하진 않았습니다. 내가 기계를 추가로 만들기 전에 맥얼로이의 특허를 피하기 위해서 고민했듯이 우리나라 기계공업은 그렇게 선진국 기술의 빈틈을 찾으면서 발전한 것입니다. 지금은 미국 특허청에 특허를 내는 건수를 국가별로 모으면 우리나라가 5등 안에 든다고 하지만 그대는 삼성, 현대, 대우, 엘지 가릴 것 없이 그랬습니다.

그렇게 가다가 더 이상 빈틈을 찾기 어려운 상황에 와서는 직격탄을 맞았습니다. 1997년에 미국의 켄튜브에 밀려서 한국중공업이라는 고객을 잃게 되었지요. 미국 의회의 시장개방 압력과 함께 GE라고 하는 초일류기업이 나서서 자기 나라 업체를 밀어 넣은 것입니다. 기술이고 뭐고 다 뺏기고 쫓겨나는 것이 한국의 중소기업이었습니다. IMF 위기를 지나면서 우리나라가 한 발 더 깊숙하게 세계시장에 들어가면서 선진국 기술과 자본에 국내 시장까지 뺏기는 일이 많아지고, 우리나라의 기술 성장이 멈칫거리게 된 것입니다. 그때부터 우리나라 기계공업은 큰 도전에 응전을 하고 있는 것입니다.

다행히 나는 미국 본토에서의 직접 영업에 성공하면서 그 위기를 넘기고 더 큰 기회를 잡기도 했지만, 그런 경험을 다수의 기계공업이 했다고 보기는 어렵습니다. 오히려 IT나 자동차 분야의 큰 도전이 성공해서 그나마 우리나라의 성장동력이 되어준 것은 정말 다행일 정도입니다. 1990년대를 지나면서 우리나라 노동조합도 눈높이가 글로벌화되었습니다. 일부 선진국 노조의 사례에 따라 산별노조를 만들었고, 산별노조 방식의 활동을 인정받으려 했습니다. 대공장이 있는 기계업종은 더 강한 산별노조를 만들었고요. 그런데 우리나라 기계업종은 선진국과 다르다는 것이 문제였지요. 선진국에 종속된 정도만 보면 오히려 중앙교섭은 미국에 가서 해야 합니다. GM이 UAW에 양보할 수 있는 여력은, GM의 하청공장인 국내 부품업체들이 간신히 적자만 면하면서 GM에 보태준 돈이라는 점에서 더 큰 문제입니다.

좀 거칠게 말하면, 글로벌화는 선진국이 후진국을 털어먹는 거지요. 본질이 그렇다는 것입니다. 우리나라는 다행히 과거 1990년대까지 선진국의 빈틈을 노리는 작전이 성공해서 버티고 있는 기업들이 있어서 그렇지 대부분의 후진국들은 글로벌화의 결과, 선진국으로 가는 기회가 없어진 것입니다. 그렇다고 꼭 삶의 질도 후퇴한다는 말은 아닙니다. 아시아나 아프리카 나라들 중에서 선진국 업체의 공장이 있는 곳은 이전에 비해서 절대 빈곤도 감소하고 경제규모도 커지고 살기가 나아진 것은 맞습니다.

글로벌화에 대한 환상을 버려야 합니다. 글로벌화가 세계시민이 다 함께 아름다운 지구를 만드는 프로젝트가 아니라는 말입니다. 세상 돌아가는 것을 보면, 이미 글로벌화를 막을 길은 없습니다. 시대의 큰 흐름인 것을 거스를 수 없지요. 그렇다면 이런 시기에 국가와 기업은 무엇을 어떻게 할 것인지 심각하게 고민해야 합니다. FTA를 반대할 것이 아니라 그 상황에서 우리가 어떻게 할 것인지 같이 이야기를 해야 한다는 것입니다. 그래서 소통이 필요하지요. 그렇지만 국가의 전체적인 리더십이 그것을 해내지 못하고 있습니다. 100년 전 개화기의 실패를 반복하면 안 됩니다. 정부와 대기업, 중소기업들이 우리 처지에 맞는 산업생태계도 고민을 해야 하고, 국내 기술을 보호하면서 공동으로 선진 기술에 도전할 계획도 짜고, 정책으로 뒷받침할 방법을 찾아야 할 때입니다. 이전과 전혀 다른 차원에서 위기를 극복할 방법이 나와야 합니다.

글로벌화에 대한 환상을 깨야 합니다. 스타벅스에서 나와서 기계공업의 현장에 서봐야 합니다. 그래야지 기술보국이 과연 진부한 것인지 아닌지 알 수 있습니다. 글로벌화라는 큰 물결 앞에 시골 노인에 불과한 나는, 다른 엔지니어들만이라도 초심으로 돌아가 국산화 개발의 의지를 쇄신해야 한다고 말하는 겁니다. 당연히 한 기업의 노력으로 될 일은 아니지만, 넋 놓고 앉아 있을 수는 없으니까요.

한자말이 별로 매력이 없어진 시대라서, 기술보국이란 말의 뜻을 곰곰이 생각해보는 젊은이들이 많지 않을 수도 있겠습니다. 보국이란 말은 잘 쓰지도 않는 말이니까요. 그렇지만 애국이란 말이 주는 의미도 많이 달라지고 있는 것 같습니다. 내가 젊은 시절에는 애국이란 말이 참 애절하거나 슬픈 뉘앙스였습니다. 국민들도 가난했고 나라도 가난했으니 어렵고 힘든 세월을 살아가면서 국가의 처지와 일체감 같은 것을 느꼈던 듯해요. 그래서 조국을 위해서는 무엇인가를 해야만 한다는 의무감을 누구나 가졌지요.

요즘에는 젊은이들이 개인적인 어려움 속에서 국가를 생각하는 계기는, 군대 가서 훈련받을 때 말고는 없는 것 같습니다. 애국심이 없다고 말하는 것이 아니라, 애국이라는 말이 이제 더 이상 애절하고 슬픈 느낌이 아니라는 말입니다. 2002년 월드컵 때 나는 젊은이들의 붉은 악마 응원을 보고 깜짝 놀랐습니다. 이제 드디어 애국심이 청승스런 아리랑 곡조가 아니라 승리를 당당하게 즐기는 축제의 대상이 되었음을 본 것이지요. 근 500년 역사에서 한 번도 승전국의 국민으로서 개선장군을 맞이해본 적이 없는 백성들 아닙니까. 감히 느낄 수 없는 국민적 축제였습니다. 나는 젊은이들의 힘을 빌려 그 축제를 즐겼던 것 같습니다.

그런 의미에서 나는 이제 젊은이들의 국가에 대한 생각이 비장한 애국심이 아니어도 좋다고 생각합니다. 기술보국의 뜻을 좀더 쿨하게 받아들여도 불만이 없습니다. 다만 젊은 엔지니어들이 나라의 기술발전이라든지 국내 기업의 기술축적과 같은 이야기를 흘러간 시대의 이야기로 치부하지 않았으면 합니다. 또 그렇게 애국적인 기술자로 성장해갈 것이라고 믿을 만한 충분한 이유도 발견을 했습니다.

나는 주로 기계분야만 알지만, 시장개방 효과를 거꾸로 생각해보면 선진국과 비교우위나 비교열위가 보입니다. 주로 시장개방 영향이 큰 곳이 취약한 부분이라고 보면 됩니다. 과거에 독점적 지위가 보장되던 곳이 우선입니다. 지적재산이나 법, 의학 같은 전문가 시장이나 금융, 서비스 분야는 제외하고, 방위산업, 발전, 에너지 같은 대규모 정부조달시장이 대표적이지요. 자동차, 전기전자 산업같이 이미 세계시장에서 경쟁을 벌여온 부문도 핵심기술을 국산화해야 할 부분이 많습니다.

1990년대에 한전이 서인천복합화력발전소를 건설할 때도 그랬지만 지금도 설계와 종합엔지니어링 기술이 없어서 선진 기술에 의존하고 있습니다. 기계공업에서는 여전히 이런 분야가 많습니다. 기계설비와 설비 소재 분야의 핵심기술은 고부가가치를 만들지만, 선진국에 의존하지요.

과거에는 국가가 산업발전을 계획하는 것이 가능했고 실제로 그렇게 했지요. 기간산업의 기술을 개발하기 위해서 국가의 연구역량이나 자원을 집중적으로 모아서 계획을 달성하는 식으로 진행했습니다. 지금 중국이 그런 모델로 비약적인 성장을 하고 있습니다. 이런 방식이 자유시장 경제 원리와 맞지 않다고 하지만 과연 그렇게 배치되는 것인지, 그리고 배치되면 안 되는 것인지도 돌아봐야 합니다.

젊은이, 소주 한잔 하고 자게나

회장님은 젊은 직원들이 어려운 문제를 고민하면

늘 "한잔 마시고 일찍 자라."고 하십니다. 다 해결되게 되어 있다고요.

얼마 전 서울대학교 공대 강연에서 비슷한 질문을 받으셨고

역시나 비슷한 답을 하셨습니다.

사실, 특히 현장의 직원들은 참 이해하기 어려운 답입니다.

나는 직원들에게 내가 경험하고 검증한 것 아니면 이야기를 안 합니다. 사업을 33년 했으니까 젊은 직원들이 질문을 하면 웬만하면 바로 답을 줄 수 있습니다. 내가 사업을 하면서 겪은 경험이 내 기억 속에는 마치 바둑의 정석같이 정리되어 있는지도 모릅니다. 사업을 오래 했으니까 정리된 정석도 많을 것입니다.

며칠 밤을 새우면서 고민하고 시도해봐도 답이 없다면, 정말 갑갑

하지요. 얼마나 갑갑한지는 내가 더 잘 압니다. 그 정도 깊게 고민하면서 문제를 잡고 씨름해도 답이 없다면 그 문제는 답이 없는 것이 맞습니다. 그래서 한잔 마시고 그냥 자라고 그럽니다. 그런데 정말 잠시 고민을 내려놓고 푹 자고 나서 보면 의외로 답이 나오기도 합니다. 또 시간이 지나면 다른 조건이 바뀌어서 전혀 다른 차원에서 답이 나오기도 하고요. 서울대학교 공대 강연에서 그 이야기를 했더니, 한 학생이 제게 편지를 보내왔어요. 정답에 가까운 답을 이야기하더군요.

'일이 잘 안될 때는 한 발 물러나서 보라는 말씀이지요.'

거의 맞는 말입니다. 최선의 노력을 다했는데 답이 없다. 그러면 지금 거기서는 답이 없다고 봐야 합니다. 그렇지만 답을 포기한 것은 아닙니다. 지금이 아니라 내일, 그 장소가 아니라 다른 곳, 그리고 다른 조건이 되면 어떤 형태로든지 답이 나올 수 있거든요. 그래서 한 발 물러나 보라는 말입니다. 사람이 낸 문제는 사람이 풉니다. 그것도 무슨 고도의 지적인 문제가 아니라 제조업 현장에서 발생하는 문제라면 어려운 문제가 아닙니다

그렇지만 언제나 쉽게 한잔 먹고 자라고 하지는 않습니다. 이야기를 다 들어봅니다. 들으면 그 친구가 얼마나 철저히 시도했는지 보이거든요. 사실은 정말 다 시도해보지 않았을 가능성이 더 많습니다. 그래서 고민의 깊이를 체크해보아야 합니다.

나는 항상 미래를 긍정합니다. 언젠가는 잘될 것이라고 생각하지요. 특히 리더는 미래에 대한 낙관과 긍정이 필요합니다. 미래를 긍정하는 힘이 직원들에게 전해지게 해야 합니다. 낙관적 비전입니다.

반면 당장 눈앞의 일은 철저히 비관적인 의문을 갖고 봅니다. 어떤 일을 할 때 미리 준비할 것이 열 가지라면 나는 항상 열 가지 모두에 대해서 최악의 상황을 염두에 두고 점검합니다. 일하는 사람들은 가능한 이유를 아무리 많이 찾는다고 해도 불가능한 이유 하나를 못 찾아서 따져보지 않고 넘어가면 실패할 가능성이 커집니다. 일을 점검할 때는 가능한 이유를 찾는 것이 아니고 오히려 불가능한 이유를 찾아서 하나씩 제거해나가는 방법도 써보아야 합니다. 비관적 검토입니다.

미래에 대한 낙관적 비전과 현재에 대한 비관적 검토는 내가 일하는 방식입니다. 자칫 모순되어보이는 두 가지 상반된 성향이 내가 일하는 방식에서는 조화를 찾고 있습니다.

예전에는 역전에 지게꾼들이 많았습니다. 요새 택배회사 오토바이만큼 많은 지게꾼들이 역전에서 일감을 구했지요. 그 역전의 지게꾼들이 지게에 짐을 가득히 싣고 길을 다니면서 하는 말이 재미있습니다.

'먼 데 보고 가더라도 발밑을 조심해라.'

　중심을 잘 잡고 먼 길을 가려면 눈을 들어 먼 데를 보고 걸어야 하고, 또 당장 발밑에 돌부리라도 걷어차서 넘어지면 낭패니까 발밑도 조심하며 가야 했지요. 두루 잘 보고 가기 어려웠겠지만, 그래도 그렇게 해야지 일 잘하는 지게꾼 소리를 들었을 것입니다.

　기업을 경영하다보면 생각한 대로 되는 경우는 거의 없습니다. 항상 예상하지 못한 변수가 등장해서 새로운 문제를 만들고 그것 때문에 성공하기도 하지만 실패하기도 합니다. 그래서 가능한 모든 시나리오를 검토하고 시작해도 막히거나 성과를 보지 못하는 경우가 허다합니다. 그래서 나는 현재 내가 눈으로 보고 있는 것을 의심하고 항상 보이는 것 이면에 있을 수 있는 다른 관련성에 촉각을 세웁니다. 끊임없이 점검할 것을 요구하니까 직원들도 나를 비관적인 사람으로 볼 수 있지요.

　그렇지만 그런 과정이 없다면 나는 미래와 사업의 목표에 대해서 그렇게 낙관적인 비전을 가질 수 없었을 겁니다. 그래서 미래를 낙관할 수 있는 사람은 현재를 끊임없이 의심하고 부지런히 대비하는 사람일 수밖에 없습니다. 그런 의미에서 '비관적 낙관주의'라는 말은 말이 됩니다.

통합의 리더십과 기업가 정신의 복권

요즘 젊은이들은 아버지 세대로부터 너무 많이 들어서 지겨울지 모르지만, 나는 우리나라가 지금 이만큼 살게 된 것을 '기적'이라고 말합니다. 아무도 없는 차 안에서 차창 밖을 내다보다 혼잣말로 '세상 참 좋아진' 놀라움을 조용히 중얼거리기도 합니다. 내가 처음 사업을 시작한 33년 전에는 상상도 못할 풍요와 자유가 있습니다.

한국전쟁 직후, 어린 시절을 보낸 가난한 시골마을의 풍경은 차라리 전설(傳說)이 되어버렸습니다. 가난한 나라의 가난한 소년들이 가난한 학교에서 보낸 시간들도 이제는 증거를 대지 않으면 상상하기 어려운 옛이야기가 되어버렸습니다. 경제개발계획이 시작된 1960년대부터 살펴보아도 산업국가의 면모를 완전히 새롭게 한 2000년대까지 불과 40년 만에 지금 우리가 보는 한국 경제를 이룬 것입니다. 놀라운 성과입니다. 그러니 기적이라고 부르는 것이 절대 호들갑이 아닙니다.

우리나라가 이렇게 기적처럼 성장할 수 있었던 이유가 무엇이었는지, 그 정확한 답은 그 시대를 살았던 사람들이 가장 잘 알고 있습니다. 촌로(村老)들은 비교적 자유롭게 그 답을 이야기하지만, 식자층 중에서 그 답을 단도직입적으로 이야기할 수 있는 사람은 많지 않습니다. 그 말이 과연 정치적으로 올바르냐 하는 문제를 생각하기 때문입니다. 그래서 사람들은 자기 생각과 다른 말을 지어내거나 에둘러 말합니다. 한국이 세계 근현대사에 보기 드문 경제성장을 이루었는데, 국내에서조차 그 기적과 같은 성장의 동인(動因)에 대한 평가가 완성되지 않았다는 뜻입니다. 그것이 비단 미완성의 문제만이 아니라 성장시대의 단절을 가져왔기 때문에 더 큰 문제입니다.

우리나라 국민의 위대함은 아무리 강조해도 지나치지 않다고 생각합니다. 성장시대의 주역(主役)은 피땀 흘려 일한 국민입니다. 또한 기업인과 근로자들입니다. 그러나 국민들의 열정과 땀을 하나로 모은 국가 리더십을 빼놓고 논하기는 어렵습니다. 물론 한 시대의 지도자를 경제 분야에만 한정해서 평가하기가 어려울 수 있습니다. 정치 리더십이 경제 리더십이 되는 것은 당연합니다. 그렇지만 정치 리더십에 대한 평가 때문에 경제 리더십에 대한 평가도 어려워졌습니다. 그 때문에 성장시대 리더십의 한 축이 공백으로 남아있는 것입니다. 그러나 30년도 전에 유명을 달리한 정치 지도자에 대한 평가 때문에 경제성장시대를 돌아보고 평가하는 문제가 아직도 미완성으로 남아있다는 것은 우리 안의 또 다른 후진성을 말해줍니다. 과거 그 시대의 시대정신에서 교훈을 찾는 일과 지도자 개인을 평가하는 일을 혼동하고 있는 것입니다.

위의 이야기를 지금 한국 사회에 개발독재 시대의 리더십이 필요하다는 말로 오해할 사람은 없을 것입니다. 나 역시 독재정치와 유신헌법에 반대해 열심히 데모 대열을 지킨 청년이었습니다. 다만 성장시대의 리더십이 한국 경제에 기여한 성과에 대해서 정당한 평가가 이루어져야 한다는 것입니다. 그렇지 않으면 그 시대에 우리 국민들이 이룩한 성과의 중요한 일부가 제대로 평가되지 못하는 결과가 됩니다. 역사적으로 성장시대는 분명히 존재했고 그 시대에는 국민을 통합한 '통합의 리더십'이 있었습니다. 그것을 인정하지 않고 성장시대를 이야기할 수 있을지 의문입니다. 그 시대로부터 어떤 실질적인 교훈을 얻고 있는지 역시 모호합니다. 통합의 리더십은 과거 성장시대의 역사적인 자산임에도 불구하고 단절된 과거가 되었습니다.

한국 사회가 처한 상황에서 성장이냐 복지냐 논쟁을 하는 것은 당연해보입니다. 문제는 나라가 나눠져서 속 빈 논란만 많고 되는 일이 없는 상황이 이미 오래 지속되었다는 것입니다. 구체적인 정책이 아니라 다분히 이념적인 논란만 있다가 정치인의 입에 오르내리면서 말싸움만 하고 만다는 뜻입니다. 성장과 복지 둘 다 포기할 수 없는 가치라는 것은 이미 누구나 알고 있습니다. 성장시대를 추억한다고 해서 과거와 같은 성장을 생각하는 사람은 없습니다. 그리고 개별적인 정책 하나 때문에 나라 경제 전체가 그 쪽으로 쏠리지도 않습니다. 이미 우리 사회구조가 그렇게 되어 있습니다.

문제는 전체를 아우르면서, 때로는 국민들이 성장의 열정을 불태우도록 계기를 주고 또 한편으로는 부지런히 발로 뛰면서 복지 수요를 채워주는 리더십이 필요하다는 말입니다. 바로 전체로서 국민을 설득하는 통합의 리더십입니다. 리더십은 어느 한 편의 승패를 떠나서 어떻게든 한 발씩 앞으로 나가게 하는 것입니다.

한국 기업가 정신의 원형(原型)이 무엇인지 묻는 질문에 쉽게 대답하지 못하는 사실에서도 성장시대와의 단절을 봅니다. 먼지만 날리는 황무지 같은 땅에 공장을 짓고 손수 기계를 돌려서 산업을 일으킨 기업인이 있었고, 세계 최빈국에서 만든 물건을 들고 선진국 시장 골목을 쫓아다닌 기업인이 있었습니다. 오대양육대주, 바다 위든 사막이든 밀림이든 가리지 않고 목숨 걸고 뛰어다닌 기업인이 있었기 때문에 지금의 한국 경제가 있는 것입니다. 그런데 이를 제대로 가르치지 않았고, 제대로 인정하거나 평가하지도 않았습니다. 성장시대 사업가 개인의 반사회적 행위에 대해서 비판할 수도 있고, 그런 비판이 기업인에 대한 평가의 전부가 될 수도 있습니다. 그렇지만 성장시대 기업인 전체가 시대와 함께 낙인찍히고 기업가 정신도 함께 단절되었습니다. 과연 다음 세대들이 과거 성장시대 기업가 정신의 원형을 보면서 이를 연마하고 발전시킬 여지가 남아있을지 의문입니다. 남은 것은 오로지 반(反)기업 정서뿐입니다.

글을 마무리하면서 과연 이 책을 세상에 내놓아야 할지 거듭 고민했습니다. 말만 많은 세상에 투질없이 말 하나 보태는 일이 아닌지 조심스럽습니다. 나는 누구나 인정하는 일류기업의 경영자가 아닙니다. 지금껏 오직 기술개발과 경영에만 전념해왔습니다. 사회적인 발언도 하지 않았고, 기업인들이 흔히 하는 친목모임에도 나가지 않았으며, 사회활동도 하지 않았습니다. 거액을 기부해서 스포트라이트를 받은 적도 없고 유명한 문화체육단체의 후견인도 아닙니다. 다만 나는 기계공학도가 할 일이 무엇인지 고민하다가 작은 공장에서 기계 한 대 놓고 6명의 직원들과 사업을 시작했을 뿐입니다. 그리고 33년 동안 온갖 우여곡절을 겪으면서도 사업을 포기하지 않고 성장시켜왔습니다. '기술보국'을 돌에 새겨놓고 기계공업의 한 길만 걸어왔습니다. 원칙과 정도를 걸어온 것만으로도 버거운 고행이었습니다.

나는 젊은 세대가 기술보국의 정신을 이어받아 한국 기계공업을 계속 발전시켜나가기를 기대합니다. 그러나 한국 기계 제조업의 미래는 낙관할 수만은 없습니다. 지금 젊은 세대가 내가 걸어 온 길을 기꺼이 이어서 걸어갈 수 있을지 의문입니다. 젊은 세대가 모든 것을 걸고 도전할 의지와 정신이 있는지 의문이고, 실패를 무릅쓴 도전이 가능한 사회인지도 의문입니다. 더구나 국내 기계 제조업 환경이 그때까지 버텨줄지는 더욱 큰 의문입니다. 제조업의 위기는 어제 오늘 일이 아니며, 위기 상황은 점점 깊어가는데 아무런 대처도 못하고 있습니다. 사실상 글로벌 위기는 현재진행형입니다. 위기의 양상으로 보면 이제 개별 기업이 성장동력을 찾거나 경쟁력을 강화하는 수준으로 나라 경제의 문제를 해결하기는 어렵습니다. 외환위기와 금융위기, 두 차례의 위기를 거치면서 글로벌 경쟁 환경은 험난한 도전임을 새삼 깨달았습니다. 다시 국가의 총체적인 부와 힘의 중요성을 실감합니다. 외국의 어느 모델을 찾는 것도 무용합니다. 미국과 일본이 다르고 중국과 인도도 다릅니다. 우리만의 대응 방법을 찾아야 합니다.

부지런하고 영민한 우리 국민들이 다시 열정을 갖고 도전할 수 있도록 새로운 성장시대의 비전과 방향이 필요합니다. 단절을 극복해야 합니다. 이제 과거 성장시대의 평가를 통해 거기서부터 새로운 성장시대의 비전을 만들어야 합니다. 새로운 성장시대는 새로운 통합의 리더십을 통해 만들어갈 수 있습니다. 더불어 더욱 쇄신된 기업가 정신이 있어야 합니다. 그것이 통합의 리더십과 기업가 정신의 복권을 꿈꾸는 이유입니다.